DE MAAKBARE MENS

Veel leesplezier!
Annewieh.

Uitgeverij Prometheus/Bert Bakker stelt alles in het werk om op milieuvriendelijke en duurzame wijze met natuurlijke bronnen om te gaan. Bij de productie van dit boek is gebruikgemaakt van papier dat het keurmerk van de Forest Stewardship Council (FSC) mag dragen. Bij dit papier is het zeker dat de productie niet tot bosvernietiging heeft geleid.

De maakbare mens
Tussen fictie en fascinatie

Onder redactie van Bert-Jaap Koops,
Christoph Lüthy, Annemiek Nelis
en Carla Sieburgh

2009 Uitgeverij Bert Bakker Amsterdam

Eerste druk augustus 2009
Tweede druk oktober 2009

Deze uitgave kwam tot stand met steun van De Jonge Akademie van de Koninklijke Nederlandse Akademie van Wetenschappen en met steun van het Centre for Society and Genomics.

Het copyright op de afzonderlijke bijdragen berust bij de desbetreffende auteurs en/of hun rechtsopvolgers.

De uitgever heeft getracht alle rechthebbenden te achterhalen. Aan hen die desondanks menen aanspraak te kunnen maken op enig recht, wordt verzocht contact op te nemen met Uitgeverij Bert Bakker, Postbus 1662, 1000 BR Amsterdam.

© 2009 Samenstelling Bert-Jaap Koops, Christoph Lüthy, Annemiek Nelis en Carla Sieburgh
Omslagontwerp Youri Koers
www.uitgeverijbertbakker.nl
ISBN 978 90 351 3439 3

Uitgeverij Bert Bakker is onderdeel van Uitgeverij Prometheus

Inhoud

1 Inleiding. De maakbare mens 7
 Christoph Lüthy

I VERLEDEN EN TOEKOMST

2 De 'maakbare mens': historisch-filosofische beschouwingen 21
 Christoph Lüthy

3 Het maakbare lichaam: over lichaam en tijd 50
 Theo Mulder

4 De maakbare mens in toekomstverkenningen 74
 Lucas Cornips en Marjolein van Asselt

II VERSCHIJNINGSVORMEN EN VERWACHTINGEN

5 De genetische maakbaarheid van de mens: realiteit of fictie? 107
 Annemiek Nelis en Danielle Posthuma

6 Gulliver moet opnieuw op reis: biowetenschap en het maakbare leven 120
 Annemiek Nelis en Hub Zwart

7 Mensen als machines; machines als mens 139
Catholijn Jonker en Annemiek Nelis

8 De maakbare mens, evolutie en levensduur: op weg naar onsterfelijkheid? 165
Simon Verhulst

III DILEMMA'S EN UITDAGINGEN

9 Kiezen voor preventie: de maakbaarheid van genetische testen 187
Annemiek Nelis, Symone Detmar en Elske van den Akker

10 Een unieke kopie. Over leven en identiteit van klonen in literaire fictie 214
Bert-Jaap Koops

11 Het kind en de rekening. De verantwoordelijkheid van ouders voor keuzes rond de maakbaarheid van hun kind 254
Carla Sieburgh

12 Over 'mensen' en 'mensen'-rechten. De maakbare mens bezien vanuit het perspectief van grondrechten 279
Bert-Jaap Koops

13 Conclusie. Het debat over de maakbare mens 311
Bert-Jaap Koops

Over de auteurs 329

1

Inleiding. De maakbare mens

Christoph Lüthy

De term 'de maakbare mens' duikt de laatste jaren regelmatig op. Het Technologie Festival 2003 in Amsterdam droeg de titel 'Homo Sapiens 2.0: Festival over de maakbare mens'. In 2004 organiseerde het Vlaams Instituut voor Wetenschappelijk en Technologisch Aspectenonderzoek een essaywedstrijd met als onderwerp 'De maakbare mens'. Het onderwerp van de te schrijven essays werd door de organisatie als volgt omschreven: 'Kunstmatige spieren voor gehandicapten. Een chip in je hoofd. De technologie maakt de mens. Droom of nachtmerrie?' In 2007 organiseerde het Rathenau Instituut een bijeenkomst van wetenschappers en filosofen om te reflecteren op de vraag of er grenzen gesteld moeten worden aan het fabriceren van een 'maakbare mens'. In 2008 riep de organisatie De Maakbare Mens vzw, Kritische beweging voor bio-ethiek op tot deelname aan een fotowedstrijd over 'Sport en de maakbaarheid van de mens' (www.demaakbaremens. org). Sinds een paar jaar biedt de studie cultuurwetenschappen van de Universiteit Maastricht een bachelorvak aan over 'de maakbare mens'. En in een grote verscheidenheid aan tijdschriften, zoals het *Historisch Nieuwsblad* of de nieuwsbrief van de Werkplaats Biopolitiek, komen we artikelen tegen over dit onderwerp.

Kortom, de 'maakbare mens' is kennelijk een levendig onderwerp van debat. Maar waar gaat nu precies het debat over, en is alle ophef over het onderwerp wel gerechtvaardigd? Dit boek is ontstaan omdat diverse jonge wetenschappers, verenigd in De Jonge Akademie, de maakbare mens en het debat daarover beter willen begrijpen. De auteurs van dit boek hebben ieder aan de hand van hun eigen expertise verkend wat 'de maakbare mens' in hun wetenschappelijke discipline betekent.

De Jonge Akademie (DJA) is in 2005 opgericht binnen de Koninklijke Nederlandse Akademie van Wetenschappen en bestaat uit tachtig interdisciplinair georiënteerde wetenschappers met een internationale reputatie. Deze leden hebben een uitgesproken interesse in hedendaagse vraagstukken en de sociaal-politieke verwikkelingen van de wetenschap. Omdat De Jonge Akademie vertegenwoordigers van alle takken van wetenschap – alfa, bèta en gamma – in zich verenigt, was 'de maakbare mens' een uitstekend onderwerp om gezamenlijk te bestuderen. Daarbij is tevens aansluiting gezocht bij het Centre for Society and Genomics (CSG), gevestigd aan de Radboud Universiteit Nijmegen, dat zich bezighoudt met vraagstukken rond genetica en maatschappij. Dergelijke vraagstukken raken tevens aan de vraag naar de toekomst van de mens: hoe veranderlijk of maakbaar is die? Het CSG is geïnteresseerd in zowel het antwoord op deze vraag als het maatschappelijke debat hierover. Het besloot om deze reden het project van De Jonge Akademie te financieren. Het boek dat u in handen houdt, is het resultaat van de stimulerende en vruchtbare samenwerking tussen de twee instituten.

'De maakbare mens' – waar gaat het debat over?

De uitdrukking 'maakbare mens' wordt over het algemeen gebruikt om te verwijzen naar een verbazingwekkend breed en heterogeen scala aan hedendaagse praktijken en keuzes. Vaak gebeurt dit tegen een achtergrond van een sterke drei-

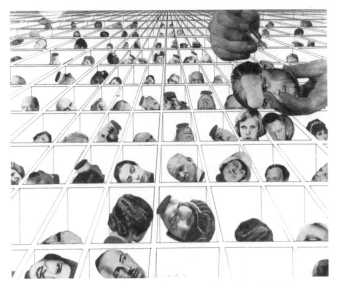

Kurt Kranz, 'Kopfvorrat'. Uit: Barbara Auer, *Künstler mit der Kamera. Photographie als Experiment*, Mannheim, Vits & Kehrer, 1994.

ging, die al lang voortduurt en eigenlijk nog steeds tamelijk abstract blijft. Om het tweeslachtige karakter van fascinatie en angst voor de maakbare mens aanschouwelijk te maken volstaat het om wat dieper in te gaan op enkele van de hierboven aangehaalde gebeurtenissen.

De illustraties die gebruikt zijn bij het Amsterdamse evenement en het bachelorvak in Maastricht roepen verontrustende toekomstbeelden op. De poster van het festival Homo Sapiens 2.0 toont plastic etalagepoppen, die zinspelen op een toekomst waarin mensen kunstmatig geproduceerde wezens zijn die enkel uiterlijk nog lijken op wat de mens ooit was. Op de syllabus van het bachelorvak (hierboven) zien we een lade die opgedeeld is in allemaal hokjes met hoofden erin. Het geheel ziet eruit als een koffertje met reserveonderdelen, waaruit een wetenschapper willekeurig hoofden kan pakken. Dit doet denken aan een wereld van Frankenstein-ingenieurs. De zin in de bovengenoemde Vlaamse essaywedstrijd stelt samenvattend: 'De technologie maakt de mens.' De gedachte dat de technologie de mens bepaalt vinden we terug in veel initiatieven en artikelen over het thema 'mens en technologie'.

De uitdrukking 'de maakbare mens' suggereert dat het mogelijk is om de natuurlijk geëvolueerde menselijke soort te veranderen in een kunstmatig geproduceerde soort, of daardoor zelfs te vervangen. Omdat een dergelijke soortmutatie of vervanging momenteel nog onmogelijk is, wordt in plaats daarvan in de actuele discussies een buitensporige hoeveelheid wetenschappelijke beelden aangehaald, die niet direct te maken hebben met het vervangen van mensen. Wanneer we kijken naar de lijst van onderwerpen die behandeld werden op het Amsterdamse Technologie Festival 2003, dan treffen we hier twaalf verschillende technologische toepassingen aan:

- klonen;
- maakbare baby's;
- gentherapie;
- maakbaar gedrag;
- neurochirurgie;
- vervangingsgeneeskunde;
- cosmetische chirurgie;
- antiveroudering;
- topsport ('enhanced performance');
- cybernetica (toepassingen van kunstmatige intelligentie op de mens);
- nanotechnologie (en het gebruik daarvan in het menselijk lichaam);
- voeding.

Klonen, maakbaar gedrag, levensverlenging, cosmetische chirurgie en doping hebben op het eerste gezicht misschien weinig met elkaar gemeen, maar al deze technieken maken inbreuk op wat verondersteld wordt een 'natuurlijke' menselijke toestand te zijn. Het predicaat 'maakbaar', hoewel het op intuïtief niveau aanspreekt, behelst dus een verborgen ambiguïteit.

Men zou kunnen stellen dat de twaalf soorten van 'ingrijpen' in de Amsterdamse lijst zo weinig met elkaar gemeen hebben dat het zinloos is om ze onder één noemer te scharen en als zodanig te bespreken. Ook is het opvallend dat de Nederlandse uitdrukking 'de maakbare mens' geen equivalent heeft in andere Europese talen, en dat geen enkele andere bekende groep taalgebruikers het gevoel heeft deze term nodig te hebben, misschien juist omdát deze allesbehalve nauwkeurig is. In het Engels spreekt men van 'artificial man' en van 'human enhancement' (wat onderscheiden wordt van genezing), terwijl de Duitsers schrijven over 'die Perfektionierung des Menschen'. De bijbetekenissen en implicaties van deze termen zijn nogal verschillend. Inderdaad komen in het Nederlandse debat ten minste vier soorten 'maakbaarheid' aan de orde: (1) de verbetering van bestaande functies (cosmetica of doping); (2) bijsturings- en selectiemethoden in de voortplanting van menselijke individuen; (3) de vervanging of uitbreiding van natuurlijke door kunstmatige lichamelijke onderdelen (van het vervangen van organen tot de creatie van cyborgs); (4) methoden om gedrag bij te sturen.

De wetenschap en de angsten van de zeitgeist

De verschillende vormen van maakbaarheid kunnen heel uiteenlopende vragen oproepen, en ze moeten daarom niet gemakzuchtig op één hoop worden gegooid. Er is niettemin ten minste één goede reden om de overkoepelende term 'de maakbare mens' en de brede discussie daarover niet af te serveren als irrelevant en misplaatst: er is een levendig debat gaande over de toekomst van de maakbare mens. Een groot aantal wetenschappers, of mensen die zich graag als zodanig beschouwen, heeft scenario's geproduceerd waarin de bovengenoemde soorten van 'ingrijpen' in de niet al te verre toekomst toegepast zullen worden, in verschillende combinaties, om een geheel nieuw soort mens te produceren. Wetenschappers beloven dat de mens, zoals hij van oudsher was, gauw vervangen zal worden door 'transhumans' of 'post-humans'. Of anders zal hij in een soort *Star Wars*-wereld zij aan zij met intelligente robots en gemodificeerde mensmachines leven.

Kevin Warwick van de afdeling Cybernetics van de universiteit van Reading bijvoorbeeld kondigt aan dat 'we ons nu in het tijdperk van de cyborg bevinden', waarbij 'cyborg' wordt gedefinieerd als 'deels mens, deels machine'. De uitvinder en wetenschapsauteur Ray Kurzweil is er op zijn beurt zeker van dat 'we tegen het jaar 2030 "nanobots" in onze hersenen gebouwd zullen hebben. Deze nanobots zullen ervoor zorgen dat we informatie veel sneller verwerken en onze denkmachines op elkaar afstemmen, wat ons in staat stelt om telepathie te beoefenen.' En als laatste voorbeeld: de filosoof Nick Bostrom van de universiteit van Oxford gaf in 2003 aan zich ethisch voor te bereiden op onze toekomst als 'transhumans' – genetisch en bionisch gemodificeerde wezens die hopelijk 'gezondere, geestiger en gelukkiger mensen' zijn, 'in staat om op cultureel gebied grotere hoogten te bereiken'. De zogenaamde transhumanistische beweging heeft een eigen weblocatie, die de moeite van het bezoeken waard is: www.transhumanism.org.

Een grote meerderheid van de hedendaagse wetenschappers wijst echter het spookbeeld van volledig gemaakte mensen die zouden ontstaan door convergentie van nanotechnologie, cybernetica en biotechnologie, af als volstrekt onrealistisch. In ieder geval achten zij het onwaarschijnlijk dat in de periode tussen 2020 en 2050 de geboorte van de 'transhuman' zal plaatsvinden.

Toch hebben de term 'de maakbare mens' en het hele publieke debat eromheen vooral zin tegen de achtergrond van dergelijke scenario's. Deze geven aanleiding tot enige hoop, veel angst, en massa's verontruste vragen. Gezien het feit dat 'de toekomst van ons zelf' op het spel staat, zoals de titel van een advies van de Gezondheidsraad uit 2002 luidt, is het niet verrassend dat het debat over de maakbare mens vaak met veel emoties gepaard gaat. En dat is niet in de laatste plaats zo omdat het daarbij een vraag is of we de gemodificeerde mens uit dit advies – 'transhuman' of cyborg – nog wel kunnen karakteriseren als 'onszelf'.

Aan de ene kant van het emotionele spectrum vinden wij het juichende optimisme van degenen die in 1998 de transhumanistische verklaring opstelden. Ze begonnen met de volgende stelling:

> §1. De mensheid zal door de toekomstige technologie radicaal worden veranderd. Wij zullen de mogelijkheid tegemoet mogen zien dat de menselijke gesteldheid volledig geherdefinieerd zal worden, met name parameters als de noodzaak van het ouder worden, de beperkingen van menselijke en kunstmatige intelligentie, onze niet-zelfgekozen psychologie, lijden en ons opgesloten zijn op deze planeet.
> (*The Transhumanist Declaration*, 1998)

In het midden van het emotionele spectrum staan denkers die voor- en nadelen van biotechnologiegestuurde veranderingen van de menselijke natuur willen afwegen op een ethische basis. In zijn boek met de belangrijke titelvraag *What Sort of People Should There Be?* stelt de Oxfordse ethicus Jonathan Glover dat er sommige aspecten van de hedendaagse menselijke natuur bestaan die waarschijnlijk door de biotechnologie zullen worden versterkt in plaats van bedreigd.

Aan het andere, pessimistische einde van het spectrum vinden wij degenen die waarschuwen voor de ontmenselijking van de mens. Leon Kass, voorzitter van de Raad voor Bioethiek van de voormalige president George W. Bush, benadrukt bijvoorbeeld het feit dat alle belangrijke aspecten van het menselijke leven – inclusief arbeid, seksualiteit, eten, rituelen – buiten onze traditionele levenscyclus geen betekenis hebben. Francis Fukuyama acht daarom het voorstel om de mens met behulp van de biotechniek naar een nieuw niveau te verheffen 'het gevaarlijkste idee van de wereld'. Cees Dekker, universiteitshoogleraar en moleculaire biofysicus aan de TU Delft, is het met deze visie eens: 'Dramatische woorden, maar ik onderschrijf ze.' Want, zo redeneert Dekker: 'Ik ondersteun de inzet van technologie om mensen beter te maken, maar verwerp het streven om betere mensen te maken als hoogmoed, die gevaarlijke bijeffecten zal hebben.' Het gevaarlijkste bijeffect van allemaal is het verlies van 'de menselijke waardigheid'.

Aan de pessimistische kant van het spectrum wordt in dergelijke uitspraken vaak gewaarschuwd voor het dreigende verlies van 'natuurlijkheid'. Ofschoon de mens al duizenden van jaren uit het paradijs van de 'natuurlijkheid' is verdreven, ontstaat de indruk van mogelijk verlies van natuurlijkheid momenteel vooral door de snelheid en intensiteit van de biotechnologische vooruitgang. De geschiedenis wijst uit dat publieke discussies meestal niet zozeer ontketend worden door veranderingen als zodanig, als wel door de snelheid waarmee deze plaatsvinden. Veranderingen die zich geleidelijk en met onwaarneembare traagheid voltrekken, leveren doorgaans weinig weerstand op, terwijl publieke discussie ontstaat bij duidelijk waarneembare veranderingen en versnellingen. 'Deze keer overkomen ons de radicale vernieuwingen heel erg plotseling. Wij zijn daarop niet voorbereid,' schrijft de historicus Michael Bess in zijn studie over de geschiedenis van biologische 'enhancement'.

Inderdaad, we leven in een periode van razendsnelle toepassing van technologische vernieuwingen, al dan niet publiek gefinancierd, in alle onderdelen van het leven, en niet het minst op biomedisch gebied. Statistisch gezien komen deze veranderingen tot uiting in de buitengewoon sterke daling van het aantal sterfgevallen in de kindertijd, een proces dat mede wordt veroorzaakt door het voorkomen van infectieziekten, en in de even sterke toename van de gemiddelde levensverwachting. Economisch gezien gaan deze veranderingen gepaard met een opvallend en nog steeds toenemend 'gebruik' van de medische wetenschap. Cultureel gezien komen ze tot uiting in het opbloeien van een gezondheidscultuur en het verheerlijken van 'body consciousness', het zich bewust zijn van het (eigen) lichaam. Wetenschappelijk gezien worden deze veranderingen belichaamd en ook voortgestuwd door een groeiende groep onderzoekers en professionals in de levenswetenschappen ('life sciences').

Het samengaan van ingrijpende veranderingen in de zorg met de overwinningen in de wetenschap roept allerlei visioenen in het publieke bewustzijn op van de uiteindelijke maakbaarheid van de kunstmatig verbeterde, eeuwig gezonde en mogelijk onsterfelijke mens. Het is juist de combinatie van alle ontwikkelingen die de profetieën van de transhumanisten het aura geeft dat zij wel eens werkelijkheid zouden kunnen worden.

Virtuele werkelijkheid, pre-implantatie-genetische diagnostiek, genetische manipulatie, medicijnen die geheugen, concentratie, waakzaamheid en stemming verbeteren, prestatiebevorderende middelen, plastische chirurgie, geslachtsveranderingoperaties, prothetische geneeskunde, antiverouderingsmedicijnen, directe interacties tussen mens en machine: deze technologieën bestaan nu al.

Dit schreef Nick Bostrom in 2005, een van de stichters van de World Transhumanist Association. Zijn conclusie luidde: 'De combinatie van deze technologische mogelijkheden zou, als ze verder ontwikkelen, de menselijke gesteldheid ingrijpend kunnen transformeren.'

Tussen fictie en fascinatie

Hoe waarschijnlijk zijn de diverse toekomstbeelden die we in deze inleiding voorbij hebben zien komen? Hoe ver is de wetenschap nu en hoe zal zij zich ontwikkelen? Hoe waarschijnlijk is het dat de huidige fictie uit de goed- en kwaadaardige voorspellingen van de futuristen en doemdenkers ooit feit zal worden? En als we aannemen dat sommige beloftes zullen worden waargemaakt, of dat doemscenario's uitkomen, wat zijn daarvan de implicaties voor maatschappij en individu? Dit zijn de vragen waar de auteurs in dit boek zich mee bezighouden.

Tussen de fictie van scenario's over cyborgs, 'transhumans' of andere übermenschen en de fascinatie met de vele vormen van de maakbare mens die nu in ontwikkeling zijn, speelt zich een levendige discussie af over de toekomst van de mens. Die discussie is complex en niet zelden emotioneel. Gelukkig bestaan er verscheidene methoden om een dergelijke discussie een stap verder te brengen.

Een van die methoden is om de zaak in kwestie uit historisch oogpunt te benaderen, door te laten zien dat onze verwachtingen en angsten een lange voorgeschiedenis hebben, en dat zij iets van hun urgentie en schijnbare nieuwheid verliezen als ze geplaatst worden in een breder perspectief. Deze methode wordt gebruikt in enkele van de eerste essays van dit boek. Een aantal andere bijdragen toont aan dat professionals die zich daadwerkelijk bezighouden met het creëren van onze menselijke toekomst, niet de scenario's voorzien die de profeten van de 'maakbaarheid' ons voorhouden. En dan is er nog de beproefde methode om de zaak in subkwesties op te delen. Hierdoor wordt duidelijk dat het verondersteld geheel meer blijkt te zijn dan de onderdelen, en dat deze onderdelen los van elkaar beter zijn te begrijpen. Dit is een methode die impliciet of expliciet gevolgd wordt door de meeste auteurs in dit boek.

Omdat alle bijdragen geschreven zijn vanuit het perspectief van verschillende takken van wetenschap, bieden de hoofdstukken een veelomvattende beschrijving van het landschap van de maakbare mens. Het is een rijk gestoffeerd landschap, dat de lezer volop gelegenheid biedt als ontdekkingsreiziger onbekend terrein te ontginnen en nieuwe horizonnen te verkennen.

Literatuur

Bess, Michael (2008), 'Icarus 2.0: A Historian's Perspective on Human Biological Enhancement', *Technology and Culture* 49, nr. 1, p. 114-126.

Bostrom, Nick (2003), 'Human Genetic Enhancements: A Transhumanist Perspective', *The Journal of Value Inquiry* 37, p. 493-506.

Bostrom, Nick (2005), 'A History of Transhumanist Thought', *Journal of Evolution and Technology* 14, nr. 3, p. 1-30.

Dekker, Cees (2007), 'Stel grenzen aan het gesleutel aan de mens', *NRC Handelsblad*, 10-11 november 2007.

Fukuyama, Francis (2004), 'Transhumanism', *Foreign Affairs*, nr. 144 (september/oktober).

Glover, Jonathan (1984), *What Sort of People Should There Be?*, Londen: Pelican.

Kass, Leon (2002), *Life, Liberty, and the Defense of Dignity: The Challenge for Bioethics*, San Francisco: Encounter Book.

Kurzweil, Ray (2005), *The Singularity is Near: When Humans Transcend Biology*, New York: Viking.

Kurzweil, Ray (2006), 'Reinventing Humanity: The Future of Machine-Human Intelligence', *The Futurist* (maart/april), p. 39-46.

Transhumanist Declaration (1998), transhumanism.org/index.php/WTA/declaration/.

Warwick, Kevin (2003), 'Cyborg Morals, Cyborg Values, Cyborg Ethics', *Ethics and Information Technology* 5, p. 131-137.

I

Verleden en toekomst

2

De 'maakbare mens': historisch-filosofische beschouwingen

Christoph Lüthy

Wat betekent 'maakbaar' eigenlijk?

'De maakbare mens'. Zoals de inleiding van dit boek heeft laten zien, zijn bij de definitie van deze uitdrukking en de discussie eromheen feit en fictie danig verward geraakt en worden huidige wetenschappelijke en medische praktijken gezien in het licht van mogelijke en denkbeeldige toekomstige ontwikkelingen. Er is geen conceptuele duidelijkheid. In de onderlinge discussies tussen de auteurs over de bijdragen in dit boek bleef met name één conceptueel probleem in de gesprekken terugkeren. Dit probleem betrof de betekenis van het ogenschijnlijk eenvoudige bijvoeglijke naamwoord 'maakbaar'. Deze term herbergt een aantal impliciete aannames die eerst ontmaskerd moeten worden.

'Maakbaar' betekent overduidelijk dat iets 'gemaakt kan worden'; op deze manier betekent 'de maakbare mens' 'mensen die gemaakt kunnen worden'. Het is belangrijk om te onthouden dat volgens het traditionele christelijke beeld mensen inderdaad gemaakt zíjn – namelijk door God. God maakte (*fecit*, in het Latijn van de Vulgaat), volgens de twee bijbelse verslagen in Genesis 1 en 2, Adam en Eva, samen met de wereld en de andere bewoners. Voor alle drie de monotheïstische religies zijn mensen dus niet alleen 'maakbaar' door een god, maar zijn ze ook echt 'gemaakt' door hun goddelijke 'maker'. Echter, als we kijken naar het theologische jargon, zien we dat God vaker 'schepper' genoemd wordt dan 'maker'. Dat is een betekenisvol onderscheid, namelijk tussen 'iets maken' (uit materiaal dat al bestaat) en 'iets scheppen' (uit het niets, *ex nihilo*).

Het is nuttig om dit onderscheid in gedachten te houden als we de veelvoorkomende beschuldiging van gelovige critici bekijken dat de genetici van tegenwoordig 'voor God spelen'. Het eerste antwoord zou moeten zijn dat strikt genomen genetici niet voor God kunnen spelen omdat zij niet 'iets uit niets scheppen', maar alleen ingrijpen in bestaand materiaal en dat modificeren. Hun manier van maken verschilt dus op een wezenlijke manier van die van de Schepper.

Echter, de beschuldiging 'voor God te spelen' hangt vaak niet samen met de beschuldiging van 'scheppen' als zodanig, maar eerder met het modificeren van de essentie van de menselijke aard zoals die door God bedoeld is. Bostrom geeft een typisch voorbeeld van de manier waarop dergelijke beschuldigingen aaneengeregen worden: 'voor god spelen, knoeien met de menselijke essentie, of strafbare hybris vertonen'. De logica van deze reeks beschuldigingen is impliciet, maar geenszins vanzelfsprekend. Het geloof in onveranderlijke, soortgerelateerde 'essenties' is niet joods-christelijk maar aristotelisch van oorsprong, en het is helemaal niet duidelijk of een moderne theoloog dit zou moeten onderschrijven. Het is zelfs zo dat veel van de hedendaagse aanhangers van bijvoorbeeld 'intelligent design' tevreden zijn met een god die natuurlijke soorten zodanig gemaakt heeft dat zij voortdurend van binnenuit modificeren en op die manier de evolutie voortstuwen. Ook geldt, voor zowel de aristotelische als de christelijke theoloog, dat de essentie van een menselijk wezen zich in zijn ziel bevindt; niemand beschuldigt echter genetici ervan te knoeien met de ziel. Ten slotte valt te betwijfelen of een dergelijk essentialistisch beeld van de soort wel volgehouden kan worden, zelfs theologisch gezien, in een tijd waarin men begrijpt dat het ontstaan van alle soorten het resultaat is van een evolutionair proces. Kortom, de associatie van 'maakbaarheid' met 'voor God spelen' is in theologisch perspectief gezien niet overtuigend en filosofisch gezien bovendien enigszins verouderd.

De uitdrukking 'maakbare mens' kan dus per definitie niet draaien om God en de scheppingsdaad. Dit roept de volgende vraag op: welke andere manieren zijn er om 'mensen te maken'? Er is een optie die we meteen kunnen wegstrepen: het debat gaat duidelijk niet over de natuurlijke manier waarop ouders van oudsher een 'kind maken', zoals de uitdrukking is, in een daad van seksuele voortplanting. Overigens is de uitdrukking 'een kind maken' een vreemde uitdrukking en taalkundig zelfs foutief, iets waar de zeventiende-eeuwse Vlaamse filosoof Arnold Geulincx ons al op attendeerde. Een pottenbakker die een pot bakt, heeft zijn vak geleerd; hij kan een pot 'maken' omdat hij 'weet hoe hij een pot moet maken'. Een man en een vrouw hebben geen idee hoe het kan dat er negen maanden na een plezierige nacht een volledig gaaf mensje uit de baarmoeder van de vrouw tevoorschijn komt. Ze hebben dat kind zeker niet 'gemaakt' in de alledaagse betekenis van het woord.

De slotsom hiervan is dat het werkwoord 'maken', zoals het gebruikt wordt in het bijvoeglijk naamwoord 'maakbaar', verwijst naar een daad van vervaardigen die goddelijke én natuurlijke handelingen uitsluit. Dus wat blijft er dan over? De volgende twee opvattingen: (1) menselijk handelen (in tegenstelling tot goddelijke interventie), en (2) kunstmatigheid (in tegenstelling tot natuurlijkheid).

Dit is een nuttige aanscherping, maar tegelijkertijd roept het nieuwe vragen op. Is de tegenstelling tussen 'natuurlijk' en 'kunstmatig' echt zo duidelijk als we in eerste instantie denken? Dat valt te betwijfelen. Laten we om te beginnen eens kijken naar het volgende voorbeeld. 'Natuurwinkels' roepen een idee op van 'natuurlijk' dat niet het tegengestelde is van 'kunstmatig'; de 'biologische kool' die men verkoopt is niet het tegenovergestelde van 'chemische kool'. Wat de eigenaar van de natuurwinkel bedoelt met 'biologische kool' is 'onbehandelde of onbespoten kool', die het tegenovergestelde is van 'behandelde of bespoten kool'. Wanneer we deze redenering doortrekken naar de mens, moeten we stellen dat een mens 'natuurlijk' genoemd wordt, in tegenstelling tot 'kunstmatig', als hij of zij 'niet behandeld is'. Maar er is een probleem, zowel met de kool als met de mens: ze groeien allebei niet in het wild, maar zijn noodzakelijkerwijs gecultiveerde producten! De vraag waar de grens ligt tussen 'behandeld' en 'onbehandeld', tussen 'natuurlijk' en 'onnatuurlijk', is verwant aan de beroemde discussie over hoeveel van ons gedrag 'nature' is en hoeveel 'nurture'. Hoewel deze eeuwenoude discussie nog geenszins beslist is, is het voor alle deelnemers duidelijk dat wij mensen nooit geheel onbehandeld en natuurlijk zijn. We zijn noodzakelijkerwijs gesocialiseerde wezens die opgroeien in een culturele en dus per definitie niet-natuurlijke omgeving.

Als het onduidelijk is wat een 'natuurlijke mens' nu eigenlijk is, dan is het logisch dat hetzelfde geldt voor een 'kunstmatige mens'. In de literatuur komen we voor de term 'kunstmatige mens' een verbazingwekkende hoeveelheid heterogene voorbeelden tegen, waarvan de volgende de belangrijkste zijn:

– iemand die in vitro bevrucht is;
– iemand met ander ('beter') DNA dan dat van de eigen ouders;
– iemand die gekloond is uit het celmateriaal van iemand anders;
– iemand die op verschillende manieren 'verbeterd' is, genetisch en met technologische implantaten, om uiterlijk en capaciteiten te perfectioneren;

– iemand die is samengesteld uit levend materiaal en een neurocomputer die de hersenfuncties reguleert;
– iemand die helemaal geen organisch materiaal heeft maar een machine is die menselijk gedrag voortreffelijk imiteert.

Deze zes voorbeelden hebben erg weinig gemeen. Van voorbeeld (1) tot voorbeeld (5) zien we toenemende gradaties van modificaties van het menselijke materiaal, terwijl in voorbeeld (6) geen sprake meer is van modificatie, maar van een kunstmatige kopie.

Uit wat er tot nu toe gezegd is, blijkt duidelijk dat wij het predicaat 'kunstmatig' gebruiken als een koepelterm die toegepast kan worden op elke soort van 'ingrijpen' in natuurlijke groei- en ontwikkelingspatronen. Is het gelegitimeerd om 'kunstmatigheid' gelijk te stellen aan 'ingrijpen'? Is het mogelijk om zoiets te doen in een moderne samenleving die, van prenatale diagnostiek tot verzorgingstehuis, het leven van begin tot verlengd eind met technische middelen begeleidt? Vindt met andere woorden ons hele menselijke leven in de moderne beschaving, met 'goede kleren, een gevulde voorraadkast, een tv, een auto, een huis, enzovoort' (Marcuse) niet plaats in een context die in wezen onnatuurlijk, ja zelfs kunstmatig is? Of, nog radicaler gesteld, is de sluwe homo sapiens, die per definitie 'wetend' is en daarom handvaardig is en gereedschap maakt, niet altijd bezig het 'natuurlijke' te helpen, verbeteren of zelfs te ontkennen, door middel van het 'kunstmatige'?

Door de eeuwen heen heeft men inderdaad zonder aarzeling geaccepteerd dat mensen gevormd, geconditioneerd en verbeterd werden, hetzij door biologische selectie, hetzij door educatie of indoctrinatie. Dit leidt tot de volgende vraag: wat is er nu eigenlijk anders aan de hedendaagse pogingen om 'mensen te verbeteren'? Een antwoord op deze vraag valt moeilijker te geven als men de mens zelf als het voorlopige resultaat van evolutionaire selectiekrachten beschouwt. Indien de homo sapiens zelf het resultaat van een selectieproces is dat voortdurend de voorkeur gaf aan individuen en soorten die gunstige eigenschappen bezaten, in hoeverre zijn dan moderne pogingen om mensen te verbeteren meer dan enkel een bewuste uitvoering van krachten die toch al 'natuurlijk' aan het werk zijn?

De 'kweekbare mens'

Als we kijken hoe de gehele uitdrukking 'de maakbare mens' wordt gebruikt in de hedendaagse discussie, wordt duidelijk dat het suggereert dat de wetenschap knoeit met de 'natuurlijke vorm' van menselijke wezens. Wij hebben echter al de vraag gesteld of we met enig recht van spreken kunnen vooronderstellen dat er een dergelijke 'natuurlijke' menselijke vorm bestaat. In het geval van dieren en planten maken we een onderscheid tussen 'wilde' en 'gedomesticeerde' soorten. De eerstgenoemde planten zich vrijelijk en in ongeremde competitie voort, terwijl de laatstgenoemde worden gekweekt of gefokt. Het lijkt logisch dat wij mensen tot de tweede soort behoren. Literaire tegenvoorbeelden als Mowgli of Romulus en Remus daargelaten, groeien mensen niet op in de wildernis. Zoals Charles Darwin al opmerkte in een brief aan Alfred Wallace uit maart 1867, de homo sapiens is een 'buitengewoon gedomesticeerd dier' (Marchant 1916, p. 181).

Sinds mensenheugenis hebben boeren en veehouders opgemerkt dat ze door technieken als enten (voor planten) en fokken (voor dieren), ouders met gewenste eigenschappen konden combineren en zo de kwaliteit van de nakomelingen konden verbeteren. Ditzelfde gold ook voor de menselijke soort; dat het kind gelijkenis vertoont met beide ouders was immers altijd al duidelijk. Het beroemdste, eeuwenoude voorstel om foktechnieken toe te passen op de mensenwereld is te vinden in Plato's *Republiek*, dat geschreven werd in de vierde eeuw v.Chr. Hierin wordt gesteld dat het voordelig kan zijn voor de staat als de heersende klasse geproduceerd wordt volgens dezelfde criteria die boeren gebruiken bij het verbeteren van hun veestapel. Mannen en vrouwen met de beste fysieke en mentale eigenschappen zouden moeten worden geselecteerd en aangezet tot voortplanten – opvallend genoeg buiten de context van de familie – en hun nageslacht zou moeten worden onderwezen tot ze de ideale leden van de heersende klasse zijn. Plato hield echter rekening met het verschil tussen vee en mens door zijn plan verder te laten gaan dan alleen kruisen. In zijn *Republiek* omschrijft hij nauwkeurig het intellectuele, atletische en psychologische programma dat uitgevoerd moet worden na de geboorte.

Het idee dat het profiel van een menselijk individu zowel wordt bepaald door geërfde fysieke en psychologische eigenschappen, als door zijn fysieke, emotionele en intellectuele opvoeding, is dus zo oud als het westerse filosofische en wetenschappelijke denken. De Engelse uitdrukkingen 'wellbred' (beschaafd, welopgevoed) en 'of good extraction' (van goede afkomst) om een persoon te typeren, stammen af van de boerenervaring, die meer dan twee millennia geleden al tot platonische hoogten gerezen was. De combinatie van ouders van goede afkomst met een goed opvoedprogramma voor het nageslacht zal leiden tot het gewenste resultaat.

Plato's project werd indertijd niet uitgevoerd, en voor geschiedkundigen is het enigszins verrassend om te zien dat het idee om mensen te fokken naar het voorbeeld van paarden en koeien genegeerd werd, ook in tijden waarin het platonisme in zwang was. In feite heeft zelfs onze verrassing historische precedenten. In Tommaso Campanella's *Stad van de zon* (1602) komen we een hoge functionaris van een utopische staat tegen, 'die zorgt voor de voortplanting, en de vereniging van mannen en vrouwen op zo'n manier dat zij een goed ras voortbrengen. En ze lachen om ons omdat wij zorgen voor het ras van honden en paarden, maar ons eigen ras verwaarlozen.' De publicatie van Charles Darwins *De oorsprong der soorten* in 1859 leidde een discussie in over de langetermijneffecten van doelgerichte selectie in het domesticatieproces. Hoofdzakelijk hierdoor begon men het idee om mensen te 'fokken' serieus te nemen. Als evolutie echt bestond, zo redeneerde een aantal van Darwins aanhangers, dan zou het voordelig zijn als de samenleving zichzelf zou behandelen zoals boeren dat doen met dieren, namelijk om de voortplanting te sturen volgens de goedgekeurde richtlijnen. 'Keuze' moest 'kans' vervangen.

Francis Galton riep in 1865 uit: 'Wat een buitengewoon resultaat zal het opleveren voor ons ras, als het zijn doel zou zijn om diegenen in een huwelijk te verenigen die de beste en meest gepaste natuur hebben, mentaal, moreel en fysiek!' Maar om deze buitengewone resultaten te bereiken zouden we de evolutie moeten sturen door middel van beleid. Zo zou de vermeerdering en biologische voortplanting van erfelijke ondeugden als 'hunkeren naar drank of gokken, sterke seksuele passie, neiging naar pauperisme, gewelddadige misdaad en fraude' volgens Galton kunnen worden voorkomen. Onder invloed van zulke stemmen, die onder de verzamelnaam 'sociaal darwinisme' geschaard werden, ontstond een zogenaamd wetenschappelijke beweging die zichzelf de naam 'eugenetica' (letterlijk 'goedgeboren') gaf, en die als doelstelling had 'het zelf bepalen van de richting van de menselijke evolutie'.

In de vroege decennia van de twintigste eeuw probeerden de hoofdrolspelers van de eugeneticabeweging in een aantal landen de evolutie in eigen handen te nemen. In de eerste plaats werd gedacht aan een door de overheid geïmplementeerd beleid dat de voortplanting van burgers met gewenste

Emblematische stamboom van de eugeneticabeweging. Second International Congress of Eugenics (New York, 1921).

eigenschappen vergemakkelijkte (positieve eugenetica), en de voortplanting van burgers met ongewenste eigenschappen belemmerde (negatieve eugenetica). In immigratielanden als de VS hield dat onder andere in dat aan potentiële groepen immigranten een bepaalde waarde toegekend werd en dat een beleid gevoerd werd dat de instroom van families van hooggewaardeerde rassen aanmoedigde en die van alle andere rassen ontmoedigde. Zoals Charles Davenport, de directeur van het Station for Experimental Evolution te Cold Spring Harbor en directeur van het Eugenics Records Office, in 1910 al schreef: 'De samenleving moet zichzelf beschermen: zoals het het recht opeist om de moordenaar zijn leven af te nemen, mag het op diezelfde manier het afschuwwekkende serpent van het hulpeloos boosaardige protoplasma vernietigen.'

Geen enkel land ging zo ver als nazi-Duitsland, waar het idee van 'rassenhygiëne' het meedogenloze uitroeien van zogenaamd inferieure rassen impliceerde. Dit was gekoppeld aan instituties als Lebensborn, dat zich bezighield met de voortplanting van het gewenste noordse ras. Eugenetica heeft dus in het ergste geval geleid tot genocide in de naam van de raszuiverheid. Het heeft ook geleid tot sterilisatieprogramma's voor geestelijk gehandicapte individuen, niet alleen in communistische landen, maar ook in landen als Zweden. Er waren in verschillende Europese landen initiatieven in een vergelijkbare richting, zoals gedwongen adoptieprogramma's voor zigeunerkinderen.

Deze maatregelen zijn zonder twijfel pogingen om een 'maakbare maatschappij' te ontwikkelen via voortplantingskeuzes die door de overheid worden gestuurd. Het is echter niet duidelijk of we de resultaten 'kunstmatig' kunnen noemen. Men redeneerde dat eugenetica door de staat slechts de neiging tot selectie verder doorvoerde, die altijd al – bewust of onbewust – actief was geweest. Van oudsher trouwden edelen met andere edelen en landeigenaars met andere landeigenaars; de rijken konden het zich veroorloven om voor schoonheid te kiezen. De overbodigen of minderbedeelden mochten sterven van de honger, werden als huurling de slagvelden op gestuurd om te sterven, of weggestopt in kloosters en zo ontdaan van de mogelijkheid tot voortplanten. Er zit dus wel iets in de bewering van de eugenetici dat zij niets 'onnatuurlijks' voorstelden. Zij wilden enkel het werk doen dat 'de naakte natuur' zelf al gedaan zou hebben: de zwakken uitroeien en degenen vernietigen die in natuurlijke omstandigheden 'niet geschikt zouden zijn om te overleven'. Ze beweerden dat het juist de zogenaamde beschaafde maatschappij was die tegen de natuur inging, met zijn weeshuizen, armenhuizen, psychiatrische instellingen en ziekenhuizen, die de ongeschikten in leven en aan het voortplanten hielden. Volgens deze redenering, die vaak wordt herleid naar het werk van Herbert Spencer, hielden de correctieve maatregelen van de overheid enkel een terugkeer in naar de regels van 'het natuurlijke', om tegenwicht te bieden aan de 'onnatuurlijke' krachten van beschaafd gedrag.

Wie dit soort sociaal-darwinistische redeneringen wil afwijzen – en na de Tweede Wereldoorlog is er collectief besloten om dat te doen – zal dat moeten doen op basis van *ethische* redenen. Ethische regels zijn echter geen regels over hoe we ons natuurlijk en gewoonlijk gedragen, maar over hoe we ons zouden móeten gedragen. De negentiende-eeuwse darwinist Thomas Huxley had gelijk: ethische normen zijn het absolute tegenovergestelde van 'natuurlijkheid'. Als men de zogenaamd natuurlijke regel van de *survival of the fittest* (het overleven van de best aangepaste) accepteert als de 'natuurlijke' maatstaf voor gedrag, dan neemt men 'het wereldbeeld van de gladiator' aan, waarin de sterkere het recht heeft om de zwakkere te doden. Ethiek is een tegengif voor natuur; het is een verzameling regels die ons toestaat te ontsnappen aan de meedogenloosheid van de natuur.

Men zou kunnen stellen dat de positieve eugenetica in eerste instantie niets anders deed dan Plato's oude voorstel serieus te nemen. De enige manier om betere mensen voort te brengen was door geschikte individuen met de juiste eigenschappen te kruisen. In de loop van de twintigste eeuw werden er echter nieuwe wetenschappelijke en technologische mogelijkheden ontwikkeld, waardoor nieuwe kansen ontstonden waar men voorheen niet van had kunnen dromen. Zoals zo vaak gebeurt, waren deze mogelijkheden al aangekondigd in de literatuur. In 1932, zelfs voor Hitler met zijn obsessie voor raszuiverheid aan de macht kwam, maar wel in de tijd dat de internationale eugenetica hoogtij vierde, publiceerde Aldous Huxley zijn beroemde boek *Brave New World* (in de Nederlandse vertaling getiteld *Het Soma-paradijs*), dat vandaag de dag nog tot de publieke en wetenschappelijke verbeelding spreekt. Het is opmerkelijk dat in die prachtige nieuwe wereld eugenetische ideeën worden gekoppeld aan Plato's voorstel om de sociale klassen te fokken binnen een geïnstitutionaliseerde overheidsinstelling en buiten familiestructuren om (hoewel in Huxleys wereld de voortplanting in vitro plaatsvindt, en niet in vivo, zoals bij Plato). Wat deze futuristische nachtmerrie nog steeds interessant maakt, is de beschrijving van een bijzonder verraderlijke combinatie van biologische reproductiemethoden met psychologische technieken. Deze waren gericht op het conditioneren van individueel en groepsgedrag, wat werd aangevuld met de veelvuldige toepassing van de geluksverhogende drug 'soma' voor die momenten waarin conditionering niet voldoende was voor het nagestreefde geluksgevoel.

Mensen maken door middel van conditionering

Huxleys combinatie van biologische, psychologische en drugsmethoden van conditionering leidt ons tot andere soorten 'maakbaarheid'. We hebben al eerder Davenport geciteerd, die vond dat, om de maatschappij te verbeteren, men 'het afschuwwekkende serpent van het hulpeloos boosaardige protoplasma [moest] vernietigen'. Dit denkbeeld vormt een van de uitersten van de discussie over 'nature versus nurture' (natuur versus opvoeding), door te stellen dat onze genetische structuur bepaalt wie we zijn. Het andere uiterste werd tegelijkertijd en zelfs in hetzelfde land onder woorden gebracht door de Amerikaanse behaviorist John B. Watson, die schreef:

> Geef me een dozijn gezonde zuigelingen, goedgevormd, en mijn eigen specifieke wereld om hen in op te voeden, en ik kan u verzekeren dat ik er willekeurig een kan nemen en hem opleiden tot welk soort specialisme ik ook maar uit zou kiezen – dokter, advocaat, kunstenaar, koopman, en ja, zelfs een bedelaar en dief, ongeacht zijn talenten, neigingen, bekwaamheden, roepingen, en het ras van zijn voorouders. (Watson 1930, p. 104)

Niet alleen staat Watson hier lijnrecht tegenover Davenport, maar ook impliceert zijn denkbeeld het tegenovergestelde van wat het betekent om 'een mens te maken'. Bijna altijd in de geschiedenis was de 'maakbaarheid' van mensen vooral geassocieerd met het vermogen om sprakeloze zuigelingen te laten opgroeien tot goed functionerende, moreel handelende mensen, dankzij de opvoeding. Zelfs tot op de dag van vandaag is een 'selfmade man' nog iemand die het voor elkaar krijgt om succes te hebben ondanks het gebrek aan hulp van anderen in het 'maken' van hemzelf. Hoe we deze kneedbaarheid van de menselijke aard ook willen noemen, die mensen openstelt voor opvoeding en voor pedagogische, religieuze en ideologische indoctrinatie, het is zonder twijfel de oudste vorm van 'maakbaarheid'. Sinds de homo sapiens verscheen, heeft hij zijn naam eer aangedaan, en technieken, kennis, maar ook overtuigingen doorgegeven door onderwijs. Dit hield bij de opvoeding van jongeren het gebruik van wortels en stokken in, oftewel aanmoediging en straf. De filosoof Ludwig Wittgenstein heeft het leren van een taal, wat de eerste stap is in alle menselijke educatie, vergeleken met het africhten van een hond: om een taal te begrijpen moet men in de eerste plaats de juiste respons ontwikkelen op het horen van een woord. Vervolgens is het belangrijk om te onthouden dat in veel culturen onderwijs eenvoudigweg wordt gezien als het onderdrukken van 'natuurlijke neigingen'. In de christelijke context bijvoorbeeld was de gangbare denkwijze dat het lichaam een natuurlijke neiging naar zonde bezat. Deze neiging was het geërfde gevolg van de zondeval. Daar werd onderwijs en, vooral in het geval van de monnik, het zelfonderricht van spirituele oefening en zelfkastijding gezien als het middel om deze natuurlijke lichamelijke neigingen te onderdrukken en de geest te verheffen.

Met de ontwikkeling van de psychologie tot een experimentele wetenschap in de negentiende eeuw werd de educatieve conditionering een centrale vraag, maar werd het tegelijkertijd uit zijn voormalige religieuze context gehaald. Pierre-Jean Cabanis schreef in een van zijn *Rapports du physique et du moral de l'homme* in 1802:

Het is zonder twijfel mogelijk om door een levensplan, verstandig opgesteld en trouw nagevolgd, de gewoonten van ons gestel merkbaar te veranderen. Het is dus mogelijk om de persoonlijke natuur van elk individu te verbeteren; en dit doel, dat de aandacht van moralisten en filantropen zo waard is, vereist dat alle ontdekkingen van de fysioloog en arts zorgvuldig worden overdacht. Maar als we elk temperament kunnen wijzigen, één voor één, dan kunnen we diepgaand en op grote schaal het karakter van de soort beïnvloeden, en kunnen we systematisch en voortdurend een effect uitoefenen op volgende generaties. (p. 3: 433)

Met de opkomst van ideologieën werden pogingen om via collectief onderwijs 'een systematisch en voortdurend effect op volgende generaties' voort te brengen bovendien gezien als een manier om het soort burger te produceren dat de samenleving wilde. Een extreem voorbeeld van zulke collectieve educatieve conditionering is de Sovjet-Unie, die Darwins zogenaamde blinde evolutionisme bestreed en de voorkeur gaf aan een soort boerenversie van het larmarckiaanse 'modificationisme' (in de periode 1930-1950 lysenkoïsme genoemd). Daar werd gepoogd om de gewenste *homo sovieticus* voort te brengen, niet door biologische maar voornamelijk door educatieve middelen.

Het is echter zinvol om op te merken dat het idee van collectieve educatieve conditionering ook aanwezig is in democratische samenlevingen. Zoals duidelijk wordt in de bijdrage van Cornips en Van Asselt, is de 'maakbaarheid' van menselijk gedrag in het huidige Nederland via wetten, economie en onderwijs een praktijk die nergens ter discussie wordt gesteld.

In het geval van 'mensen maken door opvoeding' is het bijzonder moeilijk of zelfs onmogelijk om te bepalen wat de grenzen zijn tussen natuurlijkheid en kunstmatigheid. Het lijkt logischerwijs onmogelijk om je een exemplaar van homo sapiens voor te stellen dat nog niet gedenaturaliseerd is. De soortnaam 'sapiens' geeft eigenlijk al precies die staat van 'kennis' aan die ons onderscheidt van louter onreflectieve natuurlijkheid.

'Maakbare mensen' uit het verleden

Tot nu toe hebben we naar twee onafgebroken tradities van conditionering of het maken van mensen gekeken, namelijk door kruisen en door opvoeding. Maar deze twee soorten 'maken' zijn niet waar het om draait in de discussie die vandaag de dag speelt. Nu staat de angst centraal dat onze technologische middelen het mogelijk maken om voorbij te gaan aan de eeuwenoude processen van natuurlijke voortplanting en opvoeding.

Zelfs die angst is overigens niet nieuw. Kunstmatig gemaakte mensachtigen bestaan al enige tijd, in ieder geval als fictie. Om onze eigen kunstmatige mensen nauwkeuriger te plaatsen, zullen we eerst de oude kunstmatige typen de revue laten passeren.

Er was bijvoorbeeld de kunstmatige mens die tot leven werd gebracht door magie. Voorbeelden van deze soort waren de zogenaamde golems, kleifiguren die (volgens joodse legenden) door rabbi's bezield werden via kabbalistische betoveringen. Deze bezieling was geïnspireerd op het verhaal van Genesis 2, waar God Adam en Eva maakt uit klei en hen vervolgens leven inblaast. Echter, zo gauw de betovering verwijderd werd, vielen de golems in stof uiteen. Dit type, een imitatie van 'de schepping' en afhankelijk van magie, is voor onze huidige context verder niet interessant, hoewel de sciencefictionschrijver Stanisław Lem het verhaal van de golem wel omgezet heeft naar het robottijdperk.

Interessanter zijn de nepbezielingen van beelden of poppen waar de antieke en vroegmoderne technici zo dol op waren. Lang voordat Alan Turing de 'Turingtest' bedacht – kunnen we een menselijk wezen onderscheiden van een computer op basis van de antwoorden die zij geven op onze vragen? – verzonnen technici al manieren om toeschouwers voor de gek te houden en te doen geloven dat een machinefiguur een menselijk wezen was. Het was juist het succes van handwerkslieden in het maken van poppen die menselijke gebaren konden nadoen, gecombineerd met bepaalde zeventiende-eeuwse doorbraken in het begrip van de menselijke fysiologie, die René Descartes ervan overtuigden dat het menselijk lichaam niets anders is dan een machine.

In de geschiedenis bestaat er naast de golem en de mechanisch gefabriceerde *homme machine* nog een ander denkbeeldig type kunstmatig mens. Dit is de mensachtige die chemisch wordt gemaakt. Het eerste voorbeeld hiervan is de homunculus van de alchemist.

De figuur op p. 37 laat een paracelsiaanse alchemist zien die een 'mannetje' (homunculus) produceert. Welnu, men beweerde dat de productie van een homunculus afhankelijk was van biologische middelen, in tegenstelling tot die van de mechanische pop, omdat de alchemist voorwendde dat hij mannelijk zaad in zijn flacon (een soort kunstmatige baarmoeder) deed en een sublimatieproces op gang bracht in de oven.

Er is natuurlijk nooit een homunculus uit een alchemistenlaboratorium tevoorschijn gekomen. Evenmin zijn er enige eeuwen later kunstmatig tot leven gewekte monsters uit een laboratorium ontsnapt; het monster van Frankenstein bleef gevangen in de pagina's van Mary Shelleys boek uit 1818. Toch leven de homunculus en het monster van Frankenstein, samen met de faustiaanse wetenschappers die verantwoordelijk waren voor hun ontstaan, sindsdien in ons collectieve li-

Een negentiende-eeuwse gravure van de alchemist Wagner, uit het tweede deel van Goethes *Faust*, die een homunculus maakt.

teraire geheugen voort als uitdrukking van een hardnekkige angst, die tegenwoordig misschien wel sterker is dan ooit. De experimentele resultaten van onze wetenschappelijke zoektocht door organisch en anorganisch materiaal zouden op een dag wel eens uit onze macht kunnen ontsnappen.

Het thema 'ontsnapping' is sowieso een erg hardnekkig literair onderwerp. In Gustav Meyrincks boek *Der Golem* ontvlucht de kleifiguur de overheersing van de rabbi en vormt hij een soort onsterfelijk symbool voor de dwalende jood. Het monster van Frankenstein ontsnapt uit het laboratorium van zijn maker. Op deze manier zal de toekomstige kunstmatige übermensch uiteindelijk onze wil tarten. De titel van een essay van Rakesh Kapoor geeft het ook aan: 'Wanneer mensen zichzelf te slim af zijn'. Kapoor beschrijft hierin het idee, ontleend aan Nick Bostrom, dat ergens in de komende vijftig jaar machines worden aangedreven door kunstmatige intelligentie – een intelligentie die niet alleen veel te slim is voor ons, maar ook in staat is om onafhankelijk beslissingen te nemen, mogelijk tegen onze eigen oorspronkelijke intenties in.

Precies zoals in voorgaande eeuwen kabbalistische magie,

alchemie, scheikunde, mechanica en eugenetica allemaal literaire fantasieën voortbrachten over het ontstaan van 'kunstmatige mensen', komen we tegenwoordig in romans en films androïden, 'transhumans' en andere vervreemdende aangepaste mensen tegen die door techniek worden aangedreven. Zijn zij inmiddels realistischer dan hun voorgangers, of zijn ze gewoonweg het geestelijke product van ons talent om ons steevast het ergste voor te stellen?

In elke tijd is het moeilijk om realistische mogelijkheden te onderscheiden van onrealistische. Dit is te wijten aan het feit dat de evolutie van wetenschap en technologie onvoorspelbaar is. Wat de hedendaagse fantasieën nog moeilijker te beoordelen maakt, is het feit dat het er zoveel zijn – van genetisch gemanipuleerde mensen, hersenen die door machines in stand worden gehouden tot mensachtige robots – en dat ze op een kruispunt liggen van verschillende, momenteel gescheiden, wetenschapsdisciplines. Sommige fantasieën en nachtmerries zijn enkel een 'intensivering' van huidige praktijken. In een tijdperk waarin heupvervangingen, orgaantransplantaties en pacemakers de norm zijn, is het niet moeilijk voor te stellen dat ook andere gebrekkige lichaamsdelen vervangen of verbeterd kunnen worden.

Evenzeer geldt dat in een wereld waar machines deskundige arbeiders blijven vervangen, het niet onmogelijk lijkt steeds meer taken te geven aan computers of robots. Wat daarentegen wel tamelijk moeilijk voor te stellen is als een gebeurtenis die ons echt boven het hoofd hangt, is het verdwijnen van de grens tussen mens en machine. Op dit moment is het verschil tussen de echte piloot en de automatische piloot overduidelijk, en het moment waarop dat verschil verdwijnt, is even onmogelijk te voorspellen als het moeilijk voor te stellen is.

'Antropomorfische Wezens'. Uit: Carl Linnaeus, 'Antropomorpha', in idem, *Amœnitates Academicae* 6, Stockholm, 1763, p. 76.

Grenzen tussen mensen en niet-mensen

In de context van discussies over de natuur van de mens is het wederom nuttig om toevlucht te nemen tot historische voorgangers. Twee zijn voor ons interessant; de eerste heeft te maken met de grens tussen mens en dier, en de andere met de grens tussen lichaam en machine.

In de periode van 1450 tot 1800 was er grote verwarring over de grens tussen mensen en andere levensvormen, als gevolg van de ontdekking van Afrika ten zuiden van de Sahara en de Nieuwe Wereld. Verslagen daarover deden de Europeanen afvragen of ze te maken hadden met andere mensen of met een kruising tussen dieren en mensen. Velen werden herinnerd aan de saters en faunen, mensen met geitachtige eigenschappen, die op Griekse vazen stonden afgebeeld. In de figuur hierboven, een afbeelding uit 1763, is een verscheidenheid aan zulke 'antropomorfische wezens' te zien, van links naar rechts 'Troglodiet' (een soort holbewoner), 'Lucifer' (een soort duivel), 'Sater' en 'Pygmee'.

Bossater. Uit: Peter van der Aa, *Icones arborum, fructorum et herbarum exoticarum*, Leiden, 1700, plaat 77.

Het was hier behoorlijk onduidelijk waar de grens tussen mens en niet-mens nu eigenlijk getrokken moest worden. Trouwens, toen de Europeanen voor het eerst de orang-oetan tegenkwamen, leerden ze van de plaatselijke bewoners dat dit woord 'bosmens' betekende, en men classificeerde hem vervolgens als zodanig. In de figuur hierboven zie je een mannetje een vrouwtje het hof maken op een typisch Nederlandse manier, namelijk met een tulp. In de legenda staat te lezen: 'Bossater genaamd Orang-oetan'.

Toen Carl Linnaeus in de achttiende eeuw zijn beroemde *Systema Naturae* ('Het systeem van de natuur') opstelde, classificeerde hij elke soort naar (1) koninkrijk, (2) klasse, (3) orde, (4) geslacht en (5) soort. Mensen, besloot hij, behoorden tot (1) het dierenrijk, (2) de gewervelde klasse, (3) de orde van primaten en (4) het geslacht 'homo'. Toen hij dit punt bereikt had, kwam hij in moeilijkheden. In de vroege edities van zijn *Systema* had hij het geslacht 'homo' opgedeeld in twee soorten, die hij 'diurnaal' en 'nocturnaal' noemde. Hij classificeerde de meeste rassen als overdag actief, en andere, zoals de orang-oetan, als nachtelijk actief; Linnaeus wees erop dat hij geen anatomische redenen had om de mens op een andere manier van de orang-oetan te onderscheiden. In latere edities zien we een opmerkelijke verandering. Hij noemt de twee soorten van het geslacht 'homo' nu 'homo sapiens' en 'homo monstrosus'. Het opvallendst is dat de orang-oetan geclassificeerd wordt als 'homo sapiens' (waarvan hij de ondersoort 'wilde mens' vormt), terwijl bergbewoners, Hottentotten, Chinezen en indianen worden geclassificeerd onder de 'monsterachtige mens'. Met andere woorden, er zijn mensenrassen die in de ogen van Linnaeus minder 'menselijk' waren dan bepaalde primaten.

Het is nu gemakkelijk hierom te lachen. Linnaeus' verwarring komt echter in een nieuw licht te staan nu hedendaagse genetici beweren dat de genetische verschillen tussen mensen en chimpansees erg klein zijn, en gedragsbiologen kijken in hoeverre ze primaten kunnen leren werktuigen en taal te gebruiken.

De achttiende-eeuwse verwarring krijgt in de hedendaagse sciencefiction een hevige opleving. In *Star Wars* bijvoorbeeld werken normaal uitziende mensen samen met intelligente mensapen en robots. In veel gevallen is het intuïtief wel duidelijk of iemand behoort tot de soort homo sapiens of niet. In andere gevallen, die natuurlijk het interessantst zijn, is het echter minder duidelijk. Zulke gevallen laten zien hoe veranderlijk de grenzen eigenlijk zijn. Deze grenzen worden onderzocht in de hedendaagse robotica, zoals Catholijn Jonker en Annemiek Nelis in hun bijdrage laten zien; grenzen die bovendien belangrijke juridische gevolgen hebben, zoals Bert-Jaap Koops in zijn bijdrage 'Over "mensen" en "mensen"-rechten' uitlegt.

De vroegmoderne discussies over de grenzen tussen mens

en niet-mens zijn voor ons heel interessant. Ten eerste omdat ze laten zien dat de status en de grenzen van onze soort zelfs vóór ons technologische tijdperk al onzeker waren. Ten tweede omdat er een kardinale toetssteen was die in vroegere eeuwen gebruikt kon worden om een mens van een niet-mens te onderscheiden: alleen de eerste werd geacht een onsterfelijke ziel te bezitten. Hoewel men deze ziel niet kon zien of meten, en dus geen empirisch criterium opleverde, zorgde het wel voor een ontologisch verschil.

Omdat de onsterfelijke ziel niet meer gebruikt wordt als maatstaf voor afbakening, probeert men het tegenwoordig met bewustzijn. Maar die maatstaf is heel wat veranderlijker dan de aanwezigheid van een onsterfelijke ziel. Aan de ene kant bestaat er onder experts een consensus dat sommige dieren gedrag vertonen dat wijst op bewustzijn. Aan de andere kant wordt er tegenwoordig ook gediscussieerd over de vraag of bewustzijn misschien niet een noodzakelijke eigenschap zal blijken te zijn van neurale netwerken met een bepaalde complexiteit. In beide gevallen zal het onmogelijk zijn om bewustzijn als een unieke, afbakenende eigenschap van mensen te gebruiken.

Wat de afbakening tussen mensen en machines betreft vinden we een interessant precedent in de filosofie van René Descartes en sommigen van zijn aanhangers. In de jaren veertig van de zeventiende eeuw verdedigde Descartes het denkbeeld dat dierlijke lichamen eigenlijk niets meer waren dan machines die zichzelf vermenigvuldigden. Menselijke lichamen waren ook zulke zelfvoorzienende machines die zich vermenigvuldigden; in tegenstelling tot dieren waren zij echter het huis voor een onsterfelijke ziel (die niet meer was dan een 'geest in een machine').

Descartes redeneerde dat ons hart als pomp beschouwd kan worden, onze aders als pijpen, onze spieren als hefmachines en onze ogen als optische instrumenten; zouden wij dan niet mogen concluderen dat al onze lichaamsfuncties verklaard kunnen worden op mechanische wijze? En zo concludeerde hij dat bijvoorbeeld de zogenaamd vrijwillige actie van het bewegen van een arm naar een object eigenlijk niets meer is dan een feedbackmechanisme dat teweeggebracht wordt door zintuiglijke input.

Het is duidelijk dat een dergelijk beeld van de mens als machine het helemaal ingewikkeld maakt voor ons. Als het menselijk lichaam gezien kan worden als machine, is het moeilijk te zeggen waarom een cyborg wezenlijk anders zou zijn dan wij, die immers geraffineerde machines zijn. Daar kan men tegenover stellen dat Descartes' beschrijving van mensen als machines enkel een uitleg via analogie is. Descartes beweerde niet dat mensen en door mensen gemaakte machines identiek waren, maar alleen dat mensen wérken als machines, hoewel oneindig veel ingewikkelder. Dat is een belangrijk onderscheid. Het echte verschil tussen Descartes' beschrijving van de mens als machine en de mens-machine waar sommige apostelen van het transhumanisme zo enthousiast over spreken, zit hem hierin: de 'transhumane' mens-machine vermenigvuldigt zich niet op natuurlijke wijze, op de manier waarop Descartes' mens-als-machine dat wel doet. De 'transhuman', die deels ontworpen is door mensen, breekt met geëvolueerde levensvormen.

Er kan dus worden gezegd dat de grens tussen mensen en robots of 'transhumane' androïden enkel ligt in het onvermogen van de laatstgenoemden om zichzelf te reproduceren (tenminste in de verbeterde vorm). Deze maatstaf om de grenzen te bepalen lijkt op de katholieke maatstaf voor orthodoxie: een kerk is alleen orthodox als de priesters zijn aangesteld door bisschoppen die op hun beurt weer aangesteld zijn door eerdere bisschoppen, in een ononderbroken lijn die teruggaat tot de tijd waarin Christus de apostelen benoemde. Op dezelfde manier kunnen mensen gedefinieerd worden als de directe afstammelingen, door natuurlijke vermenigvuldiging, van 'historische mensen' (of 'paleo-mensen', zoals Koops ze in zijn bijdrage over mensenrechten noemt). Deze definitie op basis van voortplanting is nuttig om mensen te onderscheiden van machines of robots. Het is echter minder onderscheidend in het geval van genetisch gemodificeerde mensen, bij wie een ononderbroken nakomelingschap in stand kan worden gehouden ondanks een immense modificatie van eigenschappen, capaciteiten en gedrag.

De nieuwigheid van onze historische situatie

We hebben een aantal historische casestudy's bekeken om ons te helpen bepalen of onze situatie wezenlijk verschilt ten opzichte van vroeger. We hebben gezien dat waar 'maakbaarheid' verwijst naar manieren om doelbewust te kruisen of naar gedragsverbetering of -bepaling door opvoeding, er vandaag de dag niets echt nieuw is. Ook blijkt dat er niets nieuws is aan de droom – of nachtmerrie – van het maken van mensen in laboratoria. Dit idee bestaat al eeuwen, hoewel het altijd fictie is gebleven.

Wat onze huidige situatie anders maakt dan vroeger is het idee om *bestaande mensen te perfectioneren* door middel van technologie. In vroeger tijden probeerde men beter nageslacht te produceren door ouders van goeden huize te koppelen, of men stelde zich voor dat nieuwe androïden gemaakt werden in laboratoria of door magie. Pas in de laatste decennia is het idee ontstaan dat bestaande menselijke individuen gemodificeerd kunnen worden, hetzij biologisch (door slecht functionerende onderdelen of genen te vervangen), hetzij elektronisch (door snufjes toe te voegen die slecht functionerende onderdelen vervangen, of door goed functionerende onderdelen verder te verbeteren).

De meeste van de huidige praktijken vallen onder de overkoepelende term 'verbetering'. Daarvoor zijn er nu verscheidene hulpmiddelen in gebruik, van pacemakers tot viagra, van prozac of steroïden tot plastische chirurgie. De meeste hiervan zijn correctief van aard. Neem bijvoorbeeld Marijke Helwegen, die in NRC Handelsblad van 2 juni 2008 'de ambassadrice van het maakbare lichaam' wordt genoemd en die beweert: 'Ik ben niet verbouwd, maar gerenoveerd. Ik was beeldschoon, en dat ben ik gebleven.' Hier wordt gesuggereerd dat het enige wat Marijke doet, is haar originele uiterlijk in stand houden tegen het genadeloze dictaat van de tijd. Andere manieren van verbetering zorgen ervoor dat de prestatiekwaliteit naar grotere hoogten wordt gebracht, maar wederom zonder nieuwe eigenschappen in te brengen. Geen van deze praktijken tart de traditionele ideeën over de menselijke natuur.

Met de voorspelde koppeling van kunstmatige intelligentie aan het brein wordt het probleem complexer, omdat deze maatregel direct raakt aan de menselijke identiteit. Die identiteit wordt immers van oudsher sterk geassocieerd met fenomenen die zich in de hersenen afspelen, zoals herinneringen en persoonlijke overtuigingen. Al in 1957 ontwierp Oswald Wiener in zijn roman *Die Verbesserung von Mitteleuropa* een gedachte-experiment, waarin een machine een vloeiende overgang maakt van een 'natuurlijke' naar een 'kunstmatige' staat van bewustzijn. Wieners 'bioadapter' is een machine die op ons hoofd wordt geplaatst. Eerst meet en registreert deze bioadapter onze stimulus-responspatronen, en vervolgens imiteert hij ze, om zo de zaken over te nemen van het biologische brein. De samenhang tussen de processen van het brein en de processen van de machine is zodanig dat het subject zich geen enkel moment bewust wordt van de langzaam maar gestaag toenemende overname. Uiteindelijk zullen al zijn bewuste geestestoestanden door de machine worden geproduceerd.

Het is slechts een kleine technologische stap van Wieners denkbeeldige machine die het biologische brein perfect nabootst, naar een machine die nieuwe mentale processen veroorzaakt. Die nieuwe processen zouden in aard kunnen afwijken van de geestestoestanden die we normaal zien in organische hersenen. Het is volgens mij dit idee van het vervangen van organisch aangedreven door technologisch aangedreven functies dat historisch nieuw is. Voorgaande generaties hebben veel over kunstmatig gemaakte mensen nagedacht, maar hoe dan ook waren deze kunstmatige mensen iets anders; ze waren niet 'ons', maar verschilden van ons omdat ze geheel in laboratoria waren voortgebracht en niet door machines waren verbeterd.

De zogenaamde transhumanisten, zo blijkt uit de boeken van onder anderen Eric K. Drexler, Ray Kurzweil en Hans Moravec, zijn enthousiast over de mogelijke consequenties van technologische verbeteringen van het menselijk bestaan. Zij zien deze situatie niet als bijzonder zorgwekkend. Ze zijn van mening dat de menselijke soort in de eerste plaats geen onveranderlijke soort is, maar een tijdelijke stap ergens op de evolutionaire ladder. Ze zien de menselijke natuur als 'werk in uitvoering, een halfbakken begin dat we kunnen leren om te vormen in wenselijke richtingen. De huidige mensheid hoeft niet het eindpunt van de evolutie te zijn', zo zegt Nick Bostrom, een van de grondleggers van het transhumanisme. Hij stelt zich 'transhumans' voor die niet alleen intelligenter en geleerder zijn, maar ook beminnelijker, vriendelijker, en rijker in hun esthetische en beschouwende ervaringen. 'Gezondere, geestiger, gelukkiger mensen kunnen misschien nieuwe culturele hoogten bereiken.'

Hoe verschilt deze 'technologische toekomstvisie' van de 'natuurlijke toekomstvisie'? Alfred Wallace, de mede-uitvinder van de evolutietheorie, observeerde in 1864 dat 'de kracht van "natuurlijke selectie", nog steeds handelend naar zijn mentale organisatie, altijd moet leiden tot de perfectere aanpassing van de hogere gaven van de mens aan de toestand van de omringende natuur, en aan de behoeften van de sociale staat'. Wallace was er zeker van dat de evolutie ons 'op natuurlijke wijze' (en dus zonder technologische assistentie) tot grotere hoogten zou brengen. Dit omdat 'de hogere – en intellectuelere en morelere – rassen de lagere en ontaardere moeten vervangen – tot de wereld weer door een enkel ras wordt bewoond'. Welnu, het verschil ligt wederom in het feit dat de technieken uit de negentiende en vroege twintigste eeuw verschillen ten opzichte van nu. Waar de evolutie vroeger alleen werd 'geholpen' door de sturing van voortplantingskeuzes, kunnen de methoden van de transhumanisten de genetische opbouw van mensen veranderen en bovendien het menselijk kunnen vergroten door technologische middelen.

Of de fantasieën van de transhumanisten realistischer zijn dan die van de alchemisten en kabbalisten is nog maar de vraag. Maar zoals de Duitse filosoof Bernward Gesang terecht benadrukt, moeten we ethisch gezien voorbereid zijn om zelfs de absurdste voorspellingen aan te kunnen. Voordat de wetenschap en technologie ons voor feiten stellen, moeten we gezamenlijk als maatschappij en vooral als wetgevers en wetenschappers vaststellen waar de grenzen liggen tot waar we bereid zijn te gaan. Op de basis van utilitaristische ethiek stelt Gesang voor om lichamelijke en mentale verbetering toe te staan binnen vastgestelde wettelijke en sociale kaders. Daarentegen stelt hij ook voor om het radicale hervormen van menselijke lichamen en de radicale verbetering van mentale functies wettelijk te verbieden. Wat genetische manipulatie betreft pleit hij voor toepassing van verbeteringsmethoden op kinderen voor zover dit hun menselijke voorkomen niet verandert en nadat het empirisch bewezen is dat deze methoden werken bij volwassenen.

Gesangs boek vormt een van de eerste veelomvattende ethische discussies over het gehele scala aan huidige en toekomstige procedures die vallen onder het kopje 'de maakbare mens'. Het laat duidelijk zien hoe urgent het is om de grenzen te bepalen van wat wij gezamenlijk willen toestaan op het gebied van verbetering of vervorming van de menselijke natuur. Deze ethische opgave om systematisch de grenzen van de menselijke natuur te bepalen is erbij gebaat de huidige verwachtingen en angsten te zien in de context van de lange geschiedenis van de menselijke vervolmaakbaarheid. De geschiedenis toont namelijk aan hoe veranderlijk de ideeën over menselijkheid door de eeuwen heen zijn geweest, en hoe de grondvesten waarop onze definities berusten steeds zijn veranderd. Tegelijkertijd helpt het historische besef ons ook om te begrijpen waar het echte technologische verschil ligt tussen de aspiraties van vroeger en die van nu.

Literatuur

Bostrom, N. (2003), 'Human Genetic Enhancements: A Transhumanist Perspective', *Journal of Value Enquiry* 37, p. 493-506.

Cabanis, P.-J. (1823), 'Rapports du physique et du moral de l'homme. Sixième mémoire', in: *Oeuvres complètes de Cabanis*, Parijs: Bossanges 1823-1825.

Davenport, C. (1910), 'Report of the Committee on Eugenics', *American Breeders' Magazine*, p. 126-129.

Drexler, E.K. (1992), *Nanosystems: Molecular Machinery, Manufacturing, and Computation*, New York: Wiley.

Galton, F. (1865), 'Hereditary Talent and Character', *Macmillan's Magazine*, p. 157-166 en p. 318-327.

Gesang, B. (2007), *Perfektionierung des Menschen*, Berlijn: Walter de Gruyter.

Huxley, T. (1803/1901), *Evolution and Ethics*, Oxford: Romanes

Lecture 1893; herdrukt in: T. Huxley, *Collected Essays*, deel 9, *Evolution & Ethics and Other Essays*, Londen: Macmillan 1901, p. 46-116.

Kapoor, R. (2003), 'When Humans Outsmart Themselves', *Futures* 35, p. 787-791.

Kurzweil, R. (1999), *The Age of Spiritual Machines: When Computers Exceed Human Intelligence*, New York: Viking.

Kurzweil, R. (2005), *The Singularity is Near: When Humans Transcend Biology*, New York: Viking.

Lem, S. (1981), *Golem XIV*, Krakau: Wydawnictwo Literackie.

Marchant, J. (1916), *Alfred Russel Wallace: Letters and Reminiscences*, deel 1, Londen: Cassell.

Moravec, H. (1999), *Robot: Mere Machine to Transcendent Mind*, Oxford: Oxford University Press.

Wallace, A. (1864), 'On the Origin of Human Races and the Antiquity of Man Deduced from the Theory of "Natural Selection"', *Anthropological Review*, p. 158-187.

Watson, J.B. (1930), *Behaviorism*, Chicago: Chicago University Press, herziene druk.

Wiener, O. (1969), *Die Verbesserung von Mitteleuropa, Roman*, Reinbeck: Rowohlt.

Wittgenstein, L. (1953), *Philosophische Untersuchungen*, Oxford: Blackwell.

3

Het maakbare lichaam: over lichaam en tijd

Theo Mulder

Wanneer de beeldhouwer Victor uit de roman *Allerzielen* van Cees Nooteboom voor een schilderij van koningin Luise von Preussen staat, zegt hij tegen de hoofdpersoon Arthur: 'Kun jij je voorstellen hoe deze vrouw gelopen heeft? Nee, dat kun je je niet voorstellen... Kleren kunnen niet uitsterven, die kun je bewaren of namaken. Maar de beweging in die kleren, die is uitgestorven. Stof valt anders als de beweging anders is. Deze vrouw had nooit een bikini kunnen dragen. Daar had ze de loop niet voor, die was nog niet bedacht.' 'Wie heeft die dan bedacht?' vraagt Arthur. 'O,' zei Victor,' de tijd...'

En zo is het, de tijd sloopt of verandert alles. Alles wat we zeker weten of zeker denken te weten, alles wat we mooi of lelijk vinden, wordt achterstevoren of ondersteboven gekeerd door de tijd. Lichamen bewonderd in de decennia voor ons worden nu met overheidsgoedkeuring naar de kunstmatige sportvelden van de fitnesscentra gezonden om te vermageren. Lichamen mogen niet meer uitpuilen, hangen en schudden, maar moeten strak zitten, bewegen als een machine, gehoorzamen als een machine. Lichamen moeten mooi zijn, en anders moeten ze mooi worden gemaakt. Getemd in het fitnesscentrum of op maat gesneden door de cosmetische chirurg. In april 2008 konden we lezen dat vrouwen die zich lieten inschrijven bij de datingsite Mooiemensen.com, die maand kans maakten op een paar nieuwe borsten. Een peiling uit 2004 liet zien dat 71 procent van de Nederlanders verwachtte dat in 2020 cosmetische chirurgie algemeen wordt toegepast om er aantrekkelijker uit te zien. Onder jongere mensen was dat percentage 78 procent (Schnabel 2005). Er rijst het beeld dat we onze lichamen verbouwen en vormen volgens de heersende schoonheidsidealen.

Waarom doen we dat? En klopt dit beeld wel? Over deze vragen gaat dit hoofdstuk. De beantwoording ervan leert ons net zoveel – of weinig – over de mens als over de tijd en de cultuur waarin hij leeft. Deze zijn namelijk niet los van elkaar te begrijpen. De mens is het enige dier dat ontevreden over zijn uiterlijk kan zijn. De spiegel creëert drama's voor de mens, maar niet voor het paard, de hond of het konijn. Die zijn wat ze zijn, niet meer en niet minder. Bij de mens ligt dat minder simpel; de mens wil ergens bij horen of juist niet, de mens wil niet opvallen of juist wel, de mens is niet wat hij is, maar met name wat hij *wil* zijn, geacht wordt te zijn en wat hij, soms letterlijk, van zichzelf heeft *gemaakt* of laten maken.

Het lichaam als het masker van de dood

Het is niet van alle tijden dat we een zo narcistisch en maakbaar lichaamsideaal hebben gekoesterd als in deze tijd. In de Middeleeuwen overheerste het beeld van de mens als schuldige, als gestrafte. Daarbij pasten geen afbeeldingen van kracht en gezondheid en daarbij pasten ook geen wensen om het lichaam te veranderen of te verfraaien. Paus Innocentius III (1161-1226) sprak over de mens als over 'voer voor onsterfelijke wormen die nooit ophouden met knagen en vreten, een zak vol verrotting, altijd stinkend en weerzinwekkend vuil'. Voor de monnik Bernard van Clairvaux bestond de mens uit 'stinkend zaad, een zak stront en voer voor wormen'. Het levend lichaam werd gezien als een masker van de dood. Het was in hoge mate onrein, een plaats van rotting en bederf waar het proces van ontbinding niet pas na de dood begon, maar al tijdens het leven zelf. Het lichaam was niet alleen gevuld met glibberige organen, lichaamsvochten en excrementen, maar bood daarnaast plaats aan een krioelende massa maden en wormen. Het lichaam stonk en de stank zorgde als vanzelf voor een associatie met rotting (Labrie 2001, p. 76). Met name de vrouw moest het ontgelden: zij was de poort van de duivel, zij had Gods evenbeeld, de mens, ten val gebracht. De afkeer van het lichaam betrof vooral de seksualiteit, die slecht begrepen kracht die alom aanwezig was in het menselijk gedrag en die zowel tot lust als tot angst leidt.

Het lichaam als poel van verderf kon slechts door kastijding tot de orde worden geroepen. Bedelmonniken (flagellanten) die zichzelf met zwepen afrosten, trokken door de Europese steden. Pest en lepra hielden huis, zorgden voor honderdduizenden slachtoffers en benadrukten de totale weerloosheid en waardeloosheid van de mens en zijn lichaam. De leprozen werden buiten de stadspoorten gehouden. Zij stonden buiten de maatschappij en waren paria's, besmet met 'het venijn van het helse serpent'. In de bijbel waren zij het symbool van kwaad, verderf, dood en ondergang. Ketters behoorden tot dezelfde categorie; zij waren de moordenaars der zielen, die tezamen met brandstichters, moordenaars en homoseksuelen de zwaarste straf van het vuur op de brandstapel verdienden.

Het waren tijden van angst – angst voor het vreemde, het onbekende, ziekten. En die ziekten werden natuurlijk altijd door vreemden overgebracht. Er ontstond een verlangen naar het zuivere, het reine. Hierbij moet niet worden gedacht aan hygiëne, want het zou nog eeuwen duren voordat het begrip 'reinheid' verwees naar schoon water, naar wassen en naar het onderhouden van het lichaam. Nee, het ging om de zuiverheid van het geloof. Alleen de 'reinen van hart' zullen de zuiverheid van God mogen aanschouwen. De doctrine van het zuivere hart vormt dan ook het kernstuk van de christelijke leer. De leer van de zuiverheid van het hart impliceert als vanzelf een sterke afkeer van het lichaam. Zorg voor het lichaam werd dan ook gezien als godslasterlijke ijdelheid. De heilige Petrus Damianus noemt het voorbeeld van een vrouw die te veel aandacht aan haar uiterlijk besteedde en daarvoor gruwelijk werd gestraft. God ontnam haar op een dag haar schoonheid, die slechts het bewijs was van haar geestelijke corruptie, en veranderde haar lichaam in een rottende massa die een onverdraaglijke stank verspreidde. Overigens was de bijbel, en met name het Oude Testament, aanzienlijk milder over het lichaam dan degenen die op basis ervan hun gezag uitoefenden.

Bij het hier geschetste, zwarte en sombere, beeld van de Middeleeuwen past wel een nuancering. Net als in alle tijden en maatschappijen was er ook in de Middeleeuwen geen sprake van een uniform cultuurbeeld, geldig voor alle lagen van de maatschappij. Wel was er sprake van een extreme standenmaatschappij, maar daarin zijn de Middeleeuwen niet uniek. Het feit dat met name de geestelijkheid haar macht gebruikte om het volk te beïnvloeden middels een ideologie van schuld en angst laat onverlet dat er tegelijkertijd een hofcultuur bestond waar het wel degelijk ging om het zoeken naar kleur, detail en schoonheid. Het werk van de gebroeders Van Limburg vormt hiervan een van de duidelijkste voorbeelden. Ook Umberto Eco bestrijdt de opvatting dat er bij de Middeleeuwen sprake was van de 'dark ages'.

Maar, en dat is belangrijk, de door de kunst opgeroepen schoonheidshuivering werd direct omgezet in een gevoel van godsvervuldheid. In Huizinga's *Herfsttij der Middeleeuwen* lezen we dat de *ware* schoonheid enkel aan God kan worden toegekend; de wereld en haar schepselen kan hooguit 'venustus' – fraai, mooi – zijn. Ook Huizinga benadrukt de sterke afkeuring van frivoliteiten. De invoering van de meerstemmige muziek in de kerk werd door vele leidende geestelijken afgekeurd als 'louter ijdelheid die een zekere wulpsheid van het gemoed opriep, gelijk de gefriseerde haren bij een man of de geplisseerde klederen van een vrouw' (Huizinga 1919/2006, p. 350).

Toch was er wel degelijk sprake van een lichaamsgerichte kledingcultuur. Binnen de hofcultuur was de kleding afgezet met edelstenen en met schelletjes of geldstukken. Bij de intocht van Lodewijk XI te Parijs in 1461 droegen de paarden van Charolais op hun dekkleden tal van grote klokken. Een hertog van Kleef die met deze (klokken-en-bellen)mode van het Bourgondische hof thuiskwam, dankte er zijn bijnaam Johenneken met den Bellen aan.

Naast de melancholie van de minnedichter van de hofcultuur was er een literatuur die het volksleven schilderde in kluchten en sotternieën en andere vormen van het grof komische, waarbij het lichamelijke zeer zeker niet uit de weg werd gegaan.

De late Middeleeuwen vertoonden een zonderlinge tegenstelling tussen een sterk schaamtegevoel en een verbazingwekkende toegeeflijkheid. Bij de intocht van Filips de Goede te Gent in 1457 zwommen 'Sirenen' geheel naakt en met loshangende haren in de Leie om hem te begroeten. Jean de Roye beschrijft hen bij de intocht van Lodewijk XI te Parijs in 1461: 'Ook waren er nog drie heel schone meisjes, die Sirenen voorstelden, geheel naakt en men zag hun borsten, recht, vrij, rond en hard, wat zeer aangenaam was en zij zeiden kleine mottetten en herdersliedjes op' (Huizinga 1919/2006, p. 408).

De individuele autonomie

In de vijftiende eeuw zien we een verandering. Niet alleen werden er weer afbeeldingen gemaakt van menselijke lichamen buiten de context van geloof en lijden, maar de verlichte burger meende ook het recht te hebben om het lichaam te veranderen indien hem dit uitkwam. Giovanni Pico della Mirandola (1463-1494) stelde de individuele autonomie centraal. Hij zag ziekte en mismaaktheid niet als een bestraffing van God, maar als beïnvloedbare spelingen van het lot. In zijn beroemde rede *Over de waardigheid van de mens* liet Pico God tegen Adam zeggen: 'We hebben u niet hemels of aards, niet sterfelijk of onsterfelijk gemaakt, opdat ge als een vrij en soeverein kunstenaar uzelf boetseert en modelleert in de vorm, die ge verkiest. Het staat u vrij naar het lagere, het dierenrijk te ontaarden; maar ge kunt u ook verheffen naar het hogere, het goddelijk rijk door eigen wilsbeschikking.'

Gilman laat in zijn boek getiteld *Making the Body Beautiful: A Cultural History of Aesthetic Surgery* zien hoe belangrijk een dergelijk humanistisch standpunt was. Het gaf de mens voor een deel het beslissingsrecht over zijn of haar eigen lichaam terug.

De oproep van Pico della Mirandola was radicaal humanistisch, maar het zou nog meer dan honderd jaar duren voordat er gevolg aan werd gegeven, en wel op zeer letterlijke wijze, namelijk door het reconstrueren van neuzen op verminkte gezichten. Dit gebeurde door Gaspare Tagliacozzi (1545-1599), die wel wordt gezien als een van de 'vaders' van de plastische en cosmetische chirurgie in Europa.

In de eeuw die verstreek tussen Pico della Mirandola en Tagliacozzi, had een grote syfilisepidemie huisgehouden. De ziekte had bij veel patiënten de neus weggeroofd en deze verdwenen neus moest worden vervangen. Tagliacozzi had een revolutionaire chirurgische techniek geïntroduceerd door een huidlap van de bovenarm te gebruiken voor de constructie van de neus. Het bleef echter een riskante aangelegenheid. Ten eerste gebeurde alles zonder verdoving en zonder enige kennis van infecties. Ook was de nieuwe neus geenszins te vertrouwen; bij koud weer kreeg hij een loodgrijze kleur en bij te hard snuiten bestond een aanzienlijk risico dat het gereconstrueerde orgaan werd weggeblazen en de eigenaar weer even neusloos werd als voorheen.

Waarom was die neus zo belangrijk? Niet omdat de door de syfilis weggevreten neus niet genegeerd kon worden – er liepen wel meer mismaakten door de middeleeuwse steden. Het was omdat de afwezigheid van de neus de slechte karaktertrekken van de eigenaar aan iedereen toonde. Het immorele persoonlijke verleden stond immers in het gezicht geschreven, als een van de meest gevreesde tekenen van de nieuwe, uit Amerika meegebrachte ziekte.

De syfilitische neus was het teken van immoraliteit, maar deze negatieve waardering breidde zich gaandeweg uit over alle neuzen die niet voldeden aan de ideale neusvorm waarbij de neusrug een hoek van 100 graden maakte ten opzicht van een denkbeeldige horizontaal. Een latere, wijdverspreide mening dat een kleine platte neus het zichtbare teken was van een inferieur ras, is voor een belangrijk deel terug te voeren op het werk van de Groninger anatoom Petrus Camper (1722-1789). Camper stond hierin echter niet alleen; hij schreef in de context van de opkomende fysiognomie, uitgaand van de gedachte dat het gelaat de spiegel van het karakter was. Camper heeft een raciale theorie uitgewerkt op basis van de neusvorm; hij introduceerde de zogenaamde nasale index. Deze index was gebaseerd op de hoek die de neus ten opzichte van het gezicht maakt. Deze nasale index werd door veel tijdgenoten, onder wie zijn schoonzoon Theodor Soemmering, gebruikt om een raciale hiërarchie op te stellen. Het zal u niet verwonderen dat de Afrikaan – samen met de aap – onder aan de schoonheidsladder stond, en de klassieke blanke Europeaan – de Griek – bovenaan.

De joodse neus werd al snel gelijkgesteld aan de Afrikaanse neus. De jood en de zwarte droegen beiden hun afkomst in het gezicht. De neus werd een abstract teken voor ras en afkomst. De jood was de heks, de duivel. Hij beschikte niet alleen over een herkenbare neus, maar ook over het kwade oog. Hij kon zich 's nachts in een dier veranderen en verspreidde een beestachtige stank.

De grootte en vorm van de neus werden pionnen in het moralistische debat. Deze extreme normatieve betekenisverlening aan de neus was vreemd genoeg niet iets van korte tijd, want meer dan tweehonderd jaar lang heeft de neus een hoofdrol gespeeld in talloze bedenkelijke debatten.

De neus werd in de zestiende eeuw opgewaardeerd tot een zeer belangrijk orgaan. Via de neus kan de stank ons bereiken. De neus is een orgaan dat niet liegt en dat onderscheid kan maken tussen het reine en het onreine. De neus werd ook een scheidsrechter op het sociale vlak. De ander, de arme, de achterbuurtbewoner stinkt. Wie tot de eigen groep behoort, staat daarentegen in een 'goede reuk'. De zeventiende-eeuwse arts Paulini weet de reuk perfect in te bedden in de standenmaatschappij. Hij noemt het voorbeeld van een vilder die flauwvalt bij de geurige aroma's van een apotheek en pas weer bijkomt bij de stank van zijn huiden. Kijk, de neus liegt niet en levert het onomstotelijke bewijs dat sociale klasse en stand natuurlijke gegevens zijn waaraan de mens niet moet tornen (zie ook Corbin).

Jacques Joseph

Jacques Joseph (1865-1934) heette eigenlijk Jakob Lewin Joseph, maar had zijn joodse naam veranderd toen hij geneeskunde studeerde in Berlijn. Joseph was een orthopedisch chirurg die werkte bij een van de beste chirurgen uit die tijd, Julius Wolff (1836-1902), die door de Berlijnse bevolking Knochenwolff werd genoemd. Joseph was echter niet geïnteresseerd in de conventionele orthopedie, maar veel meer in de mogelijkheid om een lichaam via medische weg te veranderen. Toen hij bij een joods kind met wijd uitstaande oren een operatie uitvoerde waardoor die oren vlakker tegen het hoofd kwamen te liggen, werd hij door Wolff ontslagen. Dit was geen echte chirurgie, maar cosmetische chirurgie. Voor Wolff stond dat laatste gelijk aan het gebruik van de chirurgische kennis voor lege ijdelheid. Dat het kind om zijn joodse 'Moritz'-oren voortdurend werd geplaagd, deed er volgens hem niet toe.

Jacques Joseph begon voor zichzelf in Berlijn en hij werd de grondlegger van de moderne cosmetische rinoplastiek (neusverandering). Hij had een dusdanig succes en er waren zo veel neuzen door zijn opererende hand veranderd dat men hem in Berlijn Nasen-Joseph noemde. Hij begon nu neuzen, oren en andere lichaamsdelen te veranderen, zodat de bezitter ervan onopvallend in de massa kon verdwijnen. Dat was wat zijn patiënten namelijk wilden: niet langer als jood opvallen, maar onderdeel zijn van de anonieme, niet-nagewezen stedelijke massa. Jacques Joseph leverde die mogelijkheid. Het ging dus helemaal niet om schoonheidswensen, maar om de wens om niet op te vallen, in ieder geval geen jood te zijn die werd nagewezen of uitgescholden. Ook bij Joseph stond de neus centraal. Zijn patiënten wilden een neusverandering omdat het bij de vorm van de neus niet alleen ging om de vorm van een willekeurig orgaan, maar om een lichaamsdeel met een normatieve betekenis – de neus van een jood. In Berlijn werden door Jacques Joseph joodse neuzen veranderd zoals in New York John Roe de 'mopsneus' van de Ieren veranderde, waardoor de Ier kon verdwijnen in de massa van niet-Ieren met niet-Ierse neuzen.

Niet alleen de neus was trouwens een verdacht orgaan, dat gold ook voor het oor. Het oor is niet enkel een zichtbaar orgaan voor de opvang van geluiden, maar er bestaan ook vele raciale (en racistische) theorieën over. De antropoloog Hans

Günther schreef aan het einde van de negentiende eeuw dat joden grote, wijd uitstaande rode oren hadden met vlezige oorlellen, de hierboven al genoemde 'Moritz'-oren. In Heinrich Manns roman *Der Untertan* (1918) vindt Jadassohn zich veel te joods vanwege zijn 'enorme, rode uitstaande oren'. Hij gaat naar Parijs om zijn oren te laten 'ontjoodsen'; met andere woorden, hij laat ze kleiner maken.

Het bestaan van Jacques Joseph speelde zich af in de marge van het chirurgische establishment. Hieraan kwam een einde tijdens de Eerste Wereldoorlog, toen hij zijn kennis over gezichtsveranderende operaties kon inzetten voor de duizenden en duizenden soldaten die met kapotgeschoten gezichten uit de loopgraven terugkwamen. De wonden waren verschrikkelijk. Grote delen van het gezicht waren weggeschoten, stukken schedel, kaken, ogen, neuzen en wangen waren verdwenen. Deze soldaten waren niet dood, ze leefden en ze waren jong. Na iedere slag werden duizenden slachtoffers bij de ziekenhuizen van alle partijen afgeleverd. Tweeduizend gruwelijk verminkte soldaten werden in 1916 na de slag bij de Somme binnengebracht bij het chirurgische centrum voor gezichts- en kaakchirurgie van de Engelse troepen in Frankrijk, waar de tandarts Varaztad Kazanjian de leiding had. Zo ging het bij alle frontpartijen. In Duitsland steeg de reputatie van Jacques Joseph tot ongekende hoogte en zijn status was na de Eerste Wereldoorlog ongeëvenaard.

Onopvallendheid als doel

De vroegtwintigste-eeuwse cosmetische chirurgie hield zich dus niet zozeer bezig met de vergroting van schoonheid, als wel met het veranderen van het uiterlijk. Tot de Eerste Wereldoorlog richtte zij zich met name op het gezicht, om daar de opvallendste en minst gewaardeerde etnische kenmerken te laten weghalen.

De opkomst van de cosmetische chirurgie paste wonderwel bij de theorievorming in de late negentiende-eeuwse biologie waar het ging om aanpassing of eliminatie, om verandering of uitstoting. Dit was precies wat de cosmetische chirurgie mogelijk maakte: aanpassing aan het algemene, het opheffen van de afwijking van de norm. Geluk balanceerde op het grensvlak van wel of niet geaccepteerd worden in de sociale groep waarin men leefde. De chirurg verwijderde de scherpe kanten van de vorm, zodat die zich voegde te midden van alle andere vormen. Gemiddelde vormen worden immers nooit gediscrimineerd. Alleen iemand die opvalt, fungeert als lokaas voor de publieke mening. In feite gold hetzelfde voor oorlogsslachtoffers: ze moesten zo worden veranderd dat ze niet langer de aandacht trokken, schrik en afschuw opwekten en door familieleden binnen gehouden hoefden te worden.

Dit is overigens een beeld dat niet alleen past bij de vroege twintigste eeuw, maar ook nog geldig is voor latere periodes. Na de Tweede Wereldoorlog ontstond er in Azië een markt voor het 'verwestersen' van oogleden, een markt die tot op heden voortduurt. Van de 2,8 miljoen cosmetisch chirurgische ingrepen die in de VS jaarlijks plaatsvinden, wordt bijna 20 procent verricht bij niet-westerse cliënten. In veel gevallen gaat het hierbij om etnische chirurgie: het laten verwijderen van de markante etnische kenmerken in 'ruil' voor de kenmerken van de dominante raciale cultuur.

We zien hier hetzelfde proces als bij Nasen-Joseph in het Berlijn van de vroege twintigste eeuw. Gilman spreekt in zijn boek niet voor niets over 'passing': de chirurg moet ervoor zorgen dat iemand 'slaagt' in zijn overgang naar de dominante cultuur. Ook de Marokkaanse vrouwen in Nederland die hun tatoeëringen willen laten verwijderen, hanteren dezelfde argumenten: ze willen niet langer opvallen. Davis geeft verschillende voorbeelden van vrouwen die willen verdwijnen in de onopvallendheid. Uit gesprekken met Nederlandse vrouwen die een cosmetische ingreep hebben ondergaan, wordt duidelijk dat schoonheid of het beantwoorden aan een schoonheidsideaal niet wordt genoemd als argument voor de ingreep. De vrouwen wilden niet mooier worden, of anders zijn, ze wilden juist níet anders zijn, ze wilden níet opvallen.

Mensen hebben de natuurlijke neiging om elkaars gedrag na te bootsen. Dit is niet aangeleerd, want ook enkele uren oude baby's zijn in staat om de gezichtsuitdrukkingen van volwassenen te kopiëren (Meltzoff en Moore 1983; Mulder 2007). Het is ook geen leeftijdgebonden effect, want een dergelijk automatisch kopieergedrag kunnen we op iedere leeftijd waarnemen. Tijdens vergaderingen is het een bekend fenomeen. Let er maar eens op en u zult zien hoe vaak uw bewegingen direct worden nagedaan door uw gesprekspartner en hoe vaak u hetzelfde doet. Het gaat hierbij niet alleen om bewegingen, maar ook om gezichtsuitdrukkingen, stemklank, spraaktempo en zelfs om de ademhaling. Natuurlijk zijn we in staat om dit gedrag te onderdrukken zodra we er ons bewust van zijn, maar dat zijn we in de meeste gevallen niet. Mensen willen op elkaar lijken.

Het imiteren van het gedrag van anderen komt vaker voor als die ander een hiërarchisch hogere positie inneemt of aardig wordt gevonden. De sociale rol van imitatie wordt nog verder onderstreept door de bevinding dat imitatiegedrag sterk toeneemt wanneer iemand buiten de hem of haar bekende groep wordt geplaatst en dus door een nieuwe groep moet worden geaccepteerd. Het imiteren van het gedrag van de leden van de nieuwe groep helpt hierbij. Imitatie van gedrag en ook uiterlijk speelt dus een belangrijke rol als sociaal bindmiddel. Imitatie vergroot de gelijkenis en gelijkenis verhoogt de sympathie (Decety en Batson 2007). Het opgaan in de ander, de wens naar het gemiddelde, is strategisch geen slechte keuze. Onderzoek laat bijvoorbeeld zien dat mensen gemiddelde gezichten het aantrekkelijkst vinden; men zoekt niet naar de uitersten (Thornhill en Gangestad 1999; Valentine e.a. 2004).

Soms wordt de gelijkenis afgedwongen. Gilman beschrijft hoe in de jaren vijftig van de twintigste eeuw in de vs mensen met een afwijkend uiterlijk, bijvoorbeeld door oorlogsverwondingen, gedwongen werden zich met medische hulp – farmacologisch of chirurgisch – te laten veranderen zodat ze het gemiddelde uiterlijk dichter benaderden. Gemeenteverordening 36-44 van Chicago uit 1966 bepaalde dat mensen die door een ziekte, ongeluk of misvorming een 'walgelijk subject' waren, zich niet mochten vertonen in publieke ruimtes. Deden ze dat toch dan riskeerden ze een boete. De verordening, die oorspronkelijk bedoeld was om freakshows te weren, werd pas in 1974 ingetrokken.

In nazi-Duitsland werden sommige vormen van (reconstructieve) chirurgie verplicht verklaard. In 1936 werd een wet aangenomen die de staat de bevoegdheid gaf om de lichamen van soldaten, eventueel tegen hun wil, te veranderen (*umgestalten*) wanneer dit de maximale fitheid en gevechtskracht ten goede zou komen. Mussolini gebruikte in het fascistische Italië de chirurgie om de lichamelijke uitstraling van officieren te verbeteren.

Hier legt de dominante groep zijn wil met fanatisme op aan allen die afwijken van de norm. Dit is een mechanisme met een niet te onderschatten kracht, omdat homo sapiens, zoals ik al schreef, als sociaal dier sterk geneigd is om de groepsnorm te accepteren. Hoewel hij als daad van verzet een nieuwe norm kan stellen en kan cultiveren, zodat er – u raadt het al – een nieuwe groep ontstaat die deze norm accepteert, zijn er maar weinigen die puur als individu 'afwijkend' willen of kunnen zijn. Bij radicale veranderingen in het modebeeld vlamt de publieke verontwaardiging bij tijd en wijle nog steeds hoog op. Wij houden niet van 'anders' zijn.

Knutselen aan de leeftijd

Iedereen wil oud worden, iedereen wil lang leven, maar niemand wil oud zijn. Dat is nu zo, en dat was een eeuw geleden niet anders. Hoewel het streven naar de eeuwige jeugd al oud is, heeft tot op heden niemand de bron kunnen vinden waaruit gedronken moet worden om die jeugd ook daadwerkelijk vast te houden. De in Parijs werkende Russische chirurg Serge Avramovitch Voronoff (1866-1951) dacht er heel dichtbij te zijn. Hij dacht als het ware over de rand van de put te kunnen kijken. Voronoff implanteerde apentestikels bij oudere mannen (hij gebruikte apentestikels omdat er geen jonge mannen te vinden waren die bereid waren afstand te doen van hun waar; de apen wilden overigens ook niet, maar hun werd niets gevraagd). Voronoff claimde een duidelijke verjonging te kunnen waarnemen bij zijn 'patiënten', maar wat zij er zelf van vonden, weten we niet.

Eugen Steinach (1861-1944) deed in de vs ongeveer hetzelfde als zijn Russische collega in Parijs. Steinach dacht dat bepaalde cellen van de testikels het geheim van de eeuwige jeugd bevatten. Hij sprak over de puberteitsklier. Door deze cellen te activeren zou de jeugd weer door oude lichamen gaan stromen. Max Thorek (1880-1960) implanteerde bij een aantal mannen apenklieren, die het lichaam zouden moeten reactiveren. Ik heb niets over de effecten kunnen vinden, maar overtuigend zullen ze niet geweest zijn. Het was een methode voor oude mannen, bedacht door angstige oude mannen.

Een variant van de door Voronoff en Steinach gehanteerde methode werd gebruikt om homoseksuele mannen te 'genezen'. Deze mannen werden gecastreerd en hun testikels werden vervangen door die van 'gezonde' heteroseksuele mannen. Het gewenste resultaat bleef uit, maar dat zal u niet verbazen.

Lichaamsbeelden

Veel van wat ik hier heb geschreven, heeft te maken met beelden die over het lichaam bestaan, en deze beelden, zo zagen we, zijn geenszins stabiel. Het huidige favoriete lichaamsbeeld is dat van de eeuwig jonge, sterke, goed uitziende man of vrouw. Een beginnende buik wordt gezien als een persoonlijk falen en iedere avond rennen veertigers door de buitenwijken van de Nederlandse steden, vaak gehuld in kleurige trainingspakken en afgeschermd van de werkelijkheid door een iPod.

In de autobiografie van Stefan Zweig, *De wereld van gisteren*, beschrijft hij hoe aan het begin van de twintigste eeuw in Wenen de buiken het straatbeeld bepaalden. Gewichtige gezichten, zware pakken, hoeden, een wandelstok, een sigaar en een buik. Ze liepen langzaam, praatten afgemeten en streelden onder het praten hun goedverzorgde, vaak al wat grijs wordende baard. Grijs haar was een nieuw teken van waardigheid. Een respectabel man vermeed het zich te haasten, zou nooit rennen. Haast en lichaamsbeweging werden als vulgair beschouwd. De buik en het zware, met vet behangen lichaam hadden status en weerspiegelden de tevredenheid van de bourgeoisie (zie verder Mulder 2005).

Terwijl een bruin en gespierd lichaam nu door velen wordt nagestreefd op de zonnebank of in de fysieke boetseerhallen luisterend naar de naam 'fitnesscentra', werd een dergelijk lichaam aan het einde van de negentiende en het begin van de twintigste eeuw dus gezien als een bewijs van gebrek aan welvaart. Alleen boeren en arbeiders waren gespierd, omdat ze (buiten) lichamelijke arbeid verrichtten. De poëtische bejubeling van de melkwitte huid van de vrouw en haar sneeuwwitte dijen is welbekend. Enige nuancering kan hier overigens wel worden aangebracht omdat er ook rond 1900 her en der luid roepende apostelen van de lichaamscultuur doende

Advertentie uit het eind van de negentiende eeuw.

waren te verkondigen dat er een direct verband bestond tussen fysieke gezondheid, een gespierd uiterlijk en geestelijke gezondheid en seksuele potentie (zie Mulder 2005; Dekkers 2006).

De ideale vormen van het lichaam zijn dus sterk onderhevig aan het tijdsgebonden lichaamsbeeld. De rondgevormde naakten van Ingres zouden we in de westerse wereld nu zonder meer dik noemen. Hetzelfde geldt voor de drie gratiën van Rubens en de baadsters van Courbet. Zij voldoen in niets meer aan het huidige schoonheidsbeeld.

In een advertentie uit een Amerikaanse krant aan het einde van de negentiende eeuw (hierboven) wordt vrouwen opgeroepen om professor Williams' producten te kopen waardoor ze – 'End Despair' – binnen enkele weken kilo's zullen aankomen. 'Respectfully Tell the Ladies Use "Fat-ten-U" Food to Get Plump', zo was de wervende titel van de advertentie. Een dergelijke advertentie is in 2008, met zijn bijna dwingend opgelegde slankheidseisen, ondenkbaar; toch scheelt het slechts een paar generaties. Let wel, ook nu nog bestaan grote culturele verschillen met betrekking tot het ideale (vrouwen)lichaam. In de Arabische wereld geldt een ander beeld dan in de West-Europese en Angelsaksische cultuur. Datzelfde geldt voor delen van Azië.

In 2008 willen we eeuwig jong blijven, zo lezen wij in de vele reclamefolders die we wekelijks in de brievenbus aantreffen. Eeuwig jong om de horror van alzheimer te ontlopen. Eeuwig jong om de rollator te kunnen negeren. We moeten pillen slikken tegen het verval van het geheugen, we moeten gezond voedsel eten en we moeten bewegen.

Op dit moment heeft Gilmans begrip 'passing' langzamerhand ook een andere betekenis gekregen. Het is niet alleen meer het verlangen om niet op te vallen, om gemiddeld te zijn, om onder te kunnen duiken in de groep. Er is juist een individueel verlangen om wél op te vallen, om jong te blijven, ook als men het niet langer is, en om in een schoonheidscategorie te vallen waartoe men denkt niet te behoren. Het is aannemelijk dat deze toename te maken heeft met de maatschappelijke druk die er ligt op onze uiterlijke verschijning. Dat die druk er is, is niet verwonderlijk – dat is de sociaalpsychologische essentie van een groep – en dat mensen zich maar met moeite aan deze druk kunnen onttrekken, is ook bekend. In de Verenigde Staten steeg het aantal cosmetisch chirurgische ingrepen in de categorie verjongings- en schoonheidsoperaties tussen 1997 en 2000 met 173 procent.

Het consumeren van cosmetisch chirurgische producten is echter (nog) niet normaal verdeeld over de bevolking. Buiten de – soms niet geringe – financiële drempel lijkt er ook een relatie te bestaan met persoonlijkheidstype. In een empirische studie naar de relatie tussen persoonlijkheidstype en het gebruik van cosmetisch chirurgische mogelijkheden lieten Davis en Vernon zien dat er een significant verband bestaat tussen de angst om verlaten te worden en het willen ondergaan van een cosmetisch chirurgische ingreep. Hoe groter deze angst, hoe meer men bereid is een fysieke ingreep te ondergaan om aantrekkelijker te zijn, worden of blijven. Het onderzoek van Davis en Vernon vond overigens met name plaats bij jonge mensen – jonger dan dertig. De cijfers zouden op dit moment in Nederland ook anders kunnen liggen. Hier valt nog veel meer over te zeggen, evenals over de psychologische effecten van cosmetische chirurgie, maar dat gaat het kader van dit hoofdstuk ruim te buiten.

We zijn de ingenieurs geworden van ons nieuwe lichaam, dat we naar ons eigen inzicht vorm willen geven. We koesteren ons lichaam, zodat het dood en ziekte ontloopt. Ik heb iemand die nooit had gerookt en altijd had gesport, eens horen zeggen dat hij zich door zijn lichaam verraden voelde toen hij te horen kreeg dat hij kanker had. En zo meende hij het ook: verraden, een gebroken belofte. We zijn niet of nauwelijks meer opgewassen tegen de stomme kracht van het toeval, die paar minuten zuurstoftekort in de slaap die een heel leven anders laat verlopen, die verborgen in het lichaam groeiende tumor, die zeldzame vorm van kanker.

We hebben alles om ons heen letterlijk naar onze hand kunnen zetten, waarom het lichaam dan niet? Daarom gaan we ermee bungeejumpen, om te laten zien wie de baas is: 'mind over matter'. Daarom gaan we ermee naar een sportschool, om het naar ons wensbeeld te vormen. Dit zijn nog relatief onschuldig aspecten van de strijd om de overheersing van het lichaam; het kan ook radicaler.

Het lichaam als kunstwerk

De Franse performancekunstenares Orlan gebruikt haar lichaam als een doek waarop wordt geschilderd. Zij werkt sinds 1990 aan de transformatie van zichzelf. Alleen worden hier geen kwasten gebruikt, maar wordt het mes gehanteerd, door een chirurg die het snijdende verlengstuk is van de wil van Orlan. In een serie operaties, die letterlijk als lichaamskunst live worden uitgezonden, verandert hij langzaam haar gezicht. Dat wordt langzaam gemodelleerd naar vijf mythische vrouwelijke personages uit de kunstgeschiedenis: Mona Lisa, Diana, Psyche, Europa en Venus. Door middel van negen plastisch-chirurgische operaties is haar transformatie tot stand gekomen. Alle operaties zijn als publieke performances uitgevoerd, waarbij het publiek ziet hoe het scalpel door de lippen van Orlan snijdt. Haar medewerkers en de chirurgen zijn gekleed door beroemde modeontwerpers en de operaties vinden plaats in een fantasierijk decor.

De operatiekamer is behangen met levensgrote foto's van Orlan en haar muzen; mannelijke stripteasedansers dansen op muziek. Tijdens de operatie leest Orlan filosofische, literaire of psychoanalytische teksten voor. Orlan verkoopt stukjes van haar lichaam: in plexiglas gevatte stukjes vlees in vloeistof, vetcellen van haar gezicht en delen van haar hoofdhuid zijn te koop voor veel geld (Halsema 2007). Orlan grijpt actief in haar lichaam in; zij bedrijft *carnal art*. Zij neemt het recht dat Giovanni Pico della Mirandola ons in de vijftiende eeuw gaf letterlijk in eigen hand en verandert zichzelf.

Orlan vindt dat ons lichaam onvoldoende is uitgerust voor de hedendaagse technologische mogelijkheden. Het lichaam moet volgens haar opnieuw uitgevonden worden. Ze is ervan overtuigd dat de mens meer en meer in staat is zijn lichaam als een voertuig te gebruiken en te beheersen. Biotechnologie, psychofarmaca en plastische chirurgie zijn de ultieme instrumenten voor deze opdracht. Haar werk, zo stelt ze, is 'a fight against nature and the idea of God'. Maar ergens anders stelt zij: 'Mijn werk is niet gericht tegen de cosmetische chirurgie maar tegen de schoonheidsstandaarden, tegen de dictaten van een dominante ideologie die zich steeds meer opdringt aan het vrouwelijke en [...] aan het mannelijke vlees' (geciteerd in Halsema 2007, p. 19).

Terwijl het bij Orlan gaat om het lichaam als kunstwerk – hoe men daar verder ook over denkt – is er een andere groep mensen bij wie niet een idee van kunst centraal staat, maar de wens om in te grijpen in het design van het eigen lichaam. Hoewel hier uiteraard ook een individueel schoonheidsbeeld aan ten grondslag kan liggen, laat deze categorie zich nog lastiger inpassen in de algemeen geaccepteerde standaarden van lichamelijkheid.

Deze groep is op het Internet te vinden wanneer men zoekt op de term 'extreme body modification'. Hier worden de wensen en afbeeldingen getoond van mensen die hun lichaam willen veranderen. Maar anders dan bij de meeste consumenten van de cosmetische chirurgie gaat het hier niet om onopvallendheid, om het verdwijnen in een anonieme massa van meer of minder op elkaar lijkende lichamen, maar om het tegendeel: de moedwillige verminking van het lichaam. Het gaat bijvoorbeeld om de *nullo*, de man die zijn geslachtsdelen laat verwijderen, en om de vrouw die niet langer kan leven met benen. Deze vrouw zegt in een interview dat zij haar benen niet wenst, ze horen er niet te zijn, ze is wanhopig en wenst ze weg te hebben. Uiteindelijk gaat een ziekenhuis in Schotland ertoe over om de gezonde benen te amputeren. In een aantal gevallen waar de artsen weigerden, hebben patiënten de amputatie zelf uitgevoerd, met gruwelijke consequenties. Dit is psychiatrie: de mensen lijden onder hun lichaam, een lichaam dat niet lijkt te zijn gerepresenteerd in de hersenen en daarmee levensvreemd ('alien') overkomt, als een vijand. De term hiervoor is *body dysmorphic disorder*.

Toch is dit te eenvoudig gezegd. De aanduiding 'psychiatrie' suggereert dat er een duidelijke grens te trekken valt tussen normaal en pathologisch. Een vrouw die gezonde benen laat amputeren, valt voor de lezer snel en probleemloos in de categorie psychiatrisch patiënt, maar hoe zit het met de gezonde jongeman die uit vrije keuze zijn schedel over de lengte van het voorhoofd liet inzagen en zijn wenkbrauwen liet weghalen? Hij wilde zijn aangezicht veranderen, hij creëerde vanuit zichzelf een nieuwe mens, althans uiterlijk. Is dit ook een patiënt of is dit een lichaamskunstenaar die zichzelf herschept naar eigen inzicht? Wat is het verschil met Orlan? Het antwoord is nog niet zo eenvoudig te geven.

Bij Orlan wordt het lichaam bijna letterlijk, via het mes, verbouwd, maar het kan ook chemisch. In een interview met NRC Handelsblad van 1 april 2005 wijst Thom Mayne, architect en winnaar van de prestigieuze Pritzkerprijs voor architectuur, op de gestaalde spieren van een vrouw op een foto. Hij geeft aan dat dit dertig jaar geleden niet mogelijk was. De chemische stoffen die de vrouw inneemt om het gewenste resultaat te bereiken, waren toen niet verkrijgbaar of zouden tot haar dood hebben geleid. Nu is bouwen aan je lijf een onderdeel geworden van de algemene cultuur. Mensen kunnen zelf beslissen hoe hun lichaam eruit moet zien. Ze geloven dat ze hun eigen realiteit kunnen scheppen. Mayne ontleent een zeker optimisme aan deze maakbaarheid.

In bepaald opzicht is het ontzag voor het lichaam verdwenen. Het lichaam is niet langer de tempel van de Heilige Geest, en de onsterfelijk knagende wormen van Innocentius III zullen ons tegenwoordig een zorg zijn. Het lichaam is de machine geworden waarin we wonen en die ons van de ene naar de andere plek moet brengen. In de media wordt het lichaam in alle vormen tentoongesteld, zowel aangekleed als naakt. In medische programma's wordt de onttakeling van het lichaam getoond, reist de kijker mee onder de huid en krijgt hij tot in detail uitleg over onderdelen van het lichaam die anders voor hem verborgen zouden blijven. In misdaadseries wordt de gewelddadige dood in kleur aangeboden, en in de make-overprogramma's wordt ons geleerd dat het lichaam ons eigendom is, waar we mee mogen doen wat we willen. En eigenlijk is dat ook zo, het lichaam is ons eigendom: als ík niet de eigenaar van mijn lichaam ben, wie is het dan wel? Over de vraag wat je allemaal met dat eigendom mag doen, valt juridisch, ethisch en theologisch vast nog wel het een en ander te zeggen, maar dat laat ik graag aan anderen over.

Het maakbare lichaam

Aan het einde van deze korte reis kunnen we een aantal dingen vaststellen. Ten eerste dat, hoewel de term 'het maakbare lichaam' aan realisme heeft gewonnen door de technologische ontwikkelingen van de laatste decennia, de pogingen om het lichaam te veranderen veel ouder zijn. Al eeuwen wordt getracht in te grijpen in het toevallige, door de natuur gegeven lot (misvormingen, ziekte) of in de gevolgen van menselijke handelingen (ongeluk of oorlog). Al eeuwen wordt er getracht om ontbrekende lichaamsdelen aan te vullen, te grote onderdelen te verkleinen en te kleine delen te vergroten. Ten tweede het verrassende gegeven dat dit in zeer veel gevallen niet gebeurt om een schoonheidsideaal te bereiken, maar om niet op te vallen. De mens is een geboren aanpasser. De laatste jaren wordt hier een andere inkleuring aan gegeven doordat het levensbeeld nu jeugd en gezondheid dicteert en de eisen voor 'passing' nu anders liggen dan bij de oudere voorbeelden die onder anderen Gilman geeft.

Op dit moment zien we echter ook een nieuwe categorie, namelijk de hyperindividualisten, die de moed hebben buiten de orde te gaan staan. De huidige technologie geeft deze mensen een ruimte die er nooit eerder was. De technologie geeft hun de macht om daadwerkelijk en radicaal in te grijpen in het ontwerp van hun lichaam. Dit leidt tot fascinerende resultaten. De mens wil zijn eigen heerser zijn en perfectioneert deze beheersing met behulp van de technologie. Over het maakbare lichaam is het laatste woord derhalve nog niet gezegd en geschreven.

Literatuur

Campen, C. van (2005), 'Een gelukkige geest in een cosmetisch lichaam', in: P. Schnabel (red.), *Hier en daar opklaringen*, Den Haag: Sociaal en Cultureel Planbureau, p. 42-45.

Corbin, A. (1986), *Pestdamp en bloesemgeur. Een geschiedenis van de reuk*, Nijmegen: SUN.

Davis, D., en M.L. Vernon (2002), 'Sculpting the Body Beautiful: Attachment Style, Neuroticism and Use of Cosmetic Surgery', *Sex Roles* 47, p. 3-4 en p. 129-138.

Davis, K. (2003), *Dubious Equalities and Embodied Differences: Cultural Studies on Cosmetic Surgery*, New York: Rowman & Littlefield.

Decety, J., en C.D. Batson (2007), *Interpersonal Sensitivity: Entering Others' Worlds*, New York: Psychology Press.

Dekkers, M. (2006), *Lichamelijke opvoeding*, Amsterdam: Contact.

Eco, U. (2005), *De geschiedenis van de schoonheid*, Amsterdam: Bert Bakker.

Featherstone, M. (1999), *Body Modification*, Londen: Sage.

Gilman, A. (2000), *Making the Body Beautiful: a Cultural History of Aesthetic Surgery*, Princeton: Princeton University Press.

Hakman, E.C.J. (1993), *Een nieuw gezicht?*, diss. Amsterdam (VU), Houten: Bohn Stafleu Van Loghum.

Halsema, A. (2007), 'Grenzen aan de maakbaarheid', *Wijsgerig Perspectief* 47, nr. 2, p. 17-27.

Huizinga, J. (1919/2006), *Herfsttij der Middeleeuwen*, Amsterdam: Contact.

Labrie, A. (2001), *Zuiverheid en decadentie. Over de grenzen van de burgerlijke cultuur in West-Europa 1870-1914*, Amsterdam: Bert Bakker.

Mann, H. (1918), *Der Untertan*, Berlijn: Aufbau.

Meltzoff, A., en M. Moore (1983), 'Newborn Infants Imitate Adult Facial Gestures', *Child Development* 54, p. 702-709.

Meltzoff, A., en J. Decety (2003), 'What Imitation Tells Us About Social Cognition: A Rapprochement between Developmental Psychology and Cognitive Neuroscience', *Philosophical Transactions of the Royal Society of London* 358, series B, p. 491-500.

Mulder, Th. (2005), *De geboren aanpasser. Over beweging, bewustzijn en gedrag*, Amsterdam: Contact.

Mulder, Th. (2007), 'Motor Imagery and Action Observation: Cognitive Tools for Rehabilitation', *Journal of Neural Transmission* 114, p. 1265-1278.

Nooteboom, C. (1998), *Allerzielen*, Amsterdam: Atlas.

Pico della Mirandolla, G. (1983), 'Over de waardigheid van de mens', in: C. Schavemaker en H. Willemsen, *Over de waardigheid van de mens*, Alphen aan den Rijn: Samsom, p. 9-13.

Schnabel, P. (red.) (2005), *Hier en daar opklaringen*, Den Haag: Sociaal en Cultureel Planbureau.

Thornhill, R., en S.W. Gangestad (1999), 'Facial Attractiveness', *Trends in Cognitive Sciences* 12, nr. 3, p. 452-460.

Valentine, T., S. Darling en M. Donnelly (2004), 'Why Are Average Faces Attractive? The Effect of View and Averageness on the Attractiveness of Female Faces', *Psychonomic Bulletin & Review* 11, nr. 3, p. 482-487.

Zweig, S. (2007), *De wereld van gisteren*, Amsterdam: De Arbeiderspers.

4

De maakbare mens in toekomstverkenningen

Lucas Cornips en Marjolein van Asselt

Ik weet [...] dat men het wereldje van Huxley over het algemeen beschrijft als een totalitaire nachtmerrie, dat men dat boek voor een venijnige aanklacht probeert te laten doorgaan. Dat is je reinste hypocrisie. Op alle punten – genetische beheersing, seksuele vrijheid, strijd tegen de ouderdom, vrijetijdsbeschaving – is *Brave New World* voor ons een paradijs, in feite is het precies de wereld die wij proberen te bereiken, tot nu toe zonder succes. (Houellebecq 1998/2006, p. 168)

Dit is een uitspraak van Bruno, een van de hoofdpersonen in *Elementaire deeltjes*. In de epiloog van deze roman schetst Houellebecq een toekomstscenario waarin de mensheid de voorwaarden voor haar bestaan volledig in eigen hand neemt. De biologische evolutie is niet langer een ongrijpbaar proces in dit scenario. De 'oude' mens, met al zijn gebreken, wordt gemaakt tot een nieuwe, onsterfelijke soort. De epiloog van Houellebecqs roman kan gezien worden als een zogenaamd *backcasting scenario*: vanuit een verre toekomst blikt een verteller terug op de transformatie van de maatschappij en het ontstaan van de verbeterde mens. Het backcasting scenario verhaalt chronologisch 'hoe het zo ver heeft kunnen komen'. De verteller beschrijft bijvoorbeeld hoe de biologische kennis radicaal groeit. De techniek komt op een punt waarop de genetische basis van de mens volledig beheerst kan worden. Maar het scenario verhaalt ook over de noodzakelijke omwentelingen in het denken over het maken van een nieuwe mens. De aanvankelijke weerzin tegen het 'biologische denken' neemt af, en gestaag groeit het besef dat het zelfs wenselijk is om een nieuwe soort te creëren. In dit scenario is het jaar 2029 een historisch jaar, want dan wordt de eerste nieuwe mens gemaakt.

Waar over de maakbare mens gesproken wordt, komt de toekomst ter sprake. Literaire verbeeldingen van 'maakbare mensen' hebben veelal een (verre) toekomst als toneel. Een introductie op het onderwerp 'de maakbare mens' kan in veel gevallen niet heen om beroemde futuristische romans als *Brave New World* van Aldous Huxley (1932), *1984* van George Orwell (1949), *The Island of Doctor Moreau* van H.G. Wells (1896) of *Frankenstein* van Mary Shelley (1818). Blijkbaar komt een verbeelding van de maakbare mens goed tot haar recht als het verhaal zich in de toekomst afspeelt. Toekomstromans als *Brave New World* en *1984* zijn inmiddels klassiekers, en veel mensen zijn bekend met de 'maakbare mensen' die in deze (literaire) sciencefictionverhalen voorkomen. Ook recenter zijn er toekomstromans geschreven waarin 'maakbare mensen' figureren, zoals *Oryx en Crake* van Margaret Atwood (2003) en *Elementaire deeltjes* (1998) en *De mogelijkheid van een eiland* (2005) van Michel Houellebecq. In de essaybundel *Mens in uitvoering. Het lichaam als bouwpakket* (Dorrestein e.a. 2002) geven schrijvers als Désanne van Brederode en Renate Dorrestein een literaire invulling aan thema's rond de maakbare of nieuwe mens, zoals de impact van vervangingsgeneeskunde.

De afgelopen decennia hebben verscheidene utopische en dystopische verbeeldingen van de maakbare mens een nog groter publiek weten te bereiken via film en televisie. Dan hebben we het niet alleen over bovengenoemde literaire sciencefiction, waarvan een deel is verfilmd. Ook in populaire sciencefictionfilms of -televisieseries zoals *Star Wars* en *Star Trek* komen gemaakte mensen voor. Wie kent bijvoorbeeld niet de cyborgfiguren – half mens, half robot – uit de *Star Trek*-serie? De representaties van maakbare mensen zijn diep in de populaire cultuur doorgedrongen, en ze zijn onlosmakelijk verbonden met de toekomst.

Wij vroegen ons af of de maakbare mens behalve in toekomstromans en populaire cultuur ook te vinden is in de meer 'serieuze' of 'wetenschappelijke' verkenningen van de toekomst. Als dit het geval is, wat kunnen de toekomststudies ons dan leren over het idee 'maakbare mens' en het 'maken' van de mens? Deze vragen zullen in dit essay aan de orde komen. We zullen eerst een korte inleiding geven over het fenomeen van de toekomstverkenning. Vervolgens zullen we onderzoeken op wat voor manier de maakbare mens voorkomt in een aantal Nederlandse toekomstverkenningen. In dit essay gaan we uit van de omschrijving die Lüthy in de inleiding van dit boek introduceert. Hij stelt dat de maakbare mens een verzamelterm is die een heel arsenaal aan heterogene technieken omvat. 'De maakbare mens' gaat onder andere over klonen, gentherapie, cosmetische chirurgie, neurochirurgie, cybernetica en nanotechnologie. Het enige wat al deze technieken gemeen hebben, is dat ze interveniëren in datgene wat als een *natuurlijke* menselijke aard wordt beschouwd. Lüthy deelt deze 'maakbaarheidstechnieken' in vier verschillende soorten in: (1) de verbetering van bestaande functies, (2) methoden voor selectie en het sturen in de voortplanting van individuen, (3) de vervanging of uitbreiding van natuurlijke door kunstmatige lichamelijke onderdelen, en (4) methoden om gedrag bij te sturen.

Maar we zullen deze omschrijving van Lüthy ook aanvullen. Op basis van onze analyse van toekomstverkenningen zullen we beargumenteren dat de maakbare mens als breder dan een combinatie van diverse biomedische ingrepen in het lichaam gezien kan worden. In het laatste deel van ons essay zullen we nader reflecteren op onze bevindingen. We zullen onze analyse koppelen aan de roman *Elementaire deeltjes* en aan een essay van de socioloog Paul Schnabel. En ten slotte gaan we in op de vraag of onderzoekers de maakbare mens als een echte toekomstuitdaging moeten beschouwen.

Het verkennen van de toekomst

Veel bedrijven, ministeries en instituties doen aan toekomstverkenning; vooral in Nederland is het verkennen van de toekomst een populaire bezigheid. De ambitie van toekomstverkenners is om uitspraken te doen over de wereld of een onderdeel daarvan, in de toekomstige tijd, bij voorkeur op basis van wetenschappelijke kennis over heden en verleden. Toekomstverkenners, door Van Lente (2000) getypeerd als 'experts of promises', proberen op een systematische manier waarschijnlijke, mogelijke en/of (on)gewenste toekomsten te bedenken en te doordenken. In Nederland is beleidsgerichte toekomstverkenning in hoge mate geïnstitutionaliseerd. Veel instituten en organisaties hebben een rol, taak, opdracht of ambitie om toekomstverkenning te doen, waaronder de planbureaus (CPB, RIVM/MNP, RPB en SCP) en planbureauachtigen (zoals WRR en ECN), alsook een aantal gespecialiseerde adviesbureaus (zoals Futureconsult en De Ruyter). Ook adviesorganen doen aan toekomstverkenning, al dan niet in opdracht van ministeries of het kabinet. Daarnaast is er nog een keur van andere partijen actief op dit terrein: lagere overheden (gemeenten, provincies, grote steden), andere overheidsinstanties (onder andere Rijkswaterstaat), wetenschappelijke bureaus van politieke partijen, commissies en stichtingen, zoals de Stichting Toekomstbeeld der Techniek (STT). Ook bedrijven als Essent en Rabobank, individuele auteurs – van wie in Nederland de gebroeders Das ongetwijfeld de bekendsten zijn – en onderzoekers verbonden aan universiteiten doen aan toekomstverkenning. De website www.toekomstverkenning.nl maakt bezoekers wegwijs in dit rijke landschap van toekomstverkenning en biedt tevens een databank van diverse toekomstverkenningen.

Er zijn verschillende soorten toekomstverkenningen. In een meta-analyse van recente Nederlandse toekomstverkenningen door Van Asselt, Van der Pas en De Wilde (2005) werd het volgende onderscheid gemaakt:

– *langetermijnverkenningen*, waarin onderbouwde uitspraken worden gedaan over hoe de toekomst eruit zou kunnen zien;
– *essayistische beschouwingen*, waarin ideeën over de toekomst verpakt zitten of verbeeld worden;
– *diagnoses van deze tijd*, waarin structurele ontwikkelingen in heden en verleden worden geduid en thema's voor de toekomst worden geagendeerd.

De vraag is in hoeverre diagnoses van deze tijd ook daadwerkelijk tot toekomstverkennende studies moeten worden gerekend. Het is een enigszins grijs gebied. In dit essay hebben we ons beperkt tot langetermijnverkenningen en essayistische beschouwingen. Ook dat onderscheid is fluïde: sommige langetermijnverkenningen zijn gebaseerd op essayistische beschouwingen, zoals *IJsberenplaag op de Veluwe* van In 't Veld en Van der Veen (2006). Binnen de langetermijnverkenningen zijn er twee verschillende typen uitspraken over de toekomst te onderscheiden: (1) prognoses, en (2) scenario's. Een prognose, ook wel aangeduid als een voorspelling, is een puntschatting – eventueel met een bandbreedte van mogelijke afwijking – die meestal gebaseerd is op extrapolatie van trends uit het verleden. De onderliggende aanname is dat er

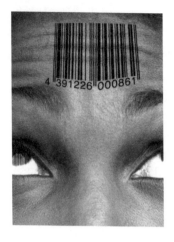

Toekomstverkenningen hebben 'oog voor de toekomst'. Uit: Idenburg 2005.

geen wezenlijk andere processen een rol zullen spelen, dat belangrijke mechanismen voldoende begrepen zijn en dat zich geen discontinuïteiten zullen voordoen, zoals trendbreuken, verrassingen of structurele omwentelingen. Veel toekomstverkenningen gaan weliswaar uit van verandering in de toekomst, maar die veranderingen zijn dan vaak gradueel van aard. Het gaat over 'meer' of minder' van een bepaalde trend of ontwikkeling (zie Van Notten 2005).

In veel situaties wil men echter de toekomst verkennen om rekening te kunnen houden met andere omstandigheden, nieuwe ontwikkelingen, onbekende mechanismen en ongewone samenlopen van omstandigheden. In dit soort situaties wordt het ontwikkelen van toekomstscenario's ingezet als manier van toekomstverkenning. Het uitgangspunt van het werken met scenario's is dat de toekomst niet kan worden voorspeld, en dat het daarom verstandig is om met verschillende toekomstbeelden rekening te houden. Bij toekomstverkenning middels scenario's worden meerdere mogelijke toekomstbeelden ontwikkeld. Deze scenario's zijn in het algemeen de resultante van een gedachte-experiment: wat zou er kunnen gebeuren als...? Het antwoord op die vraag kan de vorm krijgen van een 'eindbeeld', dat wil zeggen een beschrijving van de toekomst op een bepaald moment (bijvoorbeeld 2030), of van een 'scenarioplot', dat wil zeggen een beschrijving van een aaneenschakeling van gebeurtenissen en ontwikkelingen in een bepaalde tijdsperiode. Toekomstverkenners die zich van deze laatste methode bedienen kunnen dus worden vergeleken met scenarioschrijvers. Zoals een scenarioplot vergelijkbaar is met een film, lijkt een eindbeeld op een foto. In onze analyse van Nederlandse toekomstverkenningen vanuit het maakbaremensperspectief hebben we zowel toekomstessays als toekomstscenario's, en eindbeeld- naast plotscenario's betrokken. In alle gevallen geldt dat het toekomststudies zijn die serieus genomen worden in het maatschappelijke of wetenschappelijke debat.

Technologische revoluties en tekentafelbaby's

Komt de maakbare mens voor in toekomstverkenningen? En zo ja, op wat voor manier wordt de maakbare mens verbeeld? Zoals in de inleiding is aangegeven, hanteren we als startpunt de omschrijving van Lüthy. Het is zinvol te beginnen met twee toekomstessays van Bart van Steenbergen uit 2002 en 2003, omdat hij de 'nieuwe' mens expliciet ziet als een grote uitdaging voor de toekomst. De maakbaarheid die Van Steenbergen ziet aankomen, wordt volgens hem mogelijk gemaakt door een biomedische revolutie in de komende decennia, waardoor de medische wetenschap zal overgaan van een curatieve (verleden) en preventieve stijl (heden) naar een ontwerpende insteek. Van Steenbergen beschrijft hoe de weerstand tegen medicalisering en verbetering van 'normale' menselijke eigenschappen zal afnemen in de toekomst. Daartoe verwijst hij naar wat hij ziet als een hedendaagse trend: de opkomst van het 'biologische denken' (*biologism*). De veelgehoorde uitspraak 'Het zit in mijn genen' is volgens hem een sprekend voorbeeld van deze trend. Van Steenbergen (2002) verwacht dat het biologisch denken zal doorzetten en daarmee de weg zal banen voor acceptatie van genetische interventies. Een belangrijk element in dit toekomstessay is dat het de combinatie van technieken is die een maakbare mens mogelijk maakt:

> On the basis of developments in the field of cloning, DNA-research and eugenics, combined with those in the field of information technology, a new stage known as the 'design phase' is to be expected in the not too far future. In this context, the term 'designer child' is used. (Van Steenbergen 2002, p. 695)

Van Steenbergen (2003) spreekt over een 'tekentafelbaby' en een 'ontwerpende' fase in de geneeskunde. Deze mechanische metaforen hebben een belangrijk retorisch effect: ze suggereren de mogelijkheid van maakbaarheid van de mens. Bij Van Steenbergen staan methoden voor selectie van gewenste eigenschappen centraal, maar ook het verbeteren van bestaande functies is duidelijk aanwezig in zijn toekomstessay.

Een andere verkenning waarin de maakbare mens expliciet ter sprake komt, is het toekomstessay 'Maakbare en zelfmuterende mens' van Ron Hendriks uit 2006. Dit essay is een bijdrage aan de toekomstverkenning *IJsberenplaag op de Veluwe*. Op de achterflap van deze studie wordt 'de maakbare mens' ook expliciet als een van de thema's van deze toekomstverkenning gepresenteerd. De titel van de bundel is gekozen om de mogelijkheid van discontinuïteiten in de toekomst te erkennen. Het is een eerbetoon aan de onvoorspelbaarheid van de toekomst (In 't Veld en Van der Veen 2006). Hendriks omschrijft 'de maakbare mens' als volgt:

> Sommigen denken dat de wetenschappelijke ontwikkelingen, vooral in de biotechnologie, ertoe zullen leiden dat de menselijke ontwikkelingen en evolutie in een door mensen gewenste richting te sturen valt; dat nog meer gezondheid, schoonheid, intelligentie, vitaliteit, kracht en 'eeuwig' leven binnen bereik komen. (Hendriks 2006, p. 206)

Hendriks behandelt verschillende technologische ontwikkelingen, zoals nanotechnologie, gentherapie en regeneratieve geneeskunde apart; hij heeft het dus niet zoals Van Steenbergen over een revolutionaire integratie van verschillende maakbaarheidstechnieken. Met zijn uitgebreide opsomming van diverse, toekomstige technieken omvat Hendriks' essay drie van de vier typen maakbaarheid: (1) verbetering van functies, (2) selectie van eigenschappen, en (3) vervanging van lichaamsonderdelen. Hendriks ontwaart talrijke mogelijke toepassingen van diverse technieken. Zo zouden nanobots ('robotjes' op nanoschaal) via de bloedsomloop naar zieke cellen kunnen reizen om deze te genezen. Met gentherapie kunnen uiteindelijk genetische medicijnen ontwikkeld worden om zeldzame erfelijke ziekten te genezen. Met regeneratieve geneeskunde zouden in de toekomst organen kunnen worden gemaakt, zoals nieren. Daarmee maakt deze techniek wellicht een verlenging van het leven mogelijk, omdat schade door veroudering hersteld kan worden.

Hendriks besteedt specifiek aandacht aan één probleem rond maakbaarheid: ongelijkheid. De vele mogelijkheden voor maakbaarheid zullen volgens hem namelijk niet beschikbaar komen voor iedereen. Doordat de gezondheidszorg sterk zal differentiëren en op individueel niveau zal worden gericht, zullen de zorgkosten stijgen. De maatschappelijke solidariteit komt dan onder druk te staan en zorgverzekeraars zullen hun premies differentiëren. Het gevolg is dat minder vermogende nauwelijks toegang zullen hebben tot de technisch hoogwaardige, maar erg dure gezondheidszorg.

Zelfdenkende pillen

Het toekomstessay van Hendriks is de enige toekomstverkenning die wij hebben kunnen vinden waarin letterlijk over de maakbare mens wordt geschreven. Van Steenbergen (2003) heeft het over 'de nieuwe mens'. Dit wil echter niet zeggen dat het concept 'de maakbare mens' afwezig is in alle andere toekomstverkenningen. De bundel *Zelfdenkende pillen* van Van Santen, Khoe en Vermeer uit 2006 is een toekomstverkenning van de TU Eindhoven waarin enkele wetenschappers een visie geven op de toekomst van hun specifieke vakgebied. De opzet van deze verkenning verhindert een blik op de maakbare mens als een product van convergerende technologieën, omdat ieder hoofdstuk een aparte technologische ontwikkeling behandelt. De schrijvers van deze toekomstverkenning bedienen zich van twee interessante strategieën in hun behandeling van de diverse technieken.

Ten eerste is de hele bundel doorweven met het gebruik van technologische termen voor menselijke lichaamsdelen of eigenschappen. Delen van het lichaam worden steevast met *mechanische* metaforen aangeduid: eiwitten zijn fabrieken, hersenen zijn computers, en het menselijk DNA is een besturingssysteem zoals Windows. In het hoofdstuk 'Het eeuwige leven' wordt uitgelegd dat de mens geen 'ingebouwde tijdbom' bevat waardoor we onvermijdelijk sterven op een bepaalde leeftijd. De natuur besteedt gewoon weinig aandacht aan het *langetermijnonderhoud*. We sterven 'omdat het achterstallig onderhoud ons uiteindelijk total loss maakt' (p. 189). Deze metaforen zijn relevant voor het onderwerp van de maakbare mens, omdat ze suggereren dat de mens net als een machine kan worden 'gebouwd'. Het gebruik van mechanische metaforen is een beproefde methode of strategie om controle over en maakbaarheid van het beschreven object te suggereren (zie Hayles 2004). Overigens roept de terminologie uit deze toekomstverkenning ook vragen op over het mensbeeld dat hierachter schuilgaat. Als de mens met een machine kan worden vergeleken, wat betekent dit dan voor ons begrip van het mens-zijn?

De tweede opmerkelijke strategie uit *Zelfdenkende pillen* – naast het gebruik van de mechanische metaforen – betreft het typeren van techniek als een afgeleide van de *natuur*. In deze toekomstverkenning zijn technieken niet probleemloos 'kunstmatig' te noemen; zij zijn gebaseerd op de 'slimme' natuur. Zo stellen de schrijvers: 'De natuur begon een miljard jaar eerder dan de mensheid om slimme oplossingen te bedenken, en daar kunnen we van leren. Het loont om te proberen de natuur na te doen en de processen ervan eventueel te verbeteren' (p. 154). Deze nadruk op het nadoen van de 'slimme natuur' is interessant in het licht van Lüthy's conceptualisering van de maakbare mens. In zijn historisch-filosofische bijdrage stelt Lüthy dat maakbaarheid wordt geassocieerd met het manipuleren van datgene wat als een natuurlijke conditie van de mens wordt beschouwd. Iets wat 'gemaakt' is, werd in het verleden voorgesteld als *beter* dan de natuur. Zo wilde Plato al meer dan twee millennia geleden de strijd aanbinden met allerlei 'beperkingen' van de natuurlijke mens door het inzetten van techniek, ofwel kunstmatige ingrepen. De dominantie over de natuur zou aangegrepen kunnen worden om een 'well-bred' mens te realiseren, zo beschrijft Lüthy. In dit licht is het dus opvallend dat in *Zelfdenkende pillen* de natuur juist als beter wordt voorgesteld, en als model voor maakbaarheidstechnieken. Het streven is in deze toekomstverkenning niet om boven de inferieure natuur uit te stijgen met behulp van technologie, maar juist om te leren van de slimme natuur, om vervolgens met die kennis technologie – en daarmee de mens – te verbeteren.

De toekomstverkenning *Zelfdenkende pillen* is om nog een reden interessant. Er wordt herhaaldelijk gewezen op de noodzaak van controle op gebreken. Zo staat in het hoofdstuk 'Zelfdenkende pillen' dat in de toekomst – ondanks de vooruitgang in de biomoleculaire geneeskunde – afwijkingen vroeg opgespoord zullen moeten worden. Dat betekent dus dat men zich vaak moet laten controleren of zelf een scanapparaat moet kopen als elektronische bescherming. In het hoofdstuk 'Elektronische bescherming' leidt de vooruitgang op het gebied van diagnostische methoden ter vaststelling van hartfalen tot apparaten waarmee we thuis hartritmestoornissen kunnen signaleren. In het hoofdstuk 'Het lichaam vernieuwen' wordt gesteld dat in de toekomst weliswaar steeds beter levende vervangingsonderdelen voor het lichaam kunnen worden gemaakt, maar dat de vervangingstechnieken vooral succesvol zullen zijn als het gaat om het genezen van kleine stukjes organen. Het wordt dus nog belangrijker om afwijkingen vroeg op te sporen. In de toekomst zullen mensen daarom vaker worden onderzocht met scanners of andere technieken om in het lichaam te kijken. Naast de maakbaarheidstechnieken die Lüthy signaleert, doemt in deze toekomstverkenning nog een andere maakbaarheidstechniek op: technieken om 'afwijkingen' op te sporen en allerlei lichaamsfuncties te controleren en te analyseren. Tegelijkertijd zijn opsporen, controleren en monitoren belangrijke voorwaarden voor maakbaarheid. Zonder kennis van de afwijkingen van de mens kan de mens immers niet gemaakt worden.

In deze toekomstverkenning komt maakbaarheid waarbij delen van het lichaam worden vervangen door technologische artefacten, het duidelijkst naar voren: een nieuwe hartklep, vervanging van delen van organen, of het inbrengen van een kunstgehoor. Verbetering van bestaande functies komt alleen in abstracto terug in het streven om de imperfecte mens met behulp van technieken langer en beter te laten leven. Dat er weinig concrete voorbeelden van 'de maakbare mens' voorkomen, komt doordat de technieken over het algemeen sec worden besproken, en dus niet in de context van het (alledaagse) leven van de mens. Met andere woorden, in deze toekomstverkenning staat techniek zélf centraal, en niet de uitwerking en interactie met de mens.

Beleef 2030

In een toekomstverkenning van Essent uit 2003, *Beleef 2030*, komen we de maakbare mens op een heel andere manier tegen. Dit boek is met een zeer brede focus opgezet: grote maatschappelijke ontwikkelingen en de toekomst van de wereld vormen het hart van deze toekomstexercitie. Mogelijke maatschappelijke ontwikkelingen zijn verwerkt tot vier scenario's gesitueerd in 2030. In het toekomstscenario 'Hyperindividualisme' wordt een toekomst beschreven waarin technologie het leven van de mens zowel op individueel als op maatschappelijk niveau totaal heeft veranderd. De reprogenetica heeft ouders de mogelijkheid gegeven om het leven van hun kinderen zowel voor als na de geboorte volledig te controleren. Technologie wordt zelfs ingezet om verdriet en eenzaamheid te verzachten. Onder invloed van de technologische vooruitgang is de samenleving sterk individualistisch geworden. De technologische maakbaarheid kent in dit scenario nog meer nadelige bijeffecten, want sommige mensen verlangen naar de tijd dat alles nog niet zo 'voorgeprogrammeerd' was. Deze mensen missen dynamiek, spanning, onzekerheid en opwinding. In dit scenario is de maakbare mens een product van de combinatie van alle vier de typen maakbaarheid. De maakbare mens wordt hier zichtbaar in de vergelijking met God; er wordt 'nu geen onderscheid tussen God en ingenieurs meer gemaakt. De ingenieurs zijn God. Ze kunnen alles en doen alles' (p. 75). De mens is geen product meer van de goddelijke schepping, maar een ingenieursproduct.

In dezelfde toekomstverkenning wordt nog een ander toekomstscenario beschreven waarin een bijzonder soort 'maakbare mens' figureert. In dit scenario is sprake van een tweedeling tussen wat we gemaakte mensen zouden kunnen noemen, de *haves*, en de arme, niet-gemaakte *have-nots*. De haves zijn technologisch zeer ontwikkeld en technologie vormt het leven van deze mensen in sterke mate. Het geloof in technologische oplossingen voor problemen op individueel en collectief niveau is groot. Iedereen die het zich kan veroorloven, kan zijn lichamelijke en geestelijke ongemakken vrijwel volledig laten uitbannen. Individuen beschikken over een ingebouwde chip om hun gezondheid te monitoren. Net als in *Zelfdenkende pillen* is de kennisvergaring van het individu in dit scenario een noodzakelijke voorwaarde om de mens te maken. In *Beproef 2030* (Essent 2004), waarin nog eens uitvoeriger wordt gereflecteerd op de scenario's uit de eerste toekomstverkenning *Beleef 2030*, is een treffend voorbeeld opgenomen van het geloof in de genetische basis van de mens in deze toekomst. Haves die voor een bedrijf willen werken, moeten voor hun sollicitatie een genenpaspoort opsturen. Op basis van dit paspoort oordeelt het bedrijf over de geschiktheid van de kandidaat. Uit het genenpaspoort blijkt namelijk of de talenten en de gezondheid van de kandidaat voldoen aan de eisen.

Disciplinering van gedrag

In het toekomstessay van Van Steenbergen en in het toekomstscenario 'Hyperindividualisme' wordt de maakbare mens gezien als de uitkomst van een integratie van meer typen maakbaarheid. In de andere essays en scenario's waarin de maakbare mens figureert, worden maakbaarheidstechnieken geïsoleerd behandeld. In de toekomstverkenningen die we tot nu toe hebben besproken, stonden lichamelijke interventies centraal. Lüthy rekent ook methoden om het gedrag van mensen te sturen tot maakbaarheidstechnieken. Gedrag van mensen kan echter ook op andere manieren worden gestuurd of gedisciplineerd dan door technologische ingrepen in het menselijke lichaam. Als we disciplinering van gedrag ook tot het domein van de maakbare mens rekenen, dan komen we in veel meer toekomstverkenningen de maakbare mens tegen.

Een beproefde manier om de mens te disciplineren met behulp van techniek is de observatie van mensen door middel van camera's. In de toekomstverkenning *Recht naar binnen kijken* van Koops en anderen uit 2004 wordt deze maakbaarheidstechniek beschreven. De afgelopen jaren wordt cameratoezicht steeds vaker toegepast in het openbaar. Als deze tendens doorzet, in combinatie met betere observatietechnieken, kan de mens in de toekomst nog vollediger gecontroleerd – en daarmee gedisciplineerd – worden. Volgens de auteurs zal techniek het in de toekomst mogelijk maken om personen individueel te volgen door camera's te koppelen. Het is zelfs niet ondenkbaar dat in de toekomst camera's ontwikkeld zullen worden die chemische kenmerken van personen kunnen registreren. Ook in het al eerder aangehaalde scenario 'Haves & Have-nots' (Essent 2003) komt deze vorm van maakbaarheid van gedrag met behulp van techniek voor. In dit scenario richt de controle zich op de haves die in beveiligde compounds wonen:

De corridor buiten de compound wordt continu met infraroodcamera's gescand op verdachte bewegingen. Al het binnenkomend verkeer wordt subtiel gecontroleerd. Je merkt er niet zoveel van, maar de controle is strenger en effectiever dan die van het vroegere Oostblok, dankzij de techniek. (Essent 2003, p. 133)

Het monitoren van mensen met behulp van techniek zorgt ervoor dat deze mensen worden gedwongen zich volgens de regels te gedragen. Ze worden gedisciplineerd. Deze monitoring en disciplinering van gedrag kunnen overigens niet uitsluitend als een controlerende techniek voor de haves worden geïnterpreteerd. Deze maakbaarheidstechniek heeft namelijk ook gevolgen voor de have-nots. Door de technische controle op de grenzen van de compound worden zij effectief buitengesloten en afgesloten van alle (technologische) voordelen in de compounds. Dit toekomstscenario laat zien hoe ongelijkheid met behulp van maakbaarheidstechnieken kan worden gecreëerd en in stand kan worden gehouden. In dit scenario is sprake van een kloof, waarbij de 'gelukkigen' object van allerlei technologische en biologische interventies zijn, terwijl de 'ongelukkigen' geen toegang hebben tot deze vormen van maakbaarheidstechnieken. De kloof tussen de twee groepen in dit toekomstbeeld wordt met iedere generatie groter, omdat de haves zichzelf genetisch verrijken: een vorm van maakbaarheid waar de have-nots niet over kunnen beschikken. Met andere woorden, het scenario 'Haves & Have-nots' roept vragen op over de ongelijke verdeling van en door maakbaarheid.

Verleiding van gedrag

Het monitoren en controleren van gedrag uit zich niet alleen in disciplinering van de geobserveerde personen. In de scenario's 'Marketing in tijden van groei' en 'Marketing in tijden van overleven' van Idenburg uit 2005 wordt techniek ingezet om kennis te vergaren over het koopgedrag van mensen, en die kennis wordt vervolgens actief ingezet. In het toekomstscenario 'Marketing in tijden van groei' worden mensen in winkels geobserveerd: looproutes, winkeltijden, gekochte producten, interesses en zelfs oogbewegingen worden vastgelegd. De commercie hanteert in dit scenario op basis van de persoonlijke gedragsinformatie persoonsgerichte en zeer agressieve verkoopmethoden. De informatie die de analyse van de klant oplevert, wordt ingezet om de desbetreffende persoon op maat te verleiden. Ook de technologisch zeer geavanceerde geneeskunde is in dit scenario op het individu afgestemd. Zo heeft Philips de *lifesensor*-markt sterk ontwikkeld. Mensen kunnen chips en sensoren kopen en die in hun eigen lichaam laten inbouwen. Met behulp van een pda, een persoonlijke digitale assistent, kan de gezondheid van deze mensen continu in de gaten worden gehouden.

In het scenario 'Hyperindividualisme' in *Beproef 2030* van Essent streeft het energiebedrijf High Energy naar een uitgebreide kennisvergaring van het individu. High Energy maakt daarbij gebruik van allerlei onderzoeksinstituten, dienstverleners en verkooporganisaties die rapporteren over gebruiksgewoonten van mensen. Daardoor kan High Energy in de huid van haar cliënten kruipen. Vervolgens worden deze cliënten, net als in de aangehaalde scenario's van Idenburg, op maat verleid. Iedere klant wordt namelijk een 'hyperpersoonlijk' pakket met diensten voorgescholed, waarbij allerlei opties op de individuele wensen zijn afgestemd. De dienstenmix wordt aangeboden onder een aparte merknaam, zodat iedereen het gevoel krijgt individueel en exclusief te worden behandeld.

In het toekomstscenario 'Marketing in tijden van overleven' wordt de gedragsinformatie niet alleen gebruikt om het koopgedrag van mensen optimaal te sturen. De gegevens uit de enorme databanken worden ook op oneigenlijke manieren gebruikt:

> Misbruik van klantinformatie in het belang van bedrijven (het ongeoorloofd opslaan van en koppelen van bestanden) is aan de orde van de dag. Chantage en 'voorkeursbehandeling' op basis van databasegegevens (bijvoorbeeld medisch, strafblad of financieel) komen steeds meer voor. (Idenburg 2005, p. 102)

De techniek van monitoren wordt in deze toekomstscenario's ingezet om de mens te verleiden, een indirectere, maar zeker niet minder effectieve manier van sturing van gedrag. De marketingscenario's zijn vooral ook interessant omdat ze de vraag oproepen of de uitgebreide kennisvergaring van mensen wel wenselijk is. In de besproken toekomstverkenningen wordt ruimschoots aandacht besteed aan het monitoren van gedrag of het vergaren van kennis over bepaalde kenmerken van de mens. Deze kennis wordt ingezet om de individuele mens op diverse manieren te 'maken'. Zo worden maakbaarheidstechnologieën gecombineerd met het grondig monitoren van allerlei lichaamseigenschappen. De marketingscenario's laten zien dat de kennis die met de observaties wordt verkregen, ook op onacceptabele manieren kan worden ingezet.

Een verkenning waarin de bovengenoemde combinatie van kennisverwerving en persoonsgerichte interventies sterk naar voren komt, is *Genomics 2030* van De Graef uit 2005. In deze toekomstessaybundel schetst een aantal auteurs verscheidene toekomstbeelden van de wereld van *genomics* en de maatschappij rond het jaar 2030. In de inleiding stelt De Graef dat ontwikkelingen in de geneeskunde en wetenschappen zoals nanotechnologie ervoor zullen zorgen dat de gezondheidszorg meer op het individu kan worden gericht. De farmacie bijvoorbeeld zal in de toekomst in staat zijn om medicijnen beter op het individu af te stemmen. Dit zal de zorg persoonlijker maken en bovendien effectiever. Een negatieve consequentie is dat deze ontwikkelingen de gezondheidszorg duurder zullen maken. In de bijdrage van Verrips aan deze essaybundel wordt het idee van *personalised medicine* nader uitgewerkt. De persoonlijke benadering zal mogelijk worden gemaakt door kennis van het genetisch profiel van een individu. Preventie zal centraal staan in deze nieuwe geneeskunde, omdat van ieder persoon kan worden 'berekend' wat de kans is op een bepaalde ziekte. Aan de hand van dit risicoprofiel kunnen persoonsgerichte adviezen worden gegeven over de beste levensstijl, het beste dieet en medicijngebruik. Een kennissysteem in combinatie met een zogenoemde virtuele *health agent* kan het ideaal van persoonsgerichte, preventieve geneeskunde in de praktijk brengen:

> It will be a knowledge system that will be able to adapt the general knowledge system to a person's particular genetic make-up and lifestyle and communicating with him or her face-to-face using speech recognition. [...] Adaptation of one's lifestyle according to the recommendations of this agent can then be guided and monitored in such a way that the 'client' will never get the impression that 'big brother is watching me'. (Verrips 2005, p. 66)

In *De toekomst van de witte jas* van Groenewegen, Hansen en Ter Bekke, een toekomstverkenning uit 2007 over professies in de gezondheidszorg, wordt een vergelijkbaar scenario geschetst. In dit toekomstbeeld is de mens niet alleen in staat zijn of haar eigen gezondheid te controleren, maar kan de patiënt ook zelf medische technologie toepassen. Dit zal mogelijk worden omdat technologie steeds eenvoudiger en daarmee makkelijker toe te passen wordt. Behalve gebruiksgemak en autonomie voor de individuele patiënt zal deze ontwikkeling ook de taken van de zorgverleners verlichten.

In de tabel op p. 94-95 hebben we de typen maakbaarheid en enkele bijzonderheden uit de hierboven behandelde toekomstessays en -scenario's schematisch samengevat. De typen maakbaarheid hierin verwijzen naar Lüthy's vierdeling uit hoofdstuk 1.

De onmaakbare mens

We hebben tot nu toe een aantal toekomstverkenningen beschreven waaruit een groot geloof in de maakbaarheid van het individu naar voren komt, zoals in de toekomstbeelden van Van Steenbergen. In onze analyse zijn we echter ook voorbeelden tegengekomen van toekomstverkenningen waarin de grenzen van maakbaarheid worden afgetast. Sommige toekomstverkenners hechten belang aan reflectie op de *onmaakbaarheid* van de mens. Een voorbeeld is te vinden in de bijdrage van Van Ommen aan de bundel *Genomics 2030*. In zijn essay stelt Van Ommen dat het geloof in de volledige determinantie van genen moet worden bijgesteld. Kennis van het genenpakket van de mens leidt nog niet tot controle over de onvolmaaktheden van de mens:

> To conclude, we have still a long way to go. Indeed, the closer we thought we would get to the 'original plan', predicting our future from our past, the clearer it becomes that

Tabel: Overzicht van maakbaarheid in toekomstverkenningen

toekomstverkenning	dominante typen maakbaarheid	bijzonderheden	eventuele opkomende vragen
Van Steenbergen (2002; 2003). Toekomstessays: *Man on the Throne of God; De nieuwe mens in de toekomstige wereldmaatschappij*	Integratie van technieken, met nadruk op: – verbetering van bestaande functies (1) – methoden voor selectie en het sturen van de reproductie (2)	Medische wetenschappen in de toekomst 'ontwerpend'	
Hendriks (2006). Toekomstessay: *De maakbare en zelfmuterende mens*	Verbetering van bestaande functies (1)	– Veel aandacht voor regeneratieve geneeskunde – Maakbare mens als product van diverse, losse technieken	Wordt de gezondheidszorg voor sommigen onbetaalbaar?
Van Santen, Khoe en Vermeer (2006). Toekomstessay: *Zelfdenkende pillen*	De vervanging van organen (of hele lichaamsdelen) door kunstmatige 'onderdelen' (3)	– Gebruik van mechanische metaforen – Natuur als voorbeeld voor maakbaarheidstechnieken – Kennisvergaring als belangrijke voorwaarde voor maakbaarheid	Kunnen we ons wel vinden in het mensbeeld dat past bij de mechanische metaforen?
Essent (2003). Toekomstscenario: 'Hyperindividualisme'	Combinatie van vier typen maakbaarheid	Maatschappij sterk individualistisch en voorspelbaar	Neemt technologische maakbaarheid positieve dynamiek en spanning weg?

Essent (2003; 2004). Toekomstscenario: Haves & Havenots	– Methoden voor selectie en het sturen van de reproductie (2) – Methoden om gedrag te sturen (4)	– Ongelijkheid in maakbaarheid – Observatie van gedrag; controle en disciplinering	Wat is de invloed van maakbaarheidstechnieken op maatschappelijke ongelijkheden?
Koops e.a. (2004). Toekomstessay: *Recht naar binnen kijken*	Methoden om gedrag te sturen (4)	Observatie van gedrag; controle en disciplinering	
Idenburg (2005). Toekomstscenario's: 'Marketing in tijden van groei'; 'Marketing in tijden van overleven'	Methoden om gedrag te sturen (4)	Uitgebreide kennisvergaring van (koop)gedrag; persoonsgerichte verleiding	Zal kennis van gedrag oneigenlijk worden ingezet?
De Graef (2005). Toekomstessay: *Genomics 2030: Part of Everyday Life (General Introduction)*	Geen dominant type maakbaarheid	Geneeskunde meer op het individu afgestemd	Zal de geneeskunde onbetaalbaar worden?
Verrips (2005). Toekomstessay: *Genomics 2030: Part of Everyday Life*	– Verbetering van bestaande functies (1) – Methoden om gedrag te sturen (4)	Persoonlijke, virtuele *health agent*	
Groenewegen, Hansen en ter Bekke (2007). Toekomstessay: *De toekomst van de witte jas*	Geen dominant type maakbaarheid	*Personalised medicine*; patiënt zal zelf medische technologie kunnen toepassen	

we have all too easily overlooked the impact of the present: the interaction between our genetic makeup – unique for each individual – and the environment. (Van Ommen 2005, p. 30)

Deze stellingname heeft natuurlijk gevolgen voor de mogelijkheid van maakbaarheid. Een echt voorspellende geneeskunde zoals die bijvoorbeeld te vinden is bij Van Steenbergen, is vanuit dit perspectief geen realistisch toekomstbeeld. De mens wordt niet uitsluitend bepaald door zijn genen, en daarom is de toekomst van de lichamelijke conditie van de mens niet te voorspellen – laat staan te ontwerpen met bijvoorbeeld gentherapie. Hier stuit de maakbaarheid van de mens op haar grenzen.

Een andere vorm van onmaakbaarheid komen we tegen in toekomstverkenningen die reflecteren op manieren om het gedrag van mensen te sturen. In sommige toekomstverkenningen wordt uitgegaan van mensen die zich volgens vastliggende gedragspatronen gedragen. Dit is relevant voor het thema 'onmaakbaarheid', omdat interventies weinig zullen uithalen als dat gedrag inderdaad onveranderbaar is. Toekomstverkenningen als *Welvaart en Leefomgeving* van het CPB en andere planbureaus uit 2006 bevatten bijvoorbeeld correlaties tussen inkomen en autogebruik. Hoe hoger het inkomen, hoe meer er wordt autogereden, zo staat er in het *Achtergronddocument* bij deze toekomstverkenning. Als dergelijke correlaties 'wetmatig' zijn, is dat een vorm van onmaakbaarheid. Het presenteren van gedragspatronen als wetmatigheden laat namelijk geen ruimte over voor maakbaarheid door middel van overheidsmaatregelen of andere sturingsmogelijkheden.

In een studie van het RIVM uit 2004, *Kwaliteit en toekomst*, komen we een vergelijkbare soort onmaakbaarheid tegen. Het hoofdstuk 'Energievoorziening' geeft een aantal redenen waarom het zo moeilijk is, of zelfs onmogelijk, om burgers zuiniger met stroom te laten omgaan. Eén reden verdient speciale aandacht, omdat het geloof in de maakbaarheid van gedrag ontbreekt:

> Het energiegebruik van consumenten wordt voor een groot deel vastgelegd door 'harde omgevingsfactoren' zoals inkomen, gezinssamenstelling, woningtype en de woon- en werklocatie en de hieruit voortkomende bestedingsruimte van geld en tijd. Dergelijke harde factoren kunnen wel worden beïnvloed, maar nadat eenmaal keuzen zijn gemaakt, wordt de keuzevrijheid voor consumenten voor langere tijd ingeperkt. In de overgebleven keuzeruimte spelen 'zachte omgevingsfactoren' een grote rol bij beslissingen. Het gaat bijvoorbeeld om invloedsfactoren zoals opleidingsniveau, sociaal-culturele achtergrond en levensovertuiging. Ook dient niet te worden vergeten dat vele dagelijkse 'handelingskeuzen' geen feitelijke beslissingen zijn, maar automatische gedragingen. (RIVM 2004, p. 128)

'Energiegebruik vastgelegd', 'keuzevrijheid ingeperkt', 'automatische gedragingen' – de auteurs van deze toekomstverkenning zien duidelijk grenzen aan de maakbaarheid van de mens door gedragsinterventies.

Reflectie

Het geloof in de maakbaarheid van de samenleving zoals dat vooral in de jaren zeventig van de vorige eeuw werd aangehangen – en ook is terug te vinden in toekomstverkenningen uit die tijd – is in de door ons geanalyseerde toekomstverkenningen vervangen door een nadruk op het maken van de individuele mens. Zo zijn de vele maakbaarheidstechnieken die we hebben beschreven veelal (hyper)individualistisch van karakter. In de uit 2001 stammende verkenning *Met het oog op 2010* plaatst Paul Schnabel de 'persoonsgerichte maakbaarheid' in een interessant perspectief. Volgens Schnabel is 'maakbaarheid' van object veranderd. De maakbare samenleving is een illusie gebleken door de 'afwijzende en calculerende' houding van de burger. Maar in plaats van het geloof in een maakbare samenleving is het idee van maakbaarheid verplaatst naar het eigen leven, de eigen persoon en het eigen lichaam. Leven wordt door mensen steeds meer gezien als een eigen keuze, een project dat invulling behoeft. Omdat het 'vormgeven' van de eigen persoon geen gemakkelijke opgave is, bloeien praktijken op die mensen hulp kunnen bieden bij dit vormgeven. Adviseurs, trainers en psychotherapeuten dragen bij aan de hyperindividuele maakbaarheid van het individu.

Dit beeld van hyperindividuele maakbaarheid van mensen komt in meer toekomstverkenningen terug, bijvoorbeeld in verschillende hoofdstukken van *Zelfdenkende pillen* (Van Santen e.a.), in *Recht naar binnen kijken* (Koops e.a.), in verschillende scenario's uit *Oog voor de toekomst* (Idenburg), in het scenario 'Hyperindividualisme' uit *Beproef 2030* (Essent), in de toekomstessays in *Genomics 2030* van De Graef en Verrips, en ten slotte in de toekomstverkenning *De toekomst van de witte jas* (Groenewegen e.a.).

Deze verschuiving in maakbaarheid in toekomstverkenningen roept de vraag op of de aandacht voor de maakbare mens niet typisch iets is van deze tijd. In dit verband is het interessant om terug te komen op de toekomstfictie waar we dit essay mee openden: de roman *Elementaire deeltjes* van Michel Houellebecq. In dit boek ondergaat de mensheid een radicale transformatie: een biologische revolutie ligt aan de basis van het ontstaan van een nieuw soort mens. Maar in dit 'scenario' is er geen sprake van (hyper)individuele maakbaarheid. De mens die in deze roman wordt gemaakt, raakt juist ontdaan van elke vorm van individualiteit. Niet de mens maar de gehele soort – en daarmee de maatschappij als geheel – wordt gemaakt in dit scenario. In de epiloog verwoordt Houellebecq het als volgt: 'De mensheid moest verdwijnen, de mensheid moest een nieuwe, ongeslachtelijke en onsterfelijke soort voortbrengen die de individualiteit, het isolement en de verwording achter zich had gelaten' (p. 330). Houellebecq geeft met dit scenario een origineel en prikkelend tegenwicht aan de alomtegenwoordigheid van 'persoonsgerichte maakbaarheid' – een vorm van individualisme – zoals die in veel recente toekomstverkenningen aanwezig is. Om het anders te stellen: *Elementaire deeltjes* is relevant voor ons essay omdat deze roman, net als de reflectie van Paul Schnabel, tot herbezinning op de dominantie van 'persoonsgerichte maakbaarheid' in toekomstverkenningen figureert.

Elementaire deeltjes als inspiratiebron voor reflectie op de maakbare mens brengt ons weer bij het onderwerp 'fictie en de toekomst'. Al in de inleiding van dit essay stelden we dat de maakbare mens onlosmakelijk verbonden is met de toekomst, en dat de verbeeldingen hiervan veelal zijn te vinden in (literaire) sciencefiction. Roel in 't Veld en Hans van der Veen stellen in de inleiding van *IJsberenplaag op de Veluwe* dat toekomstromans waardevol kunnen zijn voor het kwalitatief verkennen van de toekomst. Zij wijzen erop dat literaire of filmische verbeeldingen van de toekomst als spiegel kunnen dienen. Daarbij zou het niet alleen moeten gaan om de technische inhoud, maar ook en vooral om de sociaal-culturele aspecten van het toekomstbeeld.

Sciencefiction biedt veel verbeeldingen van de maakbare mens, terwijl er in de serieuze toekomstverkenningen veel minder aandacht aan wordt besteed. De toekomstverkenningen die wij in dit essay besproken hebben, zijn geselecteerd uit een grote verzameling van toekomststudies (zie www.toekomstverkenning.nl). Het heeft ons moeite gekost om toekomstverkenningen te vinden waarin de maakbare mens figureert; in heel veel verkenningen wordt geen aandacht besteed aan maakbaarheidstechnieken. Dat zou kunnen betekenen dat veel toekomstverkenners verwachten dat dit geen belangrijke ontwikkelingen zijn en dat dergelijke toekomstbeelden echt thuishoren in het domein van de fictie. De huidige stand van zaken zou echter ook kunnen betekenen dat toekomstverkenners een blinde vlek hebben. Dat om een of andere reden de thematiek van de 'maakbare mens' niet in hun vizier komt. En dat serieuze toekomstverkenners dus inderdaad sciencefiction nodig hebben om dat soort thematiek wel in het vizier te krijgen.

Wij hebben de indruk dat in serieuze vormen van toekomstverkenning te weinig aandacht wordt besteed aan de maakbare mens. En als het al gebeurt, dan is er zelden sprake van een geïntegreerde visie. Maakbaarheidstechnieken worden dan vrij losstaand belicht en de maatschappelijke consequenties blijven veelal onbesproken, omdat de techniek zelf en niet de impact daarvan op mens en samenleving centraal staat. Ook domineert te gemakkelijk een (hyper)individualistische opvatting van maakbaarheid, terwijl juist toekomstscenario's zich lenen voor het verkennen van andere interpretaties en van grenzen aan maakbaarheid. Ook als de toekomstverkenners van mening zijn dat de mens in de toekomst niet gemaakt zal worden, is het relevant dat ze beschrijven welke ontwikkelingen of factoren maken dat sciencefictionverbeeldingen van de maakbare mens naar het rijk van de fantasie verwezen moeten worden. Van Lente heeft in zijn onderzoek *Promising Technology* laten zien dat verwachtingen die met toekomstbeelden worden gecreëerd, effectief worden ingezet om momentum en fondsen voor bepaalde technologische ontwikkelingen te genereren. Als serieuze toekomstverkenners bepaalde toekomstbeelden kunnen ontzenuwen, zou dat een belangrijke bijdrage kunnen leveren aan het debat over de maakbare mens en maakbaarheidstechnieken. Daartoe is het wel nodig dat toekomstverkenners de maakbare mens tenminste in hun vizier krijgen. Wij hopen dat ons essay hen daartoe uitnodigt.

Daarnaast geeft ons essay aanknopingspunten voor het maatschappelijke en wetenschappelijke debat over de maakbare mens. Uit de hedendaagse toekomstverkenningen die wel aandacht besteden aan de maakbare mens en aan maakbaarheidstechnieken, komen interessante thema's naar voren voor discussie. Bijvoorbeeld ten aanzien van de wenselijkheid van maakbaarheidstechnieken, de mogelijkheid van misbruik en manipulatie, maatschappelijke ongelijkheid die door maakbaarheidstechnieken nog verder kan worden vergroot, de grenzen aan maakbaarheid, alsook de vraag in hoeverre 'de maakbare mens' de nieuwe maakbaarheidsillusie is.

Literatuur

Algemene literatuur

Asselt, M. van (2000), *Perspectives on Uncertainty and Risk. The PRIMA Approach to Decision Support*, Kluwer Academics; Maastricht University: Maastricht.

Asselt, M. van, J. van der Pas en R. de Wilde (2005), 'De toekomst begint vandaag. Inventarisatie toekomstverkenningen', *Onderzoeksrapport*, Universiteit Maastricht.

Dorrestein, R., e.a. (2002), *Mens in uitvoering. Het lichaam als bouwpakket*, Amsterdam: Maarten Muntinga.

Hayles, K. (red.) (2004), *Nanoculture. Implications of the New Technoscience*, Wiltshire: The Cromwell Press.

Houellebecq, M. (1998/2006), *Elementaire deeltjes*, Amsterdam: De Arbeiderspers.

Lente, H. van (1993), *Promising Technology: The Dynamics of Expectations in Technological Developments*, Enschede: Twente University.

Lente, H. van (2000), 'Forceful Futures: From Promise to Requirement', in: N. Brown, B. Rappert en A. Webster (red.), *Contested Futures: A Sociology of Prospective Techno-science*, Aldershot: Ashgate.

Milburn, C. (2004), 'Nanotechnology in the age of posthuman engineering: science fiction as science', in: K. Hayles (red.) (2004), *Nanoculture. Implications of the New Technoscience*, Wiltshire: The Cromwell Press.

Ministerie van Binnenlandse Zaken en Koninkrijksrelaties (BZK) (2005), *Houdbaarheid verstreken. Toekomstverkenning en beleid*, Den Haag.

Notten, P. van (2005), *Writing on the Wall. Scenario Development in Times of Discontinuity*, diss. Maastricht, Universiteit Maastricht.

Aangehaalde toekomstverkenningen

CPB, MNP en RPB (2006a), *Welvaart en leefomgeving. Een scenariostudie voor Nederland in 2040*, Den Haag/Bilthoven: CPB, MNP en RPB.

CPB, MNP en RPB (2006b), *Welvaart en leefomgeving. Een scenariostudie voor Nederland in 2040 – Achtergronddocument*, Den Haag/Bilthoven: CPB, MNP en RPB.

Essent (2003), *Beleef 2030. 4 toekomstscenario's voor de energiewereld*, Essent.

Essent (2004), *Beproef 2030. 4 toekomstscenario's in perspectief*, Essent.

Graef, M. de (red.) (2005), *Genomics 2030. Part of Everyday Life*, Den Haag: STT Netherlands.

Groenewegen, P., J. Hansen en S. ter Bekke (2007), *De toekomst van de witte jas. Professies en de toekomst: veranderende ver-*

houdingen in de gezondheidszorg, Utrecht: VVAA.

Hendriks, R. (2006), 'Maakbare en zelfmuterende mens', in In 't Veld en Van der Veen (red.) (2006).

Idenburg, P. (2005), *Oog voor de toekomst. Over marketing en consumenten in een veranderende samenleving*, Scriptum Management.

Koops, B.J., H. van Schooten en M. Prinsen (2004), *Recht naar binnen kijken. Een toekomstverkenning van huisrecht, lichamelijke integriteit en nieuwe opsporingstechnieken*, Den Haag: Sdu.

Ommen, G. van (2005), 'A Short History of Genomics', in: De Graef (red.) (2005).

RIVM (2004), *Kwaliteit en toekomst. Verkenning van duurzaamheid*, Bilthoven: Sdu.

Santen, R. van, D. Khoe en B. Vermeer (2006), *Zelfdenkende pillen. En andere technologie die ons leven zal veranderen*, Amsterdam: Nieuw Amsterdam.

Schnabel, P. (2001), 'De toekomst van het sociale domein', in: P. Rademaker (red.), *Met het oog op 2010. De toekomst van het sociale domein, verbeeld in elf essays*, Amsterdam: De Balie, p. 111-120.

Steenbergen, B. van (2002), 'Man on the Throne of God? The Societal Implications of the Bio-medical Revolution', *Futures* 34, nr. 8, p. 693-700.

Steenbergen, B. van (2003), *De nieuwe mens in de toekomstige wereldmaatschappij. Uitdagingen voor de toekomstonderzoeker*, Breukelen: Universiteit Nyenrode.

Veld, R. in 't, en H. van der Veen (red.) (2006), *IJsberenplaag op de Veluwe. Essays over de toekomst*, Den Haag: COS.

Verrips, T. (2005), 'Genomics 2030: Part of Everyday Life', in: De Graef (red.) (2005).

II

Verschijningsvormen en verwachtingen

5

De genetische maakbaarheid van de mens: realiteit of fictie?

Annemiek Nelis en Danielle Posthuma

In de Hollywoodfilm *Gattaca* wordt een maatschappij geschetst waarin mensen op grond van genetische aanleg worden geselecteerd voor een beroep, huwelijk of maatschappelijke positie. De hoofdpersoon in de film – Vincent – ambieert een leven als astronaut. Vincent heeft echter een aangeboren hartafwijking, hij is bijziend en zijn levensverwachting is, volgens zijn genetische profiel, slechts 30 jaar. Kortom, zijn genetisch profiel is ontoereikend voor een beroep als astronaut. Vincent is vastbesloten zijn doel toch te bereiken en leent de genetische identiteit van de voormalig zwematleet Jerome, genetisch nagenoeg perfect, die door een tragisch ongeluk in een rolstoel terecht is gekomen en aan huis is gekluisterd. Door naast zijn vastberadenheid gebruik te maken van de genetische identiteit van Jerome, en van de verwachtingen die anderen op basis van deze identiteit van hem hebben, bereikt de genetisch imperfecte Vincent zijn doel en slaagt hij als astronaut.

Deze film brengt een aantal interessante punten naar voren. Ten eerste genetisch determinisme: de mogelijkheid dat alle eigenschappen van de mens volledig vastliggen in de genetische aanleg. De selectie van werknemers maar ook van een mogelijke partner bijvoorbeeld wordt in de wereld van Vincent niet via gesprekken en ontmoetingen georganiseerd, maar is gereduceerd tot het vergelijken van DNA-profielen. 'Geef mij uw DNA en ik zeg u wie u bent' is het motto van deze maatschappij. Daarnaast is de film tegelijk een aanklacht tegen dit genetisch determinisme. Vincent gebruikt weliswaar de genetische identiteit van een ander, maar het is zijn eigen doorzettingsvermogen waarmee hij bewijst dat hij wel degelijk in staat is om te worden wie hij graag wil zijn. In meerdere scènes wordt dit in de film duidelijk. Terwijl de verwachting van zijn broer, ouders en (potentiële) werkgevers is dat hij op basis van zijn genetische profiel zal falen, laat hij keer op keer zien dat hij een winnaar is, bijvoorbeeld door tot twee keer toe zijn broer te verslaan in een zwemwedstrijd. Zwematleet Jerome daarentegen heeft niet waar kunnen maken wat hij volgens zijn genetische aanleg had moeten kunnen worden. Wanneer hij op de Olympische Spelen niet het felbegeerde goud maar 'slechts' zilver wint, stort zijn wereld in en tracht hij zich van het leven te beroven. Deze poging mislukt en als gevolg hiervan komt hij in een rolstoel terecht.

De spanning tussen genetisch determinisme enerzijds en de invloed van omgevingsfactoren maar ook het toeval of het lot anderzijds, is een terugkerend thema waarover in relatie tot de genetica veel is geschreven en gesproken. Biedt kennis over ons genetisch profiel de mogelijkheid om onze toekomst te kennen, het leven te plannen en in eigen hand te nemen? Oftewel, is kennis macht, zoals Bacon ons voorhoudt? Of is het een illusie te denken dat we onze toekomst werkelijk kunnen kennen en ons leven in grote mate kunnen plannen, en doen we er misschien beter aan om het motto van John Lennon te volgen en ons te realiseren dat 'life is what happens to you while you're busy making other plans'?

Hoe realistisch is het om te denken dat sciencefictionverhalen zoals *Gattaca* werkelijkheid worden? Het is met name door de recente technologische ontwikkelingen op het gebied van genotyperingen en de daaruit volgende wetenschappelijke bevindingen dat scenario's van genetische maakbaarheid steeds realistischer lijken te worden. Hieronder proberen wij, door middel van een aantal stellingen, een antwoord te geven op de volgende vraag: blijft *Gattaca* een wereld van science*fiction* of zal er binnen afzienbare tijd sprake zijn van science-*friction*?

Eerste stelling
Menselijke eigenschappen zijn de uitkomst van genetische aanleg

Van veel menselijke eigenschappen en aandoeningen, zoals lichaamslengte, oogkleur, bloeddruk, intelligentie en depressie, weten we inmiddels dat deze in grote mate worden bepaald door genetische aanleg. Een hoge erfelijkheid van bijvoorbeeld lichaamslengte betekent dat verschillen tussen mensen in lichaamslengte grotendeels zijn te verklaren uit verschillen in genetische aanleg, en in mindere mate uit verschillen in omgevingsfactoren als voeding, financiële middelen of de aanwezigheid van sociale steun.

Om de erfelijkheid van menselijke eigenschappen en aandoeningen vast te stellen, zijn gegevens nodig van genetisch gerelateerde mensen, zoals (groot)ouders en (klein)kinderen, of ooms, tantes, neefjes en nichtjes. Er wordt dan gekeken of mensen die genetisch veel overeenkomsten hebben, ook fenotypisch – dat wil zeggen: wat lichaamskenmerken en gedrag betreft – op elkaar lijken. Een ideaal onderzoeksdesign om dit te onderzoeken is tweelingenonderzoek. Eeneiige tweelingen zijn genetisch zo goed als identiek; alle verschillen tussen twee leden van een eeneiig tweelingpaar kunnen dus niet worden toegeschreven aan genetische aanleg, maar worden veroorzaakt door verschillen in de omgeving tussen deze twee individuen. Wanneer eeneiige tweelingen meer op elkaar lijken voor een bepaalde eigenschap dan twee-eiige tweelingen, die gemiddeld de helft van hun genetisch materiaal delen, dan is dat een sterke aanwijzing dat deze eigenschap erfelijk bepaald is.

Tweelingenonderzoek heeft de afgelopen decennia een belangrijke bijdrage geleverd aan het in kaart brengen van de erfelijkheid van verschillende eigenschappen. We weten nu bijvoorbeeld dat lichaamslengte voor 80 procent erfelijk is, dat autisme in grote mate erfelijk is, en hetzelfde geldt voor intelligentie op volwassen leeftijd (met intelligentie wordt dan bedoeld de score op een IQ-test; we laten de discussie over wat 'intelligentie' precies is, hier gemakshalve buiten beschouwing). Zo'n hoge erfelijkheidsfactor betekent dat verschillen tussen mensen in lichaamslengte, autisme of intelligentie grotendeels zijn toe te schrijven aan verschillen in genetische aanleg.

Aan de andere kant betekent dit ook dat voor bijvoorbeeld intelligentie 20 procent van de verschillen tussen mensen kan worden toegeschreven aan verschillen in de omgeving.

Menselijke eigenschappen komen dus slechts gedeeltelijk voort uit genetische aanleg. Maar dat is zeker niet het hele verhaal; zelfs eeneiige tweelingen, die dus genetisch identiek zijn, vertonen grote verschillen in persoonlijkheid, intelligentie en ziekten of aandoeningen die zich bij hen manifesteren. Wat nu precies bepaalt wie wij zijn – hoe wij ons als persoonlijkheid ontwikkelen en hoe ons lichaam zich ontwikkelt – is grotendeels onbekend. Dit wordt niet alleen door de genen bepaald, maar ook door welke levenservaringen we opdoen, wat we eten, met welke stoffen we in aanraking komen, en ga zo maar door.

Tweede stelling
Erfelijke aandoeningen of eigenschappen worden veroorzaakt door één enkel gen

Zogenaamde 'simpele' of monogenetische aandoeningen zijn aandoeningen die door één enkel gen worden veroorzaakt. Dit is bij de meeste, veelvoorkomende aandoeningen niet het geval. De monogenetische aandoeningen zijn zeldzaam, zoals de ziekte van Huntington of cystische fibrose (taaislijmziekte). Genetische testen voor dergelijke aandoeningen die in grote mate erfelijk zijn bepaald, zijn relatief makkelijk uit te voeren.

De meeste aandoeningen, net zoals overigens de meeste eigenschappen, zijn echter 'complex' van aard en worden door meerdere genen veroorzaakt; anders gezegd, ze zijn multigenetisch. Elk van deze genen zorgt voor een klein effect. Vaak bestaat er ook nog interactie tussen deze genen onderling en tussen genetische varianten en omgevingsinvloeden; ze heten dan multifactorieel. Genetische testen waarmee de aanwezigheid van één gen wordt aangetoond hebben, in het geval van complexe aandoeningen of eigenschappen, nauwelijks voorspellende waarde en zijn daardoor weinig efficiënt voor testen of diagnostiek. Zo gaan de meeste genetici ervan uit dat ook in de toekomst weinig heil valt te verwachten van genetische testen voor complexe, multifactoriële genetische aandoeningen of eigenschappen. We weten dan wel dat bijvoorbeeld intelligentie voor 80 procent genetisch is bepaald, maar we weten nog lang niet welke stukken DNA en processen in iemands DNA daarvoor verantwoordelijk zijn.

Tegenwoordig wordt vermoed dat er heel veel genen zijn die allemaal een beetje van invloed zijn op intelligentie en cognitief functioneren. Daarnaast zijn er aanwijzingen dat de genetische aanleg voor cognitief functioneren in sterke mate interacteert met omgevingsfactoren. Het is onmogelijk om op grond van genetische aanleg een voorspelling te doen over de expressie van genen wanneer deze afhangt van de omgeving. Het is dus reëel om grote vraagtekens te zetten bij de vraag of het ooit mogelijk wordt om in een *Gattaca*-achtige samenleving embryo's of baby's te selecteren op basis van een genetisch profiel dat succesvol intelligentie voorspelt.

Derde stelling
Als een eigenschap in sterke mate erfelijk is en je bent genetisch belast, dan 'kun je er niets aan doen'

Een vaak gehoorde uitspraak van mensen die roken of drinken of bijvoorbeeld gokken, is: 'Ik wil wel stoppen, maar het zit in mijn genen, ik kan er niks aan doen.' Het is inderdaad zo dat de mate waarin mensen verslaafd raken aan bijvoorbeeld nicotine, in grote mate erfelijk bepaald is. Dit betekent echter zeker niet dat iemand niet meer in staat zou zijn te stoppen met roken (dan wel met drinken of gokken).

Engelse onderzoekers beschreven eind jaren negentig al dat mensen die te horen hadden gekregen dat zij een genetische aanleg voor hart- en vaatziekte hadden en er dus meer dan wie ook bij gebaat waren om te stoppen met roken, juist een fatalistische houding aannamen. Betrokkenen hadden het gevoel dat het er toch niet meer toe deed want het zat nu eenmaal in hun genen en rookten meer dan ooit tevoren. Terwijl de artsen deze mensen wilden waarschuwen en wijzen op het individuele belang dat zij hadden bij preventieve maatregelen (stoppen met roken), interpreteerden de betrokkenen de boodschap als een definitieve onheilstijding. Ook in *Gattaca* treffen we deze reactie aan. Vincents risico op een hartafwijking wordt door zijn omgeving niet zozeer beschouwd als een verhoogde kans op het ontwikkelen van een aandoening, als wel als een vaststaand feit.

Het *risico* op een aandoening als gevolg van een genetische belasting wordt aldus vaak ten onrechte vertaald in de *zekerheid* dat deze zich daadwerkelijk zal openbaren. Maar risico's drukken enkel een kans uit en in veel gevallen is deze kans te beïnvloeden, bijvoorbeeld door aanpassingen in leefstijl of gedrag (een belangrijke omgevingsfactor). Discipline en doorzettingsvermogen spelen hierbij een belangrijke rol. Een van de bekendste voorbeelden is de ziekte fenylketonurie, ook wel PKU genoemd. PKU is een erfelijke stofwisselingsziekte waarbij het enzym dat normaal fenylalanine afbreekt, afwezig is. Hierdoor hoopt fenylalanine zich op in het lichaam en kan daarmee zenuwcellen beschadigen. Uiteindelijk leidt dit tot hersenbeschadiging, cognitief disfunctioneren, huidproblemen en gedragsproblemen. PKU wordt veroorzaakt door een defect in één enkel gen, dat verantwoordelijk is voor de aanmaak van het enzym dat fenylalanine afbreekt. Dit genetische defect kan met een simpele genetische test worden opgespoord. Deze test wordt sinds 1974 in Nederland standaard uitgevoerd bij alle pasgeborenen door middel van het hielprikje.

Hoewel de oorzaak van deze ziekte volledig genetisch is, kan het wel of niet tot uiting komen van de ziekte sterk worden beïnvloed. Door een strikt dieet te volgen dat weinig eiwitten bevat, wordt voorkomen dat fenylalanine zich ophoopt in het lichaam. Ook als de ziekte eenmaal is opgetreden, kan door het volgen van een aangepast dieet met weinig eiwitten eventuele hersenbeschadiging tot een minimum worden beperkt.

Wie genetisch belast is voor een bepaalde aandoening heeft dus weliswaar een verhoogde *kans* maar meestal geen *garantie* op het ontwikkelen van deze aandoening. Het uiteindelijke optreden van een aandoening is mede afhankelijk van factoren in de omgeving, en soms zelfs van de interactie tussen de genetische aanleg en de omgeving.

Vierde stelling
Een maatschappij die uitgaat van genetische selectie is een ideale maatschappij

In *Gattaca* wordt de genetische aanleg van toekomstige generaties bepaald door middel van genetische selectie: de optimale combinatie van de genen van beide ouders. Dit lijkt misschien een beschrijving van een nog niet gerealiseerde toekomst, maar is realistischer dan op het eerste gezicht misschien lijkt.

Op het idee van genetische selectie heeft lange tijd een taboe gerust omdat het doet denken aan de nazipraktijken tijdens de Tweede Wereldoorlog en het eugenetische programma van Adolf Hitler. In deze historische voorbeelden stond dwang centraal en ontbrak het aan keuzevrijheid voor degenen die de selectie ondergingen. Tegenwoordig is het aan individuen en (toekomstige) ouderparen om zelf een keuze te maken als het gaat om genetische selectie. In Nederland is vanaf het begin van de jaren zeventig, met de introductie van de prenatale diagnostiek, genetische selectie voor ernstige en onbehandelbare aandoeningen gaandeweg een geaccepteerde praktijk geworden. Screening op het syndroom van Down of een zogenaamd open ruggetje (anencefalie) gebeurt in Nederland op grote schaal. De technologische mogelijkheden op dit gebied nemen in snel tempo toe. Daarmee verschuift ook wat wij als maatschappij aanvaardbaar achten en als routineonderzoek aanbieden aan zwangere vrouwen.

Een interessant voorbeeld van een weliswaar allesbehalve routineaanbod is de recente discussie over pre-implantatie genetische diagnostiek (PGD). PGD wordt al enige jaren toegepast voor een beperkt aantal zeer ernstige, onbehandelbare aandoeningen als diagnostiek binnen families met een hoog risico. Door gebruik te maken van ivf wordt buiten de baarmoeder een aantal eicellen en zaadcellen versmolten om diverse embryo's te creëren. Wanneer de cellen zich beginnen te delen, wordt vervolgens één cel verwijderd voor genetisch onderzoek. Alleen niet-aangedane embryo's worden vervolgens teruggeplaatst in de baarmoeder.

In het voorjaar van 2008 ontstond in Haagse kringen en in de media een heftige discussie met als inzet de vraag of PGD ook voor erfelijke vormen van borstkanker toegepast mocht worden. De discussie rondom erfelijke borstkanker richtte zich specifiek op drie punten: (1) het is niet zeker dat vrouwen met een verhoogd risico de ziekte ook zullen krijgen, dit risico varieert van 40 tot 85 procent; (2) erfelijke borstkanker kan als behandelbaar worden beschouwd, onder andere omdat vrouwen de mogelijkheid hebben om preventief beide borsten te laten verwijderen; en (3) de ziekte openbaart zich pas op latere leeftijd, waardoor vrouwen lange tijd in goede gezondheid kunnen leven. Moet het mogelijk zijn om het risico op deze ziekte via PGD te kunnen selecteren?

Tien jaar eerder, eind jaren negentig, toen nog maar net bekend was welke genen verantwoordelijk zijn voor het ontstaan van erfelijke borstkanker, heerste er brede consensus onder genetici en andere professionals betrokken bij genetische counseling. Genetische selectie vóór de geboorte zou alleen in uitzonderlijke gevallen moeten worden toegepast. Maar in het debat dat zich in 2008 ontspon rondom PGD bleek dat de meerderheid van professionals, publiek en betrokken families geen problemen had met genetische selectie voor de geboorte. Weerstand hiertegen werd algauw toegeschreven aan een minderheid van fundamenteel-christelijke organisaties en individuen.

Dit roept onmiskenbaar de vraag op of er grenzen zijn aan de (uitbreiding)mogelijkheden. Zullen we straks bijvoorbeeld ook op intelligentie testen, zoals in *Gattaca* wordt voorgespiegeld? Veel mensen denken dat het vinden van genen voor intelligentie zou kunnen leiden tot het in vitro of prenataal screenen van embryo's op deze genen en dus tot genetische selectie. Wij denken eerlijk gezegd niet dat zoiets ooit mogelijk zal zijn voor intelligentie, met name omdat intelligentie door heel veel verschillende genen én omgevingsfactoren wordt beïnvloed. Belangrijker nog in dit verband is de vraag of een hoge intelligentie gewenster is dan gemiddelde of lage intelligentie. Intelligentie associëren we doorgaans met een grote kans op succes en, hiervan afgeleid, op geluk. Maar worden mensen er ook echt gelukkiger van? Dat blijkt niet altijd het geval te zijn; uit onderzoek is gebleken dat intelligente mensen net zo (on)gelukkig zijn als minder intelligente mensen. Bovendien heeft intelligentie, anders dan ziekten of aandoeningen, ook iets van een relatieve, competitieve eigenschap; als we allemaal intelligenter worden, is het de vraag of we daar iets mee opschieten. De kans op maatschappelijk succes zal er immers niet door toenemen.

Maar stel nu dat we het met zijn allen eens zouden kunnen worden over de vraag wat de meest wenselijke eigenschappen zijn en stel vervolgens dat we door middel van genetische manipulatie (het aan- of uitzetten van genen) in staat zouden zijn ervoor te zorgen dat de volgende generatie nooit meer ziek is, buitengewoon intelligent is, een goed, sportief uiterlijk heeft, en erg geduldig en invoelend is. In dat geval zou er weinig variatie zijn op die eigenschappen (iedereen is immers genetisch geselecteerd of zelfs gemanipuleerd op deze eigenschappen). De maatschappij zou dan toch wel een beetje saai worden! In het ruimtestation van *Gattaca* zien we een dergelijke eenheidsworst feitelijk al ontstaan. De toekomstige astronauten vertonen weinig variëteit in uiterlijk, IQ en gedrag.

Een veel groter probleem is wellicht dat door het gebrek aan variatie iedereen naar verwachting dezelfde ambities en capaciteiten zal hebben. We willen dan bijvoorbeeld allemaal manager worden van een groot bedrijf, maar er is niemand meer die voor ons wil werken. In dat geval zullen we selectief moeten zijn en voor sommige mensen juist die genen aanzetten die te maken hebben met goed leiderschap (de managers), en bij andere mensen juist die genen die ervoor zorgen dat men graag opdrachten van anderen uitvoert (het personeel). En wie bepaalt dan op welke gronden welke embryo's voorgeselecteerd worden voor welke plek in een organisatie (of de maatschappij)?

Daarmee stippen we meteen al een grote vrees van elk eugeneticaprogramma aan: wie heeft er toegang tot de mogelijkheden van genetische selectie en manipulatie? Het zal niet gaan om goedkope ingrepen, dus gevreesd kan worden dat alleen de rijkere mensen toegang zullen hebben tot de technieken.

Is genetische maakbaarheid van de mens in de toekomst mogelijk?

Zoals te lezen is in het voorafgaande hebben we alle vier stellingen weerlegd. Het korte antwoord op de vraag of de genetische maakbaarheid van de mens in de toekomst mogelijk is, is dan ook nee. Enige nuancering is hier echter op zijn plaats.

Zoals we hiervoor hebben benoemd, zijn er een paar uitzonderlijke situaties waarin wel degelijk sprake is van 'genetische maakbaarheid'. Wanneer een ziekte (of andere eigenschap) 100 procent erfelijk is bepaald en volledig wordt beïnvloed door slechts één gen, is het mogelijk om met een genetische test te bepalen of iemand wel of niet ziek zal worden. In dat geval is het mogelijk om de juiste voorzorgsmaatregelen te nemen met betrekking tot levensstijl of therapie. Dat is in de regel veel simpeler dan genetische manipulatie van dat gen. Hetzelfde geldt wanneer een eigenschap 100 procent wordt verklaard door omgevingsfactoren en wordt veroorzaakt door één specifieke factor in de omgeving (bijvoorbeeld het ondergaan van radioactieve straling en de kans op kanker). In dat geval kan deze omgeving maar beter vermeden worden.

Zowel genetische factoren als omgevingsfactoren dragen dus bij aan (de maakbaarheid van) de mens. Voorwaarde is wel dat deze factoren en de wijze waarop de verschillende factoren met elkaar samenhangen (en interacteren) bekend zijn.

Voor de meeste eigenschappen die we kennen, blijkt dat niet één genetische of omgevingsfactor van belang is, maar een heleboel factoren. Dan wordt het al een stuk lastiger om de mens op basis van genetische factoren als *maakbaar* te bezien. Door die complexe relatie tussen genen en omgeving is de genetische maakbaarheid van de mens uiteindelijk beperkt. De mens is, ook vanuit genetisch perspectief, een complex fenomeen. De mens is enerzijds het product van zijn genen, maar anderzijds ook van de omgeving waarin hij of zij, vanaf de conceptie tot aan zijn dood, zich beweegt en leeft. De mens wordt gevormd door de prikkels en stimulansen die hem of haar daarin al dan niet worden aangeboden. Die interactie tussen genetische aanleg en omgevingsfactoren is niet te sturen en in grote mate zelfs onvoorspelbaar te noemen. Zeker voor een eigenschap als intelligentie, waaraan naar verwachting meerdere genen ten grondslag liggen in interactie met omgevingsfactoren, ligt het niet voor de hand dat er ooit een voorspellende prenatale test wordt ontwikkeld.

Conclusie

Dit boek gaat over de maakbare mens, een verschijnsel dat in de eenentwintigste eeuw steeds meer aan onze realiteit raakt. Het vakgebied van de genetica heeft daar zeker aan bijgedragen en is bijvoorbeeld van belang geweest bij het ontwikkelen van genetische screeningtesten voor zeldzame, monogenetische aandoeningen. De toepassing van genetische screening of zelfs genetische manipulatie in de dagelijkse praktijk voor eigenschappen als persoonlijkheid, intelligentie of uiterlijke kenmerken is vooralsnog onmogelijk, en vermoedelijk zal dat ook op de langere termijn zo blijven. De maakbaarheid van dit soort eigenschappen ligt toch grotendeels in de omgeving of in het individu zelf. En daarmee zijn we weer terug bij

Gattaca: genetische aanleg duidt slechts een kans of aanleg aan. Of een eigenschap wel of niet tot uiting komt hangt van nog veel meer andere factoren af, zoals doorzettingsvermogen, persoonlijkheid, en brute pech of dom geluk.

6

Gulliver moet opnieuw op reis: biowetenschap en het maakbare leven

Annemiek Nelis en Hub Zwart

Gullivers reis naar Laputa

De reizen van Lemuel Gulliver in *Gulliver's Travels* naar het land van de dwergen en dat van de reuzen zijn wereldberoemd. Minder bekend zijn de beide andere reisverhalen uit dit boek, naar het land van de wetenschappers en dat van de paarden. In 'Voyage to Laputa' beschrijft Jonathan Swift (1667-1745) het bezoek van Gulliver aan de Academie van Lagado, op het geleerdeneiland Laputa.

'Voyage to Laputa' is een parodie op een zeer invloedrijk boek, *The New Atlantis* van de grootkanselier van Groot-Brittannië Francis Bacon (1561-1626), waarin een lans wordt gebroken voor grootschalig wetenschappelijk onderzoek op kosten van de overheid. Bacon beschrijft een wetenschappelijk onderzoeksinstituut dat zich bevindt op een onbekend eiland, het nieuwe Atlantis. Dit is een ideale gemeenschap van wetenschappers, een soort wetenschappelijk klooster, een academische utopie.

Bacons boek is in de vorm van een reisverhaal geschreven, maar bevat ook belangrijke voorstellen voor de organisatie van wetenschappelijk onderzoek. De overheid is een actieve partner in het organiseren en financieren van wetenschappelijk onderzoek. Het onderzoeksinstituut waar de onderzoekers zijn ondergebracht, Salomon's House genaamd, wordt gedetailleerd beschreven. De wetenschappers in het boek van

Bacon worden aangeduid als *fellows* en er is sprake van een efficiënte arbeidsdeling: *Merchants* verzamelen boeken en instrumenten, *Pioneers* ontwerpen nieuwe experimenten, *Compilers* geven de resultaten van experimenten weer in tabellen, *Benefactors* denken na over praktische toepassingen van onderzoeksresultaten in maatschappelijke praktijken, *Inoculators* voeren de experimenten uit en *Interpreters* interpreteren de resultaten in de vorm van 'aforismen'.

Bacons boek is van grote invloed geweest op de totstandkoming van de Royal Society, waarvan de leden eveneens worden aangeduid als 'fellows'. Het is uitgerekend de Royal Society te Londen, waar op dat moment de grondslag wordt gelegd voor de experimentele methode in de natuurwetenschappen, die Swift belachelijk maakt in 'Voyage to Laputa'. Swift hekelt de wijze van wetenschap bedrijven die Bacon lijkt voor te staan. Het zijn in het bijzonder de resultaten van het wetenschappelijk onderzoek, de vraag hoe bruikbaar of nuttig deze zijn, waarop Swift het heeft gemunt. Hij beschrijft ontmoetingen en gesprekken met wereldvreemde en onverzorgde onderzoekers ('projectors') die in een immens laboratoriumcomplex van ruim vijfhonderd werkkamers aan bespottelijke vraagstukken en projecten werken. Voor de argeloze bezoeker – Lemuel Gulliver – lijkt hun onderzoek elke praktische relevantie te ontberen. Zij demonstreren hun 'contrivances' (technische instrumenten) en verzekeren bezoekers dat ze op het punt staan wereldschokkende ontdekkingen te doen, mits de buitenwereld maar bereid is extra financiële middelen te verschaffen...

De benadering die Bacon voorstond – het op grote schaal financieren van wetenschappelijk onderzoek door de staat – werd door Swift bespot als het financieren van de hobby's van wereldvreemde wetenschappers. Vandaag de dag is overheidsfinanciering voor wetenschap nauwelijks omstreden en draagt veel wetenschap bij aan belangrijke economische en maatschappelijke ontwikkelingen. Het onderscheid tussen fundamenteel en toepassingsgericht onderzoek is steeds minder relevant geworden. Hedendaags wetenschappelijk onderzoek, aldus Helga Nowotny, is vrijwel altijd toepassingsgericht en vindt vrijwel altijd plaats in wat zij noemt 'de context van het gebruik'. Wetenschappelijke vraagstukken zijn vrijwel altijd verbonden met maatschappelijke toepassingen en worden al in een vroeg stadium geformuleerd in dialoog met mogelijke gebruikers.

Wat niet veranderd is ten opzichte van de wereld die Gulliver, en in mindere mate Bacon, beschrijft, is de grootschaligheid van veel wetenschappelijk onderzoek. Dit wordt steeds vaker uitgevoerd door onderzoeksconsortia waarin meerdere onderzoeksgroepen, instellingen – universiteiten en bedrijven – en landen participeren.

In dit artikel bespreken we een voorbeeld van grootschalig onderzoek waarin fundamentele vragen nadrukkelijk verbonden zijn met maatschappelijke toepassingen. Onderwerp van dit artikel zijn nieuwe (bio)materialen en de vraag of het mogelijk is om op termijn uit deze materialen nieuw leven te genereren. Biomaterialen zijn materialen die worden vervaardigd uit plantaardig of microbieel materiaal. Steeds vaker wordt hierbij gebruikgemaakt van moleculaire kennis en technieken. De basis voor dit hoofdstuk vormt een aantal gesprekken met Jan van Hest, hoogleraar bio-organische chemie aan de Radboud Universiteit Nijmegen en lid van De Jonge Akademie van de KNAW.

Biomaterialen

Het onderzoek van Jan van Hest richt zich op de productie van nieuwe materialen. Hij is daarbij in het bijzonder geïnteresseerd in biomaterialen. Deze ontstaan door de combinatie van biologie en chemie. Tot dusver werden nieuwe materialen voornamelijk vervaardigd uit grondstoffen als aardgas en olie. Plastics zijn hier een goed voorbeeld van. In de regel zijn deze plastics en andere synthetische materialen slecht afbreekbaar. Hoewel ze voor tal van doeleinden uitermate nuttig kunnen zijn, is het contrast met materialen die de natuur zelf weet te vervaardigen buitengewoon groot. Materialen in de natuur zijn niet alleen goed afbreekbaar, ze zijn vaak ook sterk, flexibel, soepel, duurzaam en ze herstellen zichzelf. In vergelijking met wat de natuur voortbrengt, heeft de mens met zijn verfijnde assemblagetechnieken nog altijd een grote achterstand.

Van Hest en zijn collega's putten hun inspiratie rechtstreeks uit de natuur. Kenmerkend voor biosynthetische materialen is dat de natuur ons grote voorbeeld is geworden en dat onderzoekers in toenemende mate de hulp inschakelen van micro-organismen. Door het gebruik van recombinant-DNA-technieken is het mogelijk om in het laboratorium natuurlijke stoffen, zoals menselijk insuline of menselijk groeihormoon, na te maken. Nu al worden micro-organismen ingezet om insuline te produceren, maar in theorie zou het mogelijk moeten zijn om ook een breed scala aan andere biologisch actieve substanties kunstmatig aan te maken, zoals medicijnen op basis van eiwitten.

Wanneer de volgorde van het DNA van een stof is vastgesteld, en dus bekend is welke aminozuren in een stof als groeihormoon aanwezig zijn, wordt getracht om deze volgorde in het lab te repliceren. Hiermee worden vervolgens synthetische DNA-strengen verkregen. Door in synthetisch DNA kleine veranderingen aan te brengen ten opzichte van het originele DNA ('puntmutaties') kunnen in micro-organismen nieuwe eiwitmoleculen worden vervaardigd. Op deze wijze worden bijvoorbeeld geneesmiddelen gemaakt.

In het voorbeeld van insuline en groeihormoon wordt de

natuur *geïmiteerd*. Moleculaire biologie werd in eerste instantie vooral ingezet om eiwitten na te maken. De laatste jaren dringt het besef door dat ook veel natuurlijke materialen uit eiwitten bestaan en dat deze met behulp van moleculaire technieken in het lab te creëren en te manipuleren zijn. De natuur kan echter ook als inspiratiebron dienen om *nieuwe* materialen te ontwikkelen die zijn geïnspireerd op bestaande materialen. Het biosynthetisch materiaal waar Van Hest aan werkt, biedt de mogelijkheid om op deze wijze complexe en geraffineerde producten te maken, vooral op micro- en op nanoschaal.

Een van de voornaamste onderzoeksobjecten van Van Hest is spinrag. Hoewel dit sommigen van ons misschien wat vreemd in de oren klinkt, had ook Gulliver in de achttiende eeuw al bedacht dat spinrag een ideaal modelorganisme is. Tijdens zijn rondzwevingen op het laboratoriumcomplex op het eiland Laputa treft Gulliver in een van de vele onderzoekskamers iemand aan die de structuur van spinnenwebben onderzoekt.

> I went into another room, where the walls and ceiling were all hung round with cobwebs, except a narrow passage for the artist to go in and out. At my entrance he called aloud to me not to disturb his webs. He lamented the fatal mistake the world had been so long in of using silkworms, while we had such plenty of domestic insects, who infinitely excelled the former, because they understood how to weave as well as spin. And he proposed farther, that by employing spiders, the charge of dyeing silks would be wholly saved, whereof I was fully convinced when he showed me a vast number of flies most beautifully coloured, wherewith he fed his spiders... [he hoped] to find proper food for the flies, of certain gums, oils, and other glutinous matter to give a certain strength and consistence to the threads. (Swift 1726/1967, p. 225)

Spinrag, zo vertelt de onderzoeker Gulliver, is uniek materiaal: licht, plooibaar en sterk. Tot dusver hebben we verzuimd van dergelijke materialen gebruik te maken, aldus de onderzoeker. In zijn experiment wil hij via een omweg de eigenschappen van spinrag modificeren, te beginnen bij de kleur. Spinnen vangen vliegen, die zij vervolgens leegzuigen. Door in zijn experiment een groep spinnen gekleurde insecten aan te bieden tracht hij proefondervindelijk vast te stellen of het mogelijk is om de kleur van het spinzijde te beïnvloeden.

Het onderzoek naar spinrag wordt door Swift gebruikt ter illustratie van het absurde karakter van de wetenschappelijke experimenten die aan de academie van Laputa worden uitgevoerd. Anno nu is dit onderzoek echter niet langer absurdistisch; het is realiteit geworden. Dergelijk onderzoek laat zich nog maar moeilijk ridiculiseren. Integendeel, het heeft zich in korte tijd ontwikkeld tot een van de belangwekkendste onderzoeksgebieden van dit moment, zowel vanuit wetenschappelijk als vanuit maatschappelijk perspectief. Van Hest benadrukt evenals de onderzoeker in Laputa het unieke karakter van spinrag: 'We hebben dit materiaal van oudsher ernstig verwaarloosd, als afval letterlijk ter zijde geschoven – ten onrechte. Eigenlijk zouden we jaloers moeten zijn op de spin, die iets maakt wat wij niet of nauwelijks kunnen nabootsen, maar wel heel goed zouden kunnen gebruiken. Spinrag is zowel sterk als taai – het is niet gemakkelijk te breken en veert evenmin alle kanten op. Deze eigenschappen maken spinrag uniek.'

In vergelijking met natuurlijke materialen als spinrag, of meer in het algemeen eiwitachtige vezels, zijn de kunstmatige stoffen die mensen produceren, zoals plastics, uitermate primitief te noemen, althans op microniveau. De micro-organisatie van kunststoffen die we in het verleden hebben ontwikkeld, is betrekkelijk eenvoudig. De organisatie van eiwitten is daarentegen veel geavanceerder. Door beter inzicht in hun structuur ontstaan tal van mogelijkheden om nieuwe materialen met bijzondere eigenschappen te ontwikkelen of om bestaande materialen te verbeteren. Een andere belangrijke eigenschap van biomaterialen is dat ze afbreekbaar zijn. Dat is niet alleen om milieuhygiënische redenen relevant, maar kan ook van belang zijn voor biomedische toepassingen. Hechtdraad dat biologisch afbreekbaar is en gewoon in het lichaam kan blijven zitten, is bijvoorbeeld veel makkelijker in het gebruik dan synthetisch materiaal dat na verloop van tijd weer moet worden verwijderd.

De afgelopen jaren is de biologische structuur van spinrag nauwkeurig onderzocht. Wat Van Hest en zijn collega's interesseert, is de productie van een 'biosynthetisch' spinrag: een nieuw materiaal dat lijkt op het natuurlijk voorkomende spinrag, maar dan door middel van biologische en chemische technieken vervaardigd. Biosynthetisch spinrag zou een vereenvoudigd, maar technisch reproduceerbaar surrogaat zijn van spinrag zoals dat in de natuur wordt aangetroffen. 'Het geheim van biomaterialen is hun rangschikking op moleculair niveau. Juist in dit opzicht willen hedendaagse onderzoekers de natuur nauwlettender volgen, bijvoorbeeld door – in plaats van spinnen – E. colibacteriën in te zetten die nieuwe constellaties van aminozuren kunnen fabriceren.' Hiermee worden nieuwe synthetische polymeren gegenereerd die op nanoniveau, in vergelijking met klassieke synthetische methoden, op een unieke manier zijn gerangschikt.

Het zou te ver gaan om te claimen dat we de natuur zouden kunnen evenaren door materialen te produceren die identiek zijn aan natuurlijke materialen, aldus Van Hest. Veeleer is het de bedoeling van de natuur te leren door 'analoge' materialen te produceren. Dit gebeurt onder meer door het gedeeltelijk imiteren van natuurlijke processen. 'De essentie neem ik eruit. Wat ik nog niet begrijp, vervang ik door synthetisch materiaal.' Het huidige onderzoek richt zich op het ontwikkelen van materiaal dat een aantal kenmerken vertoont van spinrag. 'Zelfs dat zou al een belangrijke stap voorwaarts betekenen in onze speurtocht naar producten die sterker, soepeler en natuurvriendelijker – oftewel bio-afbreekbaar – zijn.' In het geval van spinrag bijvoorbeeld hebben onderzoekers ontdekt dat dit bestaat uit draden van moleculaire grootte. Voor biomedische toepassingen is het van belang dat we meer controle krijgen over de organisatie van materialen op microniveau. Door materialen te ontwikkelen waaraan zich specifieke eiwitten hechten, kunnen bijvoorbeeld biosensoren worden vervaardigd. De eiwitten zijn als plaatjes achter elkaar gestapeld in het spinrag. Hierdoor is zowel geleiding als kristallisatie mogelijk. De groep van Van Hest richt zich momenteel op twee eiwitten: een eiwit dat verantwoordelijk is voor de *elasticiteit* van weefsel, en een eiwit dat verantwoordelijk is voor de *sterkte* van het zijde, waardoor het niet snel breekt. Beide eiwitten zijn relatief eenvoudig van structuur.

De toepassingsmogelijkheden voor het synthetische spinrag en andere biomaterialen verwacht Van Hest vooral te vinden in het biomedische domein. In de medische context geldt dat vooral de effectiviteit van materialen, en niet zozeer de kostprijs, van belang is. Een mogelijke toepassing voor het materiaal zijn spinragachtige weefsels waarmee chirurgen in de toekomst – zonder littekens achter te laten – wonden kunnen dichten of brandwonden kunnen genezen. 'Deze toepassing vormt een belangrijke uitdaging voor dit type onderzoek. Ook "weefselkweek" [*tissue engineering*] behoort tot de opties. Hiermee zou bijvoorbeeld in het geval van schisis [hazenlip, gespleten verhemelte] zonder littekens het gehemelte kunnen worden gedicht of, bij aangeboren hartafwijkingen, een nieuwe hartklep kunnen worden gekweekt.'

Nanofabriekjes in de cel

Ook 'smart drug delivery' behoort tot de mogelijke toepassingen van het hedendaagse materiaalonderzoek. Met behulp van nanotechnologie – dat wil zeggen: op supramoleculaire schaal – worden capsules ontwikkeld die stoffen door het lichaam 'transporteren'. Hierdoor kunnen medicijnen maar ook genen naar specifieke plaatsen in het lichaam worden gebracht. In het eerste geval wordt gesproken van eiwittherapie, in het tweede geval van gentherapie. Van Hest richt zich vooral op eiwittherapie. 'Liposomen bijvoorbeeld – holle vetbolletjes – worden ook nu al vaak gebruikt als transportmiddel voor het afleveren van geneesmiddelen, bijvoorbeeld geneesmiddelen tegen kanker. Om ervoor te zorgen dat het immuunsysteem bepaalde moleculen niet aanziet voor vijandelijke binnendringers – en dus afstoot en tracht op te ruimen – worden ze verpakt in een biosynthetische capsule ["cloaking"]. Deze capsule is bekleed met moleculen die op zoek gaan naar bepaalde cellen ["targeting device"]. Alleen wanneer ze deze cellen gevonden hebben, wordt de inhoud vrijgegeven en worden de moleculen actief.' Op den duur is het de bedoeling dat de capsule wordt gemaakt uit natuurlijke materialen – biosynthetisch – zodat het lichaam deze zelf ook weer afbreekt. Op die manier wordt het risico op bijwerkingen of afstoting minimaal.

'Momenteel werken we veel aan nanocapsules. Die capsules hebben we beladen met allerlei enzymen waarmee we in de cel een aantal reacties uitlokken. Waar ik nu geïnteresseerd in ben, is om die capsules in een cel te krijgen en om een kunstmatig organel te maken.' De menselijke cel is te beschouwen als een ingewikkelde werkplaats waar enzymen (de 'arbeiders' van de natuurlijke synthese) uit grondstoffen als aminozuren, suikers, nucleïnezuren en lipiden onophoudelijk de meest uiteenlopende biomaterialen produceren.

Het creëren van een kunstmatige organel richt zich op een deel van de cel. Binnen de cel bestaat een groot aantal 'kamers', waar verschillende processen plaatsvinden. Er zijn kamers waar energie wordt gemaakt, de mitochondriën; er is een kamer waar de genetische informatie is opgeslagen, de kern; en er zijn kamers waar overbodige eiwitten worden afgebroken en dus het afval wordt opgeruimd. Voor deze laatste kamer geldt dat die goed gescheiden moet zijn van de andere delen van het huis – de rest van de cel – omdat ze anders verstorend werken en bijvoorbeeld de hele cel afbreken. Door binnen een cel één specifieke kamer van eiwitten te voorzien is het mogelijk om nieuwe functies toe te voegen aan een cel, dan wel functies te herstellen binnen een cel. 'Wij hebben een capsule gemaakt die vergelijkbaar is met de afmeting van één zo'n kamer of organel. Die capsule hebben we zo gemaakt dat wij iets in het organel kunnen insluiten, maar de capsule kan wel communiceren met de rest van de kamers. Zo kunnen er kleine moleculen naar binnen en naar buiten.'

Met het onderzoek naar nanocapsules hoopt Van Hest onder meer een bijdrage te leveren aan het ontwikkelen van een therapie voor stofwisselingsziekten. Er zijn enkele honderden stofwisselingsziekten bekend. Deze ziekten worden vaak veroorzaakt door het niet of onvoldoende afbreken van één enkele stof in het lichaam. Als gevolg hiervan hoopt een stof zich op, en dat heeft vervolgens allerlei nadelige gevolgen. Vaak is er slechts één enzym nodig om het stofje wel af te breken. Hierdoor kunnen vaak ernstige ziekteverschijnselen worden verholpen.

De toepassing van synthetisch ontwikkelde nanocapsules is nog lang niet geschikt voor klinische toepassing. Een van de vraagstukken die opgelost moeten worden, is de regulering. Hoe zorg je ervoor dat er noch te veel, noch te weinig wordt afgebroken? Van Hest stelt: 'Je moet er wel voor zorgen dat er een reguleringsmechanisme komt. Je kunt wel een stofje omzetten, maar als je daar geen rem op kunt zetten, kan het ook misgaan.' Daarnaast geldt dat eiwitten in de cel snel afgebroken kunnen worden en daardoor snel hun functie verliezen. In tegenstelling tot gentherapie – waarvan men hoopt dat op den duur genen blijvend veranderd kunnen worden – heeft eiwittherapie vooralsnog een kortstondig effect. Door een capsule te gebruiken hopen Van Hest en zijn collega's dit effect wat langer vast te houden.

Leven maken

Op dit moment werken Van Hest en zijn collega's zoals gezegd aan een synthetisch orgaan. Op den duur hopen zij dit onderzoek uit te breiden naar andere delen van de cel. 'Zo gaan wij langzaam uitbouwen. Wij proberen de kamers na te bootsen. Misschien kunnen wij straks die verschillende kamers bij elkaar groeperen en creëren we daarmee een groter geheel en wellicht daarmee zelfs een werkend iets.' In het ideale geval wordt de kamerwand – de celwand – die nu nog synthetisch wordt vervaardigd, straks ook uit natuurlijke bouwstenen gemaakt. In dat geval wordt het misschien mogelijk voor de kamer om zichzelf te vermenigvuldigen en zal de behandeling van stofwisselingsziekten natuurlijker worden en tegelijk ook een langduriger effect kunnen bereiken.

Of biomaterialen in staat zullen zijn om zichzelf te vermenigvuldigen is vooralsnog de vraag. Deze vraag is gerelateerd aan een andere vraag die wetenschappers al lange tijd bezighoudt: is het mogelijk om synthetisch leven te creëren? Hoewel veel wetenschappers dit tien jaar geleden voor onmogelijk hielden, lijkt het nu toch dichterbij te komen. In 2008 hebben Amerikaanse onderzoekers voor het eerst een synthetische cel gemaakt. 'Het is nog heel primitief, maar het is in feite wat er ook gebeurt in de natuur. Je hebt een celwand met genetische informatie, die informatie wordt afgelezen en vervolgens gekopieerd, en daarna splitst de cel zich in twee delen en ontstaan er twee verschillende capsules. Dan ben je eigenlijk al heel dicht bij een zichzelf replicerend systeem en dus dicht in de buurt van synthetisch leven.'

Naast de benadering van chemici, die zich richt op het creëren van een synthetische cel, is er ook nog een tweede route, die van moleculaire wetenschappers, om tot synthetisch leven te komen. Deze benadering houdt in het maken van een synthetisch genoom. Het genoom is al het DNA van een organisme. Een belangrijke onderzoeker in dit veld is Craig Venter, die een grote rol speelde bij het ontrafelen van het DNA van de mens. Venter probeert er nu achter te komen wat het minimaal aantal genen is waarmee een bacterie nog kan overleven. Hiervoor worden bacteriële cellen ontdaan van alle genen die zij niet noodzakelijkerwijs nodig hebben. Dit 'minimale genoom' zou de basis – het chassis – kunnen zijn voor het bouwen van nieuwe cellen. Het chassis fungeert als gastsysteem om een kunstmatige genoom in te brengen. Het gastsysteem gaat vervolgens met het synthetische genoom aan de slag en produceert nieuwe dochtercellen, die een kopie bevatten van het synthetische genoom. De gedachte achter deze benadering is dat met het chassis genetische netwerken kunnen worden gebouwd, waarmee men op maat nieuwe genetische samenstellingen kan produceren. Het ultieme doel van Venter is om zogenaamde *biobricks* te bouwen, vergelijkbaar met legostenen, om eiwitten en moleculen te maken die van nature niet in cellen voorkomen.

De methode van Venter heeft volgens Van Hest grotere kans om als eerste nieuw leven te genereren dan de methode van de chemici. Reden hiervoor is onder meer dat Venter gebruikmaakt van bestaande bouwstenen, terwijl chemici proberen om uit niet-natuurlijke bouwstenen biobouwstenen oftewel levende bouwstenen te maken. Chemici trachten uit diverse onderdelen leven te produceren. 'Venter haalt alle overbodige informatie uit een bestaande bacterie en probeert vervolgens iets over te houden wat in leven kan blijven. Hij blijft daarmee heel dicht bij de natuurlijke processen. Je zou kunnen zeggen: je hebt al de hele computer klaarstaan, je moet alleen de chip inbrengen en die Intel-processor om de zaak op te starten. Dat is wat anders dan wanneer je zegt: ik heb hier allerlei losse componenten en ik ga daar nu een computer van maken.'

Het belang van synthetisch leven is groot en duidt op een aanzienlijke verandering in het denken over leven. Als het lukt om iets synthetisch te creëren uit iets wat van nature niet levend is, zal dat een doorbraak zijn die vergelijkbaar is met het werk van Friedrich Wöhler in de negentiende eeuw. Wöhler slaagde er als eerste in om een organisch molecuul te maken uit twee *niet*-organische verbindingen. Tot die tijd werd dit als onmogelijk beschouwd, omdat organische moleculen alleen uit de natuur geïsoleerd konden worden. Wöhler maakte ureum uit anorganische materialen. De synthetische vorm die hij produceerde, wordt gebruikt als meststof voor planten. Ureum is een afvalproduct bij de vertering van eiwitten dat wordt uitgescheiden door de nieren. Leek de natuur als enige in staat moleculen te maken, mensen konden dit ook zelf, zo bleek. Wöhler veroorzaakte met zijn werk een paradigmawisseling in de wetenschap, een radicale breuk met de denkwijze van destijds.

'Een vergelijkbare paradigmawisseling is te vinden bij Darwin, wiens werk ervoor zorgde dat de mens niet langer een aparte status in zou nemen in de biologie, maar onderdeel werd van het systeem van levende wezens. Zoiets verandert het wereldbeeld van wetenschappers dramatisch, en zo is het hier ook. Als blijkt dat wetenschappers in staat zijn om kunstmatig leven te maken, dan breekt dit in feite door allerlei religieuze en filosofische barrières heen. Want het principe van het maken van leven is tot nu toe voorbehouden aan de natuur. Alleen de natuur kan dat, wij kunnen dat niet.'

Of er daadwerkelijk sprake zal zijn van een paradigmawisseling moet nog blijken, maar de verwachtingen zijn hooggespannen. Daarbij doemt tevens een nieuwe vraag op: wanneer is er precies sprake van leven? Een manier om leven te definiëren is om te kijken naar de mate waarin een organisme – of wellicht een verzameling moleculen – in staat is om de basisfunctie van leven te vervullen: zichzelf in stand houden. Dit gebeurt enerzijds door het opnemen van energie en voedsel, en anderzijds door zichzelf te vermenigvuldigen. Kortom, wat leeft zorgt ervoor dat het blijft voortbestaan.

De ontwikkeling van een synthetische cel en de opkomst van synthetische biologie heeft de definitie van 'leven' aangescherpt, vindt Van Hest. Behalve energie, voeding en reproductie zouden we namelijk ook kunnen zeggen dat het pas echt interessant wordt als er een soort evolutionair proces ontstaat. Wanneer een systeem zichzelf verder ontwikkelt en niet enkel blijft delen maar zich aanpast aan de omgeving, is er wellicht pas echt sprake van nieuw leven. Venter is er bijvoorbeeld al wel in geslaagd om moleculen en eiwitten te produceren die van nature niet in cellen voorkomen. Zijn ze daarmee ook een vorm van nieuw leven? Eigenlijk niet, omdat het werk van Venter gebruikmaakt van bestaande moleculen, die hij weliswaar op een mooie manier manipuleert, maar die nog niet zelfstandig als systeem kunnen overleven, laat staan dat zij zich evolutionair aanpassen.

Daarmee is niet gezegd dat Venter binnen afzienbare tijd geen levend systeem heeft ontwikkeld dat wel aan deze eisen voldoet. Van Hest vermoedt dat er tussen nu en misschien twee decennia iemand in staat zal zijn om op onze planeet synthetisch leven te creëren. Dit betekent dat de mens het recht in handen neemt om zelf leven te maken uit bouwstenen die van nature niet levend zijn, aldus Van Hest. Dat zal een behoorlijke schok teweegbrengen. 'Leven is iets wat we toeschrijven aan de ziel of aan God. Dat komt allemaal op losse schroeven te staan. Als je een verzameling moleculen op een slimme manier bij elkaar brengt en dat leidt tot nieuw leven, zal dat een aardschok in ons denken veroorzaken.'

Mensen maken

Als het in de toekomst technisch mogelijk is om nieuw leven te maken, is het dan ook mogelijk om mensen te maken? Van Hest twijfelt of dit ooit zal kunnen. 'We kunnen straks misschien eencellige organismen maken of een nieuw microorganisme, maar de mens is veel en veel complexer. De informatie of de programmatuur die in de mens aanwezig is, of eigenlijk in elk meercellig organisme, is zo complex – dat kunnen wij niet doorgronden. En ik weet niet of wij dat ooit wel zullen kunnen. Maar ja, zeg nooit nooit.'

Wat Venter doet is pas het begin. Hij vervangt eigenlijk één onderdeel van een bestaand leven door de introductie van een kunstmatig genoom. Maar daarmee verander je slechts het genoom. Dit ligt nog ver af van de complexiteit van een heel organisme als de mens. Feitelijk, aldus Van Hest, gebruikt Venter de cel als een soort gastheer waar je enkel nog een softwareprogramma hoeft in te pluggen. Het enige wat we daarom kunnen proberen, is in eerste instantie het genoom zo klein mogelijk te maken, zodat we de complexiteit verminderen. Dit is het chassis oftewel het minimale genoom van Venter. Ten tweede kunnen we gebruikmaken van bestaande genomen. Deze worden door wetenschappers op verschillende manieren gecombineerd. Klonen is in dit opzicht een belangrijke techniek, en een die – voor het schaap Dolly in ieder geval – haar effectiviteit heeft bewezen.

Volgens George Whitesides, de meest geciteerde chemicus

ter wereld, is het moeilijk om vast te stellen wat nu precies leven is. Dit is een dusdanig complex en moeilijk te begrijpen proces dat het onmogelijk is om leven na te bouwen. Van Hest geeft Whitesides gelijk als het gaat om de complexiteit van de mens, maar gelooft toch dat het mogelijk is om door slimme structuren te kiezen, slimme voorbeelden te nemen en goed naar de natuur te kijken de kans op succes te verhogen.

Als het om de mens gaat, zal complexiteit blijven. 'Complexe systemen zijn systemen die zodanig ingewikkeld zijn dat wij eigenlijk niet weten wat het is. Dat noemen wij dan complex. Wil je het systeem begrijpen, dan moet je daar dus wetmatigheden proberen uit te halen.' Om wetmatigheden te ontdekken in zoiets complex als leven of de levende mens volstaat het niet om alleen vanuit de biologie of moleculaire wetenschappen te kijken. Daarvoor zijn ook wiskundigen, fysici en informatici nodig: wetenschappers die wetmatigheden kunnen definiëren, modellen kunnen opstellen en de brij van data kunnen helpen ordenen. Vooralsnog mist Van Hest echter het overzicht. 'Alleen door samenwerking kan de complexiteit voor ons behapbaar worden. Zodat we kunnen zeggen: we zien hier een aantal takken en laten we, om het simpel te houden, deze takken verwaarlozen. Dan houd je de kern van het systeem over. Maar vooralsnog heb ik dat overzicht niet. Wij zien nog steeds door de bomen het bos niet.'

De complexiteit van het leven vraagt kortom niet alleen om nieuwe kennis en technieken, maar ook om nieuwe vormen van samenwerken. Volgens Van Hest moet je om dit goed te kunnen aanpakken naar een hoger niveau van multidisciplinairiteit. Daarbij zijn de eerdergenoemde wiskundigen, informatici en fysici van groot belang. Muren tussen disciplines worden – ook letterlijk in de fysieke vormgeving van hedendaagse laboratoria – geslecht. Onderzoekers werken steeds meer samen, en binnen onderzoeksgroepen en -instituten worden diverse disciplines bijeengebracht. Celbiologie, organische en anorganische chemie, fysica, ICT en biomedische wetenschappen werken in toenemende mate samen. De nieuwe generatie wetenschappers, aldus Van Hest, is een generatie die het raakvlak tussen chemie, nanotechnologie en biotechnologie interessant vindt.

Op een aantal plaatsen in de wereld, ook in Nederland, onder andere aan de Technische Universiteit Eindhoven, wordt op deze manier al samengewerkt en zijn wiskundigen bijvoorbeeld aan de groep van chemici toegevoegd. In eerste instantie leveren dergelijke samenwerkingen veel ruis op: men verstaat elkaar niet volledig. Maar uiteindelijk zal, aldus Van Hest, de uitwisseling tussen disciplines en disciplinaire inzichten cruciaal zijn om de hoge mate van complexiteit van de mens te doorgronden. 'Welke orde zit er in de wanorde die we nu hebben? Kunnen wij orde scheppen in die complexiteit?' Wat er momenteel wordt gedaan, is vrij intuïtief met deze vraag omgaan; er lopen op dit moment veel experimenten die intuïtief worden vormgegeven. 'Daarbij wordt heel wat gerommeld in de marges van het leven. Het doel hiervan is om de complexiteit beter te kunnen begrijpen. Ik weet niet of dat lukt of hoe ver we kunnen komen.'

Tot slot

Wat zou er gebeuren als de auteur van *Gulliver's Travels*, Jonathan Swift, anno 2009 opnieuw een boek zou schrijven over de ontwikkeling van de wetenschap? Hij zou het manipuleren van spinrag zeker niet als voorbeeld nemen om de eigengereide wetenschapper te schetsen die enkel in zijn eigen hobby's is geïnteresseerd. Spinrag wordt vandaag de dag met enthousiasme en succes bestudeerd door biochemici als Jan van Hest. Swift zou zich misschien wel opwinden over de grote hoeveelheid overheidsgelden die in wetenschappelijk onderzoek wordt gestoken. De hedendaagse wetenschap voldoet in grote lijnen aan het baconiaanse ideaal. Zij is sterk afhankelijk van overheidsfinanciering en staat steeds vaker in dienst van maatschappelijke en economische ontwikkelingen. De beantwoording van fundamentele vragen, zoals bij Van Hest de vraag of het mogelijk is om synthetisch leven te creëren, is sterk verbonden met medische en maatschappelijke toepassingen, zoals medicijnen, hechtmaterialen en genetische testen. Het hedendaagse onderzoek biedt op dit punt minder ruimte voor spot en satire.

Waar het boek van Swift zich misschien wel op zou richten, is de snelheid waarmee nieuwe ontwikkelingen zich voordoen. De wetenschappelijke context waarbinnen Jan van Hest werkt, is exemplarisch voor deze snelheid. Terwijl Van Hest in ons eerste gesprek sprak over een enkeling die durfde te speculeren over de mogelijkheid om synthetisch leven te produceren, bleek hij daar in een tweede gesprek, amper anderhalf jaar later, zelf veel meer in te geloven. De moleculaire (levens)wetenschappen worden gekenmerkt door een relatief recente en turbulente geschiedenis. In 1953 werd in het Engelse Cambridge de structuur van DNA opgehelderd door James Watson en Francis Crick. Sindsdien hebben zich ten aanzien van zowel het *begrijpen* van het leven als het *manipuleren* van het leven grote veranderingen voorgedaan. Het menselijk genoom is in kaart gebracht en DNA is in synthetische vorm geproduceerd. Wie weet is het ook ooit mogelijk om leven te maken uit niet-levende materialen.

Tegelijkertijd, zo zagen we, staan wetenschappers nog maar aan het begin van het begrijpen van het leven. Het leven blijkt complex en deze complexiteit treffen we zowel aan op het niveau van de cel, als op dat van de mens. Wat betekent de combinatie van de soms huiveringwekkende snelheid waarmee wetenschap zich ontwikkelt enerzijds en de complexiteit van cellen en organismen anderzijds voor de toekomst van de mens? We weten het niet. Het is een vraag die Lemuel Gulliver wellicht op zijn toekomsteiland zou moeten stellen. Wordt het niet tijd voor Gulliver om opnieuw op reis te gaan?

Literatuur

Hest, Jan C.M. van (2001), *Natuurlijke inspiratie voor een geïntegreerde wetenschap*, oratie, Radboud Universiteit Nijmegen.

Hest, J.C.M. van, en D.A. Tirrell (2001), 'Protein-based Materials, Toward a New Level of Structural Control', *Chemical Communications*, p. 1897-1904.

Lensen, D., D.M. Vriezema en J.C.M. van Hest (2008), 'Polymeric Microcapsules for Synthetic Applications', *Macromolecular Bioscience*, p. 991-1005.

Nowotny, Helga (2003), 'Democratising Expertise and Socially Robust Knowledge', *Science and Public Policy* 30, nr. 3, p. 151-156.

Swift, Jonathan (1726/1967), 'Voyage to Laputa', in: *Gulliver's Travels*, Harmondsworth: Penguin.

Venter, J. Craig (2007), *A Life Decoded – My Genome, My Life*, New York: Viking/Penguin Group.

Vriend, Huib de, Rinie van Est en Bart Walhout (2007), *Leven maken. Maatschappelijke reflectie op de opkomst van synthetische biologie*, Rathenau Instituut. Werkdocument 98, juni 2007.

7

Mensen als machines; machines als mens

Catholijn Jonker en Annemiek Nelis

It has been said that most people overestimate how much technological progress there will be in the short term and underestimate how much there will be in the long term.
(Bostrom 2006, p. 47)

In Maastricht werd in 2008 een internationaal congres georganiseerd met als onderwerp 'persoonlijke relaties tussen mens en robot'. Aanleiding van de bijeenkomst vormde de vraag in hoeverre liefdesrelaties tussen mens en robot in de toekomst mogelijk zouden zijn. De meningen van de dertig congresserende wetenschappers bleken sterk verdeeld. Niet alleen betwijfelde men de technische haalbaarheid, ook bij het nut van persoonlijke relaties tussen mensen en robots werden vraagtekens gezet. 'Als intieme relaties met robots het antwoord is, *what on earth* was dan de vraag?' vroeg een van de deelnemers zich af in NRC *Handelsblad* van 21 juni 2008.

Persoonlijke relaties tussen mensen en machines zijn nog geen realiteit. Vooralsnog treffen we dergelijke relaties enkel aan in fictie, zoals in films en romans. De film *A.I. (Artificial Intelligence)* van Steven Spielberg en Stanley Kubrick uit 2001 toont bijvoorbeeld wetenschappers die erin zijn geslaagd om een robot te maken, David genaamd, die niet alleen zelfstandig kan functioneren en leren, maar die ook in staat is om te leren van iemand te houden. Een ander bekend, veel ouder voorbeeld vormen de robotverhalen van de Amerikaanse schrijver Isaac Asimov. De biochemicus Asimov schreef tussen 1950 en 1960 negen robotverhalen. In deze verhalen beschrijft hij steeds verder ontwikkelde robots, die uitgroeien tot geperfectioneerde machines die nauwelijks van mensen zijn te onderscheiden.

David en de robots van Asimov zijn vooralsnog het product van fictie; ze bestaan enkel op het witte doek, op papier en wellicht in onze verbeelding. Niettemin ontwikkelen wetenschappers steeds meer robots die in uiterlijk, beweging of gedrag sterk op mensen lijken en die al lerend met hun omgeving kunnen interacteren. Deze robots zijn in staat om, evenals David en Asimovs robots, menselijke bewegingen na te bootsen, menselijke gedrag te imiteren en op menselijk gedrag te reageren. Doorgaans worden androïde robots beschouwd als 'machines' en 'niet-menselijk'. De robots lijken weliswaar heel veel op hun makers, maar het blijven machines. Wie David opensnijdt, vindt geen hart en bloedvaten, maar computerchips en een wirwar van draden en kabels.

In deze bijdrage bespreken wij een aantal ontwikkelingen die androïde robots steeds vaker en steeds beter op mensen doen lijken. Tegelijkertijd is ook een andere beweging gaande, die wij het spiegelbeeld van de opmars van androïde robots zouden kunnen noemen: mensen gaan door de toepassing van (computer)technologieën steeds meer op machines lijken. De mens wordt meer en meer een cyborg, een fysieke samensmelting van mens en machine. Ook van deze laatste zijn voorbeelden te vinden in de literatuur, zoals de Borg in de serie *Star Trek*. Dit is een mensachtige soort die is aangepast met mechanische implantaten.

De belangrijkste stelling van dit hoofdstuk is dat door de ontwikkeling van machines die steeds meer op mensen lijken, en van mensen die steeds meer op machines lijken, de grens tussen mens en machine langzaam vervaagt. Wat betekent dit voor ons mensbeeld? En wat betekent dit voor onze vooralsnog op mensen gerichte maatschappij?

We bespreken allereerst een aantal voorbeelden van menselijke cyborgs, waarbij geïmplanteerde chips en computernetwerken worden gebruikt om mensen met elkaar en met elders geplaatste elektronica, bijvoorbeeld in deuren en rolstoelen, te laten communiceren. Vervolgens richten we ons op de ontwikkeling van androïde robots. We bespreken enkele robots die vooral in hun mimiek of beweging op mensen lijken. Tot slot bespreken we een serie robots die – uiterlijk – sterk op mensen lijken. In de literatuurparagraaf aan het eind vermelden we een lijst met websites waarop meer informatie over alle behandelde projecten te vinden is.

Als een rode draad door het verhaal besteden we aandacht aan de overeenkomsten en verschillen tussen mens en machine en stellen we de vraag of en hoe machines in staat zijn om zelfstandig – dat wil zeggen los van hun menselijke makers – te functioneren. Hoe maakbaar is de mens in de vorm van een androïde machine?

Een brein in je arm

De Engelse onderzoeker Kevin Warwick staat bekend als een buitengewoon creatieve wetenschapper. Warwick behaalde groot succes door niet alleen op computers en in het lab, maar ook op zichzelf te experimenteren. In 1998 liet hij een kleine chip in zijn arm implanteren die het mogelijk maakte om draadloos met een computer te communiceren. Warwick wilde aantonen hoe computers en mensen kunnen communiceren zonder tussenkomst van apparatuur als muis of toetsenbord. In de toekomst, aldus Warwick, zullen mensen continu aangesloten zijn op een computernetwerk en daarmee communiceren.

Via radiogolven kon de computer volgen waar Warwick zich bevond. De computer was geprogrammeerd om te reageren op de activiteiten van Warwick:

> At the main entrance, a voice box operated by the computer said 'Hello' when I entered; the computer detected my progress through the building, opening the door to my lab for me as I approached it and switching on the lights. For the nine days the implant was in place, I performed seemingly magical acts simply by walking in a particular direction. (K. Warwick, 'Cyborg 1.0', www.wired.com/wired/archive/8.02/warwick.html)

Bij een tweede experiment in 2002 wordt een chip in de arm van Warwick geïmplanteerd die intern verbonden is met zijn zenuwstelsel en extern met een netwerk van computers. Dit keer kan de computer niet alleen volgen waar Warwick is en reageren op zijn handelingen, maar Warwick stuurt via de computer ook zelf een rolstoel aan en bedient een kunsthand. Warwick kan signalen van een computer elders ontvangen en zelf ook signalen naar deze computer sturen.

Het onderzoek van Warwick waarbij chips worden verbonden met het centrale zenuwstelsel, is onder andere gericht op het ontwikkelen van hulpmiddelen voor mensen die door verlamming of andere oorzaken niet of onvoldoende kunnen bewegen. Moeten we de chip zien als een hulpmiddel dat deze mensen helpt om zich makkelijker voort te bewegen in het leven, of is de chip wellicht meer dan dat en is hier sprake van gemodificeerde of 'gemaakte' mensen? Warwick zelf is uitgesproken over deze vraag: de chip vervangt op den duur niet alleen bestaande functies, hij creëert ook nieuwe toepassingsmogelijkheden en is juist om die reden interessant. Wie een chip in zijn arm draagt, is in theorie namelijk niet alleen in staat om lokaal – direct ter plekke – handelingen te verrichten. Doordat individuen zijn verbonden met een computernetwerk, kunnen we straks ook overal ter wereld worden gevolgd en uit de hele wereld signalen doorsturen via dit netwerk. Om dit argument kracht bij te zetten liet Warwick niet alleen een chip in zijn eigen arm implanteren; hij liet – bij hetzelfde experiment in 2002 – ook bij zijn vrouw een eenvoudige chip inbrengen om aan te tonen hoe dit zou werken. Door de computers die de signalen van de chips opvingen met elkaar in verbinding te stellen, kon het echtpaar via de computer ervaren wat de ander voelde, ook al bevonden beiden zich op een andere locatie. Als hij een vinger optilde, kon zij dit voelen en andersom. De ervaring van dit experiment omschreef Warwick als het gevoel heel even een echte cyborg te zijn geweest:

> With the port connected into my nervous system, my brain was directly connected to a computer and hence on to the network. I considered myself to be a Cyborg: part human, part machine. (www.kevinwarwick.com)

BrainGain: een ingebouwde computer

Ook in het BrainGain-project staat de relatie tussen computers en het menselijk brein centraal. In Brain Computer Interfacing (BCI) wordt een rechtstreekse verbinding tussen computer en hersenen gemaakt waarbij gebruikers, door zich te concentreren op één specifieke gedachte, een computer aansturen of ervoor zorgen dat de computer de hersenen stimuleert. BrainGain is een samenwerking tussen diverse universiteiten en academische ziekenhuizen, TNO, patiëntengroeperingen en technologiebedrijven als Philips en Siemens. Een belangrijk doel van het BrainGain-project is te onderzoeken in hoeverre met neurofeedback, dat wil zeggen het trainen van de hersengolven en te zorgen dat iemand controle krijgt over zijn hersengolven, een computer kan worden aangestuurd. Door het activeren van bepaalde hersendelen worden betrokkenen in staat gesteld om verbinding te maken met een computer.

Onderzoek heeft aangetoond dat het passief observeren van een bepaald stuk gereedschap activiteit uitlokt in die hersengebieden die te maken hebben met de bediening van dat gereedschap. De precieze locatie in de hersenen waar deze activiteit zich afspeelt, hangt af van het stuk gereedschap dat wordt geobserveerd. In het BrainGain-project wordt onderzocht of deze kennis een stap verder kan worden gevoerd: als iemand alleen maar denkt aan een stuk gereedschap, zien we dan dezelfde patronen in de hersenen? En zijn deze patronen eenduidig genoeg om vervolgens de computer dat stuk gereedschap ook in werking te laten stellen?

Het BrainGain-project moet idealiter een oplossing vinden voor mensen die niet of verminderd kunnen bewegen of communiceren. Patiënten bij wie de spieren onvoldoende functioneren, zoals bij de ziekte ALS, parkinson, epilepsie of een dwarslaesie, zouden op deze manier geholpen kunnen worden om contact te maken met de omgeving, waardoor zij onder andere minder alledaagse hulp nodig hebben. Dit zou gebeuren door deze patiënten te leren via een mentale actie – zich concentreren op een bepaald geluid, een voorwerp of een bepaalde beweging – specifieke hersendelen te laten activeren. Via de activering van deze hersendelen wordt vervolgens een signaal gegeven aan de computer, die geprogrammeerd wordt om bijvoorbeeld deuren te openen of het licht aan te doen.

Het BrainGain-project lijkt een beetje op de vorige casus, de tweede chip die Warwick in zijn arm plantte, in de zin dat beide trachten om iets te ontwikkelen voor mensen die niet meer of minder goed kunnen bewegen. Het BrainGain-project is in zoverre anders dat hier het signaal van de betrokkenen niet via een chip in de arm, maar direct in de hersenen wordt opgevangen. Deze technologie kan, wanneer ze ver genoeg ontwikkeld is, dus ook worden toegepast als het zenuwstelsel, dat de verbinding vormt tussen hersenen en arm, slecht functioneert of ontbreekt, bijvoorbeeld omdat iemand een verminkte arm of geen arm heeft.

Warwick en BrainGain nader beschouwd

Zowel in het werk van Warwick als in het BrainGain-project staat centraal het compenseren voor het verlies van menselijke functies, zoals spierverlies of spraakvermogen, en daarmee de mogelijkheid om te bewegen en/of te communiceren. Veel van dit onderzoek richt zich daarom op het ontwikkelen van hulpmiddelen of 'gereedschappen' die door mensen met een beperking kunnen worden gebruikt. Een belangrijk motief voor onderzoekers is het bieden van mogelijkheden aan mensen met een functiebeperking.

Naast het *compenseren* van functiebeperkingen, waar vooral ouderen, (chronisch) zieken en mindervaliden baat bij kunnen hebben, biedt de technologie tevens de mogelijkheid tot *verbetering* of *uitbreiding* van op zich goed lopende functies. De toepassing van intelligente technologie creëert namelijk nieuwe toepassingsmogelijkheden. Warwick kan niet alleen via de chip in zijn arm deuren openen en het licht bedienen, hij is tevens in staat om via het computernetwerk waarmee de chip is verbonden, te communiceren met zijn eveneens van een chip voorziene echtgenote, ook wanneer zij zich elders in de wereld ophoudt.

Een vraag die daarbij al snel wordt opgeroepen, is hoe ver het verbeteren dat Warwick en zijn collega's mogelijk maken, zal gaan. Gerelateerd aan deze kwestie is de vraag wie de technologie zal beheersen. Wie bedient uiteindelijk de knoppen en heeft bijvoorbeeld de mogelijkheid om de technologie *uit* te zetten, de mens of de computer? Doorgaans zijn we geneigd om te denken dat mensen over computers beschikken. Het zijn immers mensen die computers programmeren, bepalen wanneer technologie wordt toegepast en wat een computer wel of niet kan en mag. In een dergelijke visie worden computers als *standalone*-machines gepresenteerd waar de maker direct invloed op uitoefent. Het lijkt dan ook logisch om te denken dat deze maker, of een willekeurig ander persoon, te allen tijde de stekker uit de computer kan trekken.

Er zijn twee redenen waarom deze visie onder druk staat. Ten eerste zijn computers, zoals de chips van BrainGain of Warwick, niet losstaand, maar verbonden met veelal grootschalige netwerken. Zo'n netwerk kan niet zomaar worden aan- of uitgezet. Denk maar aan het Internet. Het Internet functioneert door de verbindingen, handelingen en activiteiten die op velerlei plaatsen tegelijkertijd worden uitgevoerd, welhaast autonoom en eigenstandig. 'De knop omdraaien' en het Internet uitschakelen is gewoon niet meer mogelijk. Computersystemen zijn aangesloten op netwerken die hun aard en oorsprong niet meer op één plaats of bij één enkele gebruiker hebben liggen.

Een tweede reden om vraagtekens te zetten bij het idee dat de mens altijd over de computer heerst, heeft te maken met het toenemend vermogen van computers. De capaciteit van computers, zo weet iedereen die af en toe een nieuwe pc aanschaft, neemt in rap tempo toe. Wat vooral verbetert, zijn de rekencapaciteit en het geheugen van computers, oftewel de mogelijkheid om grote hoeveelheden data in korte tijd te verwerken en langdurig op te slaan. De mate waarin computers willekeurige taaluitingen en visuele en auditieve signalen kunnen begrijpen en interpreteren, is voorlopig nog beperkt. De schaakcomputer die Kasparov versloeg, beschikte bijvoorbeeld niet over de kennis of de intelligentie van de schaakgrootmeester. Deze computer was vooral in staat om vele zetten vooruit te rekenen en te zien wat de beste optie voor de volgende zet zou zijn. Dit neemt niet weg dat ook de mate waarin computers zelf kunnen *leren* toeneemt. Met behulp van evolutionaire technieken die in veel hoger tempo kunnen worden uitgevoerd dan de evolutie in de natuur, is het mogelijk dat computers op den duur wel degelijk 'intelligent' kunnen worden genoemd.

In een interview met het Duitse blad *Focus* in 2001 claimde de alom geroemde Britse natuurkundige Stephen Hawking, die door een ernstige spierziekte nauwelijks kan bewegen, dat kunstmatige intelligentie een serieuze bedreiging vormt voor de mens. Computers, aldus Hawking, verdubbelen hun (reken)vermogen iedere achttien maanden. Mensen zijn veel trager. Het is dan ook een reëel risico dat computerintelligentie snel zal toenemen, zo snel dat computers straks vrijwel autonoom zullen handelen. Hawking voegde hieraan toe dat de mens om deze reden moest proberen om zich minstens zo snel te ontwikkelen als computers. Hij vindt het van vitaal belang ervoor te zorgen dat onze biologische systemen superieur blijven ten opzichte van de elektronische systemen.

Ook Warwick onderschrijft deze gedachte. We kunnen ofwel ons lot laten bepalen door intelligente apparaten, ofwel we kunnen proberen de mens intelligenter te maken. 'Wat is er mis met het toevoegen van iets waardoor we meer zullen kunnen?' vraagt Warwick zich af. Het ontwikkelen van een interface waarmee het menselijk brein direct aan de computer wordt verbonden, zorgt ervoor dat het kunstmatig brein de voeding vormt voor de mens. Daardoor zal de mens heer en meester blijven van het kunstmatige brein. Aan de andere kant weet iedere hacker dat zodra er een connectie is, het bijna onmogelijk is om de weg terug te blokkeren. Warwicks toekomstvisie roept in dat licht wel vragen op over hoeveel controle we daadwerkelijk zelf kunnen uitoefenen binnen ons genetwerkte brein. Vermoedelijk zal echter, zo denkt Warwick, het idee van 'zelf' fundamenteel anders worden ervaren in de wereld van cyborgs, zodat ook 'zelfcontrole' wel eens een andere betekenis kan krijgen.

De ontwikkeling van intelligente computers

De interesse van wetenschappers voor het ontwikkelen van intelligente machines begon midden jaren vijftig onder de naam 'artificial intelligence' (AI). In het Nederlands wordt dit vakgebied aangeduid met de term 'kunstmatige intelligentie'. Geïnspireerd door de ontwikkeling van de computertechnologie trachtten wetenschappers een intelligente computer te ontwikkelen. Deze computer zou het menselijk brein moeten nabootsen. Omdat er weinig bekend was over de werking van het menselijke brein, hoopten wetenschappers door het ontwerpen van intelligente computersystemen meer kennis te vergaren over de menselijke intelligentie. Velen geloofden in de beginjaren van de kunstmatige intelligentie dat het binnen tien tot twintig jaar mogelijk zou zijn om computers te bouwen die iedere taak zouden kunnen uitvoeren waartoe de mens in staat is. Die termijn is inmiddels ruim verstreken. Een intelligente computer is nog niet ontwikkeld, ook al is inmiddels veel bereikt.

In eerste instantie richtte AI zich onder andere op het ontwikkelen van een schaakcomputer. Als computers konden winnen van de mens, zo was het idee, dan zou dit een belangrijke stap zijn in de ontwikkeling van systemen die echt intelligent genoemd konden worden. Over de vraag of het technisch mogelijk was om een intelligente schaakcomputer te ontwikkelen, werd jarenlang gespeculeerd. Het moment dat de IBM-schaakcomputer Deep Blue de schaakmeester Garry

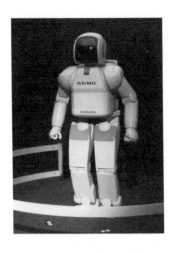

De robot Asimo van Honda, een lopende androïde. Foto: GNSIN.

Kasparov versloeg in 1997 wordt dan ook gezien als een belangrijk moment in de geschiedenis van de AI. Tegelijkertijd is daarmee uiteraard niet gezegd dat intelligente systemen ook zelfstandig en onafhankelijk van hun makers kunnen functioneren.

Naast de ontwikkeling van de schaakcomputers is, vooral in Japan, veel onderzoek gedaan naar de ontwikkeling van robots. In de sciencefictionliteratuur van het begin van de jaren twintig van de vorige eeuw wordt voor het eerst gesproken van 'robots' om mechanische machines te omschrijven die op mensen lijken en die het zware werk van hen overnemen ('robot' is afgeleid van het Tsjechische woord voor 'dwangarbeid'). Voor die tijd, zelfs al in de achttiende eeuw, werden al diverse mechanische machines gebouwd die menselijk of dierlijk gedrag nabootsten. Een bekend voorbeeld is een Japanse pop uit de achttiende eeuw die in staat was om gasten thee aan te bieden. Japan, zo zullen we ook in dit essay zien, is een van de belangrijkste landen voor de ontwikkeling van androïde robots – robots die sterk op mensen lijken.

De eerste generatie robots die werd ontwikkeld, waren

vooral 'servicerobots', die mensen moesten vervangen door onafgebroken dezelfde handeling te verrichten. Een goed voorbeeld hiervan zijn robots die worden gebruikt aan de lopende band en voor productiewerk in fabrieken, zoals in de auto-industrie. Servicerobots vormden de eerste succesvolle toepassing van robots. Hun taken omvatten vooral taken die wij typeren als geestdodend, precisiewerk of gevaarlijk, zoals het opruimen van explosieven. Daarnaast is een aantal consumentenrobots ontwikkeld, die onder meer als (speel)kameraad voor mensen fungeren. Goede voorbeelden van deze speelkameraden zijn de Sony-hond Aibo (een robothond die geprogrammeerd is om te leren luisteren naar zijn baas), Honda's lopende androïde Asimo (een van de eerste lopende robots, die lijkt op een astronaut), Tamagotchi (het digitale beestje dat begin jaren negentig populair was en recent weer werd geïntroduceerd voor de mobiele telefoon), Paro de robotzeehond voor therapeutische doeleinden, en de thuisrobot RoboSapiens 2004.

Servicerobots en consumentenrobots zijn robots die in dienst staan van de mens. Zij worden – letterlijk – door de mens bestuurd en geprogrammeerd. Daarnaast is een belangrijk deel van het wetenschappelijk onderzoek gericht op *lerende* robots, die zoveel mogelijk zelfstandig kunnen functioneren. In dit onderzoek staat de interactie tussen mens en machines centraal. De robots zijn zo geprogrammeerd dat zij leren van interacties met de omgeving en deze leerprocessen incorporeren in hun repertoire van mogelijkheden. Wetenschappers hebben op deze manier een aantal androïde robots voortgebracht die griezelig veel op ons lijken. Griezelig omdat, zoals we zullen laten zien, in een aantal gevallen het verschil tussen robot en mens steeds kleiner wordt. We bespreken hieronder eerst een aantal voorbeelden van robots die een menselijke gezichtsuitdrukking imiteren en die op deze wijze communiceren met hun omgeving. Vervolgens bespreken we een aantal robots die vooral in fysieke kwaliteiten op de mens lijken en die op twee benen lopen, dansen, springen, enzovoort. Tot slot bespreken we robots die wat handelingen, bewegingen en mimiek betreft dusdanig op mensen lijken dat zij zelfs voor mensen door kunnen gaan.

De menselijke (inter)face

De Kismet-robot van MIT die rond 1999 het licht zag, is een sociale robot met menselijke trekjes. Kismet is een robot die vooral gelaatsuitdrukkingen toont. De robot interacteert met zijn omgeving en is hiervoor uitgerust met visuele, auditieve en gevoelssensoren. De robot kent diverse gelaatsuitdrukkingen en is in staat om bijvoorbeeld vrolijk, verdrietig, walgend, gelukkig, boos of kalm te kijken. Het gedrag van de robot is gebaseerd op basale menselijke gedragingen.

Het doel dat de onderzoekers met Kismet beogen te bereiken, is om robots nieuwe gedragingen te laten leren aan de hand van ervaringen. De gedragingen die de robot leert – zich afwenden als iemand te dichtbij komt, lachen, verbaasd of vragend kijken – is dus niet vooraf bepaald, maar is het directe gevolg van de interactie met de omgeving.

Als er geen visuele stimuli aan Kismet worden gepresenteerd, verandert zijn gelaatsuitdrukking. De robot kijkt dan verdrietig en vertoont gedragingen die wij associëren met eenzaamheid. Vervolgens zoekt de robot mensen op om mee te spelen. Door het aanbrengen van allerlei leermechanismen is de hoop dat Kismet zich in de loop van de tijd steeds meer gaat ontwikkelen tot een interactieve robot, die sociaal intelligent is en in staat tot sociale interactie.

Een vergelijkbaar initiatief is het iCat-project van Philips. De iCat is ontworpen om de interactie tussen mens en robot te bestuderen. De robot heeft een ingebouwde camera, waar-

iCat van Philips. Bron: safeliving.wordpress.com/2007/11/20/telecare-session/icat-by-philips-expressions/.

mee hij objecten en gelaatsuitdrukkingen herkent. Via een serie ingebouwde microfoons is de iCat tevens in staat om geluiden te herkennen, te bepalen waar geluid vandaan komt, en dit geluid te gebruiken als basis voor spraakherkenning. Ook bevat de iCat een aantal sensoren waarmee aanrakingen worden waargenomen. Het belangrijkste aspect van de iCat is echter de techniek om de iCat gelaatsuitdrukkingen te geven. Deze laatste komen sterk overeen met de gelaatsuitdrukkingen van de mens.

Waar Kismet een unieke robot was, is de iCat ontwikkeld als een robot die in grotere aantallen wordt geproduceerd ten behoeve van onderzoek. Hij wordt op diverse plaatsen ingezet voor onderzoek. Rondom de iCat bestaat een webgemeenschap van gebruikers die ervaringen en tips uitwisselen. Op deze manier wordt het ontwerp van de robot gezamenlijk verder ontwikkeld en verbeterd.

Zowel bij Kismet als bij de iCat is gekozen voor een robot met een gezicht dat overduidelijk niet menselijk is, maar dat wel menselijke gelaatstrekken vertoont. Beide robots tonen duidelijk herkenbare 'emoties'. Uit onderzoek blijkt dat mensen hogere eisen stellen aan de precisie van gelaatsuitdrukking en overige gedragingen naarmate de robot veel duidelijker op een mens lijkt. Bij Kismet en de iCat wordt daarom gebruikgemaakt van hetzelfde fenomeen als de cartoon: figuren hebben voor de mens duidelijk herkenbare trekken, maar wijken tegelijkertijd ook sterk af van het uiterlijk van de mens. Evenals bij cartoons worden emoties en gedragingen door Kismet en iCat uitvergroot, waardoor ze overtuigender overkomen. Heel anders is dit in het volgende voorbeeld, waar het niet zozeer gaat om het imiteren van gelaatsuitdrukkingen, als wel om het nabootsen van menselijke bewegingen.

Dansende en springende robots

Behalve communicatieve robots die zich richten op menselijke interactie, is er een hele serie van 'dansende' robots. De Beatbot is het grappigst om te zien. Het is een soort gele sneeuwpop of badeend die op de maat van iedere vorm van muziek meebeweegt. Vooral kinderen reageren hier enthousiast op. De Beatbot interacteert met de omgeving via de muziek, maar ook via bewegingen van mensen om zich heen.

Een robot die kan dansen is één ding, maar robots die samen dansen en daarbij ook nog een prachtige Japanse choreografie uitvoeren, vormen een hoogtepunt van de huidige stand van zaken in de robotica. De QRIO-robot van Sony, die deze dans uitvoert, staat op twee benen en beweegt zowel benen als armen op een gracieuze manier. Uiterlijk lijkt deze robot op het prototype beeld dat wij van robots hebben: een stalen constructie en hoekige vormen. Maar in de manier waarop de robot beweegt, lijkt deze wel degelijk op een mens.

Een stap verder in de richting van het bewegingsapparaat is Dexter, een robot geproduceerd door het Amerikaanse bedrijf Anybots. Dexter was de eerste robot die op twee voeten kon lopen en een flexibele ruggengraat heeft. Het lopen ziet er niet echt geweldig uit; het lijkt meer op een schuifelend mens. Dexter is indrukwekkender als je hem ziet springen. Dan ziet hij er heel natuurgetrouw uit. Door de flexibele ruggengraat is de robot zelfstandig in staat om op te staan. Dit kunnen lang niet alle lopende robots. Dexter is echter wel overduidelijk een robot. Er is geen of weinig moeite gedaan om hem op een mens te laten lijken.

De robot als menselijk substituut

De Japanse onderzoeker Hiroshi Ishiguro legt de lat nog iets hoger en heeft een kopie van zichzelf ontwikkeld. Nadat hij eerst een androïde had gemaakt die sprekend leek op een bekende tv-presentatrice, ontwikkelde hij in 2006 een robot die sprekend op hemzelf lijkt. Wie de bewegende beelden van Ishiguro's robot ziet, begrijpt het enthousiasme over deze dubbelganger. De robot lijkt zowel in uiterlijk als in zijn bewegingen sprekend op professor Ishiguro. Hij zit op een stoel en lijkt te ademen, hij kijkt rond, schuifelt een beetje met zijn voeten – alles gebeurt zoals wij gewend zijn van 'echte' mensen. De dubbelganger lijkt sprekend op het origineel en is daardoor zeer overtuigend. De robot heeft een goede pokerface.

Ishiguro bestuurt de robot op afstand: zijn stem, lichaamshouding en de beweging van zijn mond worden afgelezen en zeer precies door de robot gekopieerd. Ishiguro en zijn robot kunnen kilometers ver van elkaar verwijderd zijn, maar wat

Hiroshi Ishiguro en zijn dubbelgangerrobot, de Geminoid HI-1. Foto: ATR Intelligent Robotics and Communication Laboratories.

Ishiguro op de ene plaats doet wordt op de andere plaats door zijn dubbelganger exact nagedaan. Dit is uiteraard handig als je college moet geven op een plek die ruim een uur rijden is van de plaats waar je andere bezigheden hebt, maar het betekent natuurlijk niet dat de androïde het college zelfstandig kan geven. Dit is ook niet waar Ishiguro's onderzoek om draait; hij is geïnteresseerd in menselijke interactie. In hoeverre hebben mensen die zijn androïde tegenkomen het gevoel dat Ishiguro zelf aanwezig is? Onder welke omstandigheden zijn mensen geneigd of bereid om op natuurlijke wijze te communiceren met androïden? Wat maakt dat wij mensen herkennen als medemensen: het uiterlijk of vooral het gedrag? Oftewel, wat bepaalt of de mens (na)maakbaar is?

Uit onderzoek van Ishiguro is gebleken dat mensen die een glimp opvangen van een stilstaande robot, al snel doorhebben dat het om een robot gaat. Maar wanneer de robot kleine beweginkjes maakt, denkt het merendeel van de mensen dat zij te maken hebben met een soortgenoot. Vooral kleine willekeurige bewegingen, zoals het hoofd schuin houden, de nek draaien, rondkijken, met de handen bewegen, dragen bij aan de geloofwaardigheid van een androïde. Hoewel ook de spraak van de robot een belangrijke rol speelt, blijken vooral de willekeurige bewegingen van het lichaam de overtuigingskracht van de robot te bepalen. De 'body-movement-factor' lijkt dus van groter belang dan de spraak als we androïdes op natuurgetrouwe wijze met mensen willen laten communiceren.

De filmpjes van Ishiguro's dubbelganger zijn zonder meer indrukwekkend te noemen. Naast Ishiguro's dubbelganger bestaat er ook een androïde die lijkt op Einstein, en een hele serie androïdes die lopen, praten en bewegen als mensen. Tegelijkertijd laten zij allemaal zien dat er nog veel werk aan de winkel is. Ishiguro's androïde kan niet zelf lopen of zich verplaatsen. Hij zit op een stoel en komt daar niet uit. Ook is de robot afhankelijk van de aanwezigheid van Ishiguro om de complexere handelingen te verrichten die hij moet uitvoeren. De androïde is kortom nog lang geen medemens.

De maakbare mens: wens of werkelijkheid?

We hebben aan de ene kant de opkomst geschetst van cyborgs die communiceren via permanente computernetwerken, en aan de andere kant de opkomst van androïde robots die dusdanig op mensen lijken dat we ze eventueel vertrouwen als waren het mensen. Wat betekent dit voor de wijze waarop mens en machine samenleven? Aan deze kwestie gaan twee vragen vooraf. (1) In hoeverre is het technisch *mogelijk* dat mensen in de toekomst als cyborgs op grote schaal communiceren met computersystemen en dat androïde robots gelijkwaardig functioneren naast de mens? (2) In hoeverre is het maatschappelijk *wenselijk* om androïde robots en cyborgs te ontwikkelen? Over het antwoord op beide vragen lopen de meningen uiteen.

Een groot aantal experts is ervan overtuigd dat computers binnen vijftig jaar dusdanig ver ontwikkeld zijn dat deze een gelijkwaardige plaats naast de mens zullen innemen. Deze experts menen dat computers hetzelfde gedrag als mensen zullen vertonen, dat zij op dezelfde wijze kunnen communiceren en dat zij menselijke emoties tonen. Of deze getoonde emoties van computers dezelfde aard hebben als die van mensen of een vorm van aangeleerd gedrag zijn, doet er volgens experts niet zoveel toe. De robot van Ishiguro laat zien dat we enerzijds al een aardig eind op weg zijn, maar dat er ook nog een lange weg te gaan is. Computers zijn nog niet in staat om zelfstandig te denken, willekeurige taaluitingen te begrijpen of te participeren in het maatschappelijke verkeer. Juist op deze terreinen moet de echte doorbraak nog komen.

Desondanks zijn wetenschappers als Warwick en Hawking ervan overtuigd dat computers in de toekomst niet alleen gelijkwaardig zullen zijn aan de mens, maar ook de potentie hebben om veel méér te kunnen dan de mens. Als we niet oppassen, zo stellen deze wetenschappers, is het mogelijk dat de computer zelfs de controle over de mens overneemt.

Dit verlies van controle is een hoofdthema in de film *The Matrix* uit 1999. Kevin Warwick ziet het scenario van deze film niet alleen als een voorbeeld van fictie, maar tevens van een mogelijke toekomst. *The Matrix* speelt zich af rond het jaar 2199. Machines hebben de mensheid verslagen, maar deze laatste is zich hier niet van bewust. De mens leeft in een virtuele werkelijkheid, een door computers gegenereerde 'droom' die lijkt op de maatschappij aan het eind van de twintigste eeuw. De lichamen van mensen worden zorgvuldig geconserveerd in grote couveuses, zodat zij kunnen functioneren als energieleveranciers voor het systeem. De gedachte dat de mens in de toekomst als energieleverancier van de computer zal kunnen dienen, is volgens Warwick misschien niet wenselijk, maar toch niet geheel ondenkbaar.

Het geloof in de technologische haalbaarheid van de mooie, hoewel vaak ook apocalyptisch eindigende verhalen van fictieschrijvers wordt niet door iedereen gedeeld. Een grote groep wetenschappers staat nog altijd kritisch tegenover de vraag of een machine ooit in staat is om een mens te vervangen. De kans dat wij ooit college krijgen van de dubbelganger van Ishiguro is volgens hen gering. Het zijn onder andere cognitiewetenschappers en filosofen die deze opvatting ventileren.

Een van de invloedrijkste filosofen op dit terrein is de Amerikaanse filosoof Hubert Dreyfus. Volgens Dreyfus is het niet verwonderlijk dat we nog steeds geen computers hebben die het menselijk brein evenaren. Intelligente systemen gaan uit van het idee dat het menselijk brein rationeel functioneert en dat het, vergelijkbaar met de algoritmes die een schaakcomputer gebruikt, op een structurele wijze informatie verwerkt en reproduceert. Volgens Dreyfus is dit een verkeerde veronderstelling. Mensen passen geen regels toe om te weten hoe zij in een bepaalde situatie moeten handelen. De meeste mensen doen dit waarschijnlijk zelfs niet bij het schaken. Het brein werkt intuïtief en op basis van ervaring. Met het rationeel verwerken van stukken informatie heeft dit weinig van doen, aldus Dreyfus.

De stelling van Dreyfus wordt tevens ondersteund door de Nijmeegse hoogleraar sociale psychologie Ap Dijksterhuis, die in 2007 furore maakte met zijn stelling dat wij 'denken met gevoel'. Het bewuste, aldus Dijksterhuis, wordt door ons heftig overschat. Wij denken dat wij met het bewuste belangrijke besluiten nemen en dat daar onze intelligentie zit. Maar de meeste keuzes – ook de verstandigste keuzes – nemen wij met het onderbewustzijn. Hoe wij doen of denken, wordt mede bepaald door de situatie waarin we ons bevinden. Zij is *gesitueerd*, zoals Philip Brey dat noemt. Onze gesitueerdheid is plaats- en contextgebonden. Zij kan niet worden geprogrammeerd en kan door een computer nooit worden nagebootst.

De tweede vraag, in hoeverre het maatschappelijk wenselijk is om de mens te verbeteren, raakt aan een kwestie die in vrijwel alle hoofdstukken in dit boek aan de orde komt: in hoeverre willen we mensen maakbaar maken? Het antwoord op deze vraag is nauw verbonden met de definitie van maakbaarheid die we hanteren. Een veelgemaakt onderscheid is dat tussen *genezen* en *verbeteren*. Doorgaans hebben weinig mensen moeite met het idee van genezen of het ontwikkelen van therapieën of hulmiddelen voor mensen die lijden aan een ziekte of aandoening. Zodra sprake is van verbeteren, wordt de discussie vaak moeizamer. Maar hoe scherp is de lijn tussen genezen en verbeteren? Het dragen van een bril wordt bijvoorbeeld vaak gezien als het compenseren van een tekortkoming, terwijl het gebruik van een telescoop wordt omschreven als een vorm van verbeteren (zie Rose 2006). Maar zijn beiden niet voorbeelden van aanpassing en verandering?

De mens, zo wordt regelmatig benadrukt, is al sinds mensenheugenis bezig om zichzelf te verbeteren. Wie denkt dat de mens in zijn essentie onveranderlijk is en door de toepassing van nieuwe technologie tot iets onnatuurlijks wordt getransformeerd, maakt volgens de Amerikaanse filosoof en ethicus Arthur Caplan een cruciale denkfout. Deze redenering veronderstelt dat er een natuurlijke staat is waarin de mens kan en moet verkeren. Volgens de Duitse filosoof Peter Sloterdijk is het geen vraag meer of de mens technologie mag gebruiken om zichzelf te verbeteren, de mens ís al door en door gevormd door techniek. De evolutie van de mens is de evolutie van de techniek, zoals ook blijkt uit het proefschrift van Pieter Lemmens. De mensheid gebruikt altijd techniek, of het nu harde technieken als computers of mechanica zijn, of zachte technieken als onderwijs, opvoeding en socialisatie.

Als we in onze samenleving ernaar streven om onze intelligentie, vaardigheden en gezondheid te verbeteren door onderwijs, inclusief gezondheidseducatie, waarom zouden we dan, zo vraagt de Britse filosoof John Harris, dit niet ook doen door technologie te gebruiken? Rijke mensen hebben vandaag de dag de mogelijkheid om hun kinderen naar privéscholen te sturen; straks hebben ze wellicht de mogelijkheid om de capaciteit van hun brein te vergroten. Wat is het verschil?

Ook Warwick, zo zagen we, ziet veel voordelen in de technologische verbetering van de mens. Evenals bovengenoemde filosofen ziet Warwick weinig verschil met andere vormen van verbetering of genezing.

> People with pacemakers and cochlea implants [een cochleair implantaat is een elektronisch implantaat in het oor, waarmee mensen die geen of weinig gehoor hebben, weer geluid kunnen waarnemen] are getting a benefit from technology. What is wrong with adding something that gives you extra capabilities? (*The Guardian*, 4 oktober 2001)

Harris gaat zelfs nog een stapje verder. Volgens hem moeten we pogingen om de mens te verbeteren niet alleen toestaan, het zou zelfs een morele plicht zijn om mensen te verbeteren. Het proces van natuurlijke selectie met al haar willekeur

Een tentoonstelling van de Franse performancekunstenares Orlan, die haar gezicht in een serie operaties laat modelleren naar vijf mythische personages uit de kunstgeschiedenis: Mona Lisa, Diana, Psyche, Europa en Venus. Foto: EPA Photo EFE/David Aguilar.

Marijke Helwegen, Nederlands icoon van de plastische chirurgie. 'Ik ben niet verbouwd, maar gerenoveerd. Ik was beeldschoon, en dat ben ik gebleven.' Foto: ANP/Saskia Bagchus.

Louise Brown, 's werelds eerste reageerbuisbaby, viert in 2003 haar vijfentwintigste verjaardag samen met duizenden IVF-baby's. 'I don't feel special. I'm just normal.' Foto: EPA Photo/PA/Andrew Parsons.

Kennis over DNA kan worden gebruikt om embryo's te screenen op genetische ziektes of andere erfelijke eigenschappen. Embryoselectie is een van de hete hangijzers in het huidige debat rond de maakbare mens. Foto: ANP/Science Photo Library.

De Belgische organisatie De Maakbare Mens vzw organiseerde in 2008 een fotowedstrijd over 'Sport en de maakbaarheid van de mens', www.demaakbaremens.org.

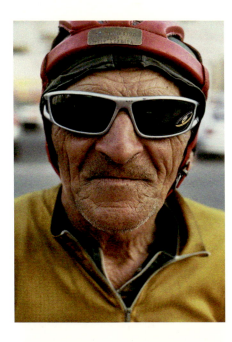

Boven: Een wielrenner in Sarajevo. De levensverwachting van de mens neemt toe – ondanks of dankzij maakbaarheid? Foto: Hendrik Braet.

Onder: Sportende meisjes tijdens een pauze. De dubbele helix illustreert dat DNA-technieken vragen oproepen over embryoselectie en gendoping in de sport. Foto: Germaine Fumier.

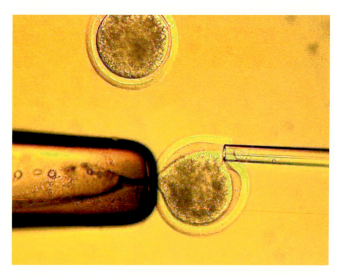

Microscopische foto van het proces van klonen, waarbij de kern van een lichaamscel wordt ingebracht in een eicel waaruit de kern is verwijderd. Foto: EPA.

Dolly was de eerste kloon uit een lichaamscel van een volwassen zoogdier. Na haar vroegtijdige dood in 2003 werd ze opgezet. Foto: Toni Barros.

Het Rathenau Instituut organiseerde in 2003 een Technologie Festival om maatschappelijk debat en politieke oordeelsvorming over de maakbare mens te stimuleren. Beeld: Laurant & Bakker vormgevers.

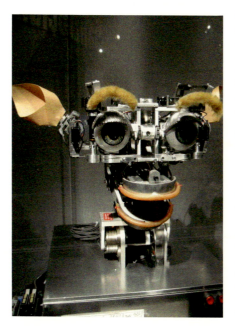

De Kismet-robot van MIT kan verschillende gelaatsuitdrukkingen aannemen. Hij heeft visuele, auditieve en gevoelssensoren om met zijn omgeving te interacteren. Foto: Nadya Peek.

De QRIO-robot van Sony danst een Argentijnse tango. Hij kan ook blokken stapelen, golfen en Beethovens vijfde symfonie dirigeren. Foto: AFP/Yoshikazu Tsuno.

De Japanse onderzoeker Hiroshi Ishiguro heeft een robot ontworpen die precies op hem lijkt, de Geminoid HI-1. Wie is wie? Foto: ATR Intelligent Robotics and Communication Laboratories.

Kevin Warwick, een Britse hoogleraar in de cybernetica, heeft de ambitie een cyborg te worden. Hij liet in 2002 een chip implanteren die zijn zenuwstelsel verbond met een extern computernetwerk.

Beelden van androïden. De meningen over de wenselijkheid van het ontwikkelen van cyborgs en androïden lopen uiteen.
Beelden: mize2005/Geoff Stearns.

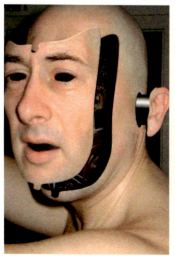

Brent Spiner als de androïde luitenant Data in *Star Trek*. De verbeelding in fictie van cyborgs, androïden, robots en klonen speelt een belangrijke rol in het debat over de maakbare mens. Foto: Topfoto.

Asimo, een robot ontwikkeld door Honda, schudt een vrouw de hand. Hoe zullen niet-gemaakte mensen, gemaakte mensen en robots in de toekomst samenleven? Foto: AFP/Greg Wood.

waaraan de mensheid eeuwenlang is overgeleverd, kan vervangen worden door een bewust gekozen selectieproces:

> This new process of evolutionary change will replace *natural selection* with *deliberate selection, Darwinian Evolution* with *Enhancement Evolution*. (Harris 2007, p. 21)

Menselijke machines en machinale mensen?

Wat betekent de toenemende belangstelling voor en ontwikkeling van cyborgs en androïde robots voor toekomstige samenlevingen? Welke relaties en omgangsvormen kunnen en mogen we hiervan verwachten? De Amerikaanse schrijver Asimov formuleerde in zijn verhalen een serie regels waaraan volgens hem robots moesten voldoen. Dit noemde hij de drie wetten van de robotica:

1 Een robot mag een mens geen letsel toebrengen of door niet te handelen toestaan dat een mens letsel oploopt.
2 Een robot moet de bevelen uitvoeren die hem door mensen gegeven worden, behalve als die opdrachten in strijd zijn met de Eerste Wet.
3 Een robot moet zijn eigen bestaan beschermen, voor zover die bescherming niet in strijd is met de Eerste of Tweede Wet.

Later werd hieraan door anderen nog een vierde, hieraan voorafgaande wet toegevoegd, de Nulde Wet:

4 Een robot mag geen schade toebrengen aan de mensheid, of toelaten dat de mensheid door zijn nalatigheid schade wordt toegebracht.

Zoals af te lezen is aan de wetten van de robotica zijn deze sterk gericht op de controle die mensen over robots dienen te hebben. Robots moeten de mensheid dienen, en niet andersom. Voor Asimov zijn mensen en robots dan ook twee verschillende levensvormen; zij zijn duidelijk onderscheiden.

In *The Matrix* treffen we een minder eenduidige scheiding tussen mens en machine. De hoofdpersoon in de film, Neo, probeert samen met een klein groepje andere mensen computerprogramma's te ontwikkelen om de machtige machines van de Matrix te vernietigen. Neo en zijn vrienden migreren tussen de 'echte' wereld buiten het systeem en de virtuele wereld van de Matrix. Hoewel *The Matrix* op het oog een strijd is tussen mens en machine, sluiten ook Neo en zijn vrienden hun brein regelmatig aan op het computernetwerk van de Matrix om op die manier toegang te krijgen tot de virtuele realiteit waarin mensen leven. Mens en machine zijn met andere woorden nauw verweven. In de Matrix krijgt individualiteit een andere vorm en betekenis.

Ook in de hedendaagse wetenschapspraktijk, zo hebben we in het voorafgaande laten zien, is er steeds vaker sprake niet zozeer van mens *of* machine, maar van mens *en* machine. Het onderscheid tussen beide zal naar alle waarschijnlijkheid steeds verder vervagen. Androïden worden steeds menselijker, terwijl de mens – via netwerken verbonden aan computersystemen – steeds meer cyborgachtige kenmerken gaat vertonen. Wetenschappers als Warwick en Hawking voorspellen niet alleen dat dit de toekomst is, maar dat wij deze toekomst ook actief moeten vormgeven. Het menselijk brein dient verbeterd te worden, zodat het controle kan houden over kunstmatige vormen van leven.

De belangrijkste vraag voor de toekomst is niet zozeer de vraag of androïde robots en cyborgs maatschappelijk wenselijk zijn, als wel hoe in het maatschappelijk verkeer de verhouding tussen beide georganiseerd moet gaan worden. Wanneer het onderscheid tussen mens en machine steeds verder vervaagt, kunnen we niet langer volstaan met de roboticawetten van Asimov. Het antwoord op de vraag hoe androïde robots en cyborgs samen kunnen leven, zo zien we ook in de bijdrage van Koops over mensenrechten, veronderstelt een nieuwe maatschappelijke, juridische en economische orde. De vraag is nu al relevant. Wanneer ze urgent wordt, zal moeten blijken.

Literatuur

Boeken en artikelen

Bostrom, N. (2006), 'Welcome to a World of Exponential Change', in: P. Miller en J. Wilsdon (red.), *Better Humans: the Politics of Human Enhancement and Life Extension*, Londen: Demos, p. 40-50.

Brey, P. (1997), 'Hubert Dreyfus, Mens versus Computer', in: H. Achterhuis e.a., *Van stoommachine tot cyborg. Denken over techniek in de nieuwe wereld*, Amsterdam: Ambo, p. 43-68.

Caplan, A. (2006), 'Is It Wrong to Try to Improve Human Nature?', in: P. Miller en J. Wilsdon (red.), *Better Humans: the Politics of Human Enhancement and Life Extension*, Londen: Demos, p. 31-39.

David, L. (2007), *Intimate Relationships with Artificial Partners*, diss. Maastricht, Maastricht University Press.

Dijksterhuis, A. (2007), *Het slimme onbewuste. Denken met gevoel*, Amsterdam: Bert Bakker.

Harris, J. (2007), *Enhancing Evolution: The Ethical Case for Making Better People*, Princeton: Princeton University Press.

Lemmens, P. (2008), *Gedreven door techniek, de menselijke*

conditie in de biotechnologische revolutie, diss. Nijmegen, Oisterwijk: Box Press.
Rose, N. (2006), 'Brain Gain', in: P. Miller en J. Wilsdon (red.), *Better Humans: the Politics of Human Enhancement and Life Extension*, Londen: Demos, p. 69-78.
Warwick, K. (2002), *I, Cyborg*, Londen: Century.
Warwick, K. (z.j.), '*The Matrix* – Our Future?', whatisthematrix.warnerbros.com/rl–cmp/new–phil–warwick.html.

Websites over de genoemde projecten (in volgorde van behandeling)

www.kevinwarwick.com/
www.wired.com/wired/archive/8.02/warwick.html
www.nici.ru.nl/braingain/
www.onderzoekinformatie.nl/nl/oi/nod/onderzoek/OND13 20756/
paro.jp/english/index.html
www.ai.mit.edu/projects/humanoid-robotics-group/kismet/kismet.html
www.research.philips.com/technologies/syst–softw/robotics/index.html
www.hitech-projects.com/icat/index.php
www.cs.cmu.edu/~marekm/projects/beatbots/
www.robots-dreams.com/2005/01/dancing–robots.html
www.kennislink.nl/web/show?id=106831
nl.youtube.com/watch?v=tlxDW3qStVU&feature=related
www.anybots.com/
www.irc.atr.jp/~ishiguro/
www.pinktentacle.com/2006/07/geminoid-videos/
www.kewego.nl/video/iLyROoaftIMW.html

8

De maakbare mens, evolutie en levensduur: op weg naar onsterfelijkheid?

Simon Verhulst

If I'd known I was going to live this long, I would have taken better care of myself. (Eubie Blake, Amerikaans musicus die 100 jaar en 5 dagen heeft geleefd)

Stormachtige technologische en biomedische ontwikkelingen geven ruimschoots aanleiding om te speculeren over de 'maakbaarheid van de mens' en de wijze waarop de maakbare mens zich de komende jaren zal ontwikkelen. Veel van deze ontwikkelingen zijn gericht op reparatie van schade aan het lichaam, in welk geval de term 'maakbaar' ook letterlijk geïnterpreteerd kan worden als 'repareerbaar'. Beoogd doel is om lichaamsfuncties te verbeteren tot een acceptabel niveau, of, in een wat bredere interpretatie van 'repareerbaar', tot het ideale niveau. Het toenemend gemak waarmee er nu aan het menselijk lichaam gesleuteld kan worden, lijkt misschien een breuk met de geschiedenis, waarin de mens langzaam ontstaan is als product van evolutie door natuurlijke selectie. Maar zoals ik in deze bijdrage zal laten zien, is dit betrekkelijk. Het knutselen aan het menselijk lichaam lijkt meer op waar we al miljoenen jaren mee bezig zijn dan je op het eerste gezicht zou zeggen.

Naast de ontwikkelingen in de medische 'maakbaarheid' van het lichaam wordt in een groot deel van de wereld de leefomgeving in veel opzichten steeds meer 'gemaakt'. Dat wil zeggen dat we minder aan de elementen zijn overgeleverd, omdat we onze omgeving in belangrijke mate controleren. Hierdoor leven we in een steeds veiliger wereld(deel), waar sterven door honger of kou zeldzaam is geworden. De toename in medisch kunnen en kwaliteit van de omgeving waarin we leven, zijn niet alleen aangenaam op de korte termijn, maar hebben op de lange termijn ook gevolgen voor de ontwikkeling van de mens. Dit laatste is het onderwerp van deze bijdrage: welk gevolg heeft het ingrijpen van de mens in zijn lichaam en zijn omgeving voor de evolutie van de mens, in het bijzonder de ontwikkeling van levensduur? Daarbij breng ik de stelling naar voren dat de levensverwachting van de mens door evolutie verder zal toenemen, boven op de reeds waarneembare effecten op levensverwachting van omgevingsfactoren zoals verbeterde voeding en hygiëne.

Levensverwachting van de mens in perspectief

De maximale levensduur van de mens tot nu toe is 122 jaar, en het gemiddelde ligt tegenwoordig in westerse landen rond de tachtig. Hoe verhoudt zich dat tot andere soorten? Veelgebruikte proefdieren als de fruitvlieg en het wormpje *C. elegans* leven slechts enkele weken. Dit is kort, zelfs voor een vlieg of een worm, en veel ongewervelde dieren leven beduidend langer. Sommige insecten kunnen meer dan twintig jaar oud worden en er zijn schelpdieren gevonden van meer dan vierhonderd jaar oud. Bij de gewervelde dieren is er ook een duizelingwekkende variatie in levensverwachting, met aan het ene eind van het spectrum een klein Australisch visje dat niet ouder wordt dan 59 dagen, en aan het andere eind schildpadden met een maximumleeftijd van minstens 175 jaar en walvissen die waarschijnlijk ruim 200 jaar oud kunnen worden, als we afgaan op vangsten van jagers. De absolute overlevingskampioenen vinden we overigens bij de bomen. Eiken van honderden jaren oud zijn indrukwekkend, maar niet heel bijzonder – de *bristlecone pine* kan wel zesduizend jaar oud worden!

Uit deze beperkte opsomming blijkt dat in de loop van de evolutie een enorme waaier aan levensverwachtingen is ontstaan, waarin de mens (nog) niet een heel uitzonderlijke positie inneemt. Misschien nog opmerkelijker is dat ook nauw verwante soorten sterk in levensverwachting kunnen verschillen. De koninginnen van verschillende soorten termieten worden reeds lange tijd in gevangenschap gehouden, waardoor de maximale levensduur bij benadering bekend is, en die blijkt uiteen te lopen van enkele jaren tot wel 25 jaar. Uit dit soort voorbeelden blijkt dat de (maximale) levensduur geen inerte eigenschap is van een biologisch systeem, in de zin dat er gegeven een algemeen bouwplan weinig ruimte meer is voor variatie. Integendeel, de potentie van evolutie om de levensduur te veranderen blijkt enorm. Dat biedt ook perspectieven voor de mens.

Evolutie en levensverwachting

Wat bepaalt hoe oud de individuen van een soort gemiddeld worden, en waarom verschilt dit zo sterk tussen soorten? Een mogelijke verklaring ligt in verschillen tussen soorten in de kans dat individuen op een kwade dag een dodelijk incident meemaken. Dood door een toevallig incident wordt aangeduid met 'externe mortaliteit'; hiervan is sprake wanneer de kans op sterfte door een bepaalde oorzaak grotendeels buiten de controle van een individu ligt. Dat wil zeggen dat veranderingen in gedrag of fysiologie binnen het natuurlijke repertoire van die soort geen invloed hebben op de kans om door deze oorzaken te sterven; het komt vooral neer op 'pech'. Het zal duidelijk zijn dat bijvoorbeeld een olifant een kleinere kans heeft om door een externe oorzaak te sterven dan een muis, die eerder ten prooi zal vallen aan bijvoorbeeld een roofdier of een overstroming. Variatie in de kans op externe mortaliteit verklaart daarom een deel van de variatie tussen soorten in de gemiddelde levensduur.

Variatie in externe mortaliteit is echter niet het hele verhaal. Wanneer een muis onder optimale omstandigheden gehuisvest wordt – altijd eten en drinken, nooit te koud – is de levensduur nog steeds beperkt tot twee à drie jaar, terwijl een olifant onder deze omstandigheden meer dan vijftig jaar oud kan worden. Muizen en olifanten verschillen blijkbaar ook in wat aangeduid wordt met de 'interne mortaliteit', sterfte door fysiologisch falen van een individu. Externe mortaliteit ('pech') verklaart dus slechts een deel van de variatie in de gemiddelde leeftijdsverwachting zoals we die buiten waarnemen, en verklaart per definitie geen variatie in de *maximale* levensverwachting, die geheel door interne mortaliteit bepaald wordt.

Een antwoord op de vraag wat variatie in de maximale levensduur verklaart, kan in principe gevonden worden in verouderingsmechanismen die interne mortaliteit veroorzaken, zoals kanker, hart- en vaatziekten of andere verouderingsziekten. Bètaonderzoekers binnen en buiten de biologie beperken zich meestal tot de 'hoe-vraag' met betrekking tot variatie in levensverwachting of een ander fenomeen; ze willen het onderliggende mechanisme begrijpen. De evolutionaire biologie voegt een dimensie toe, door naast de hoe-vraag ook de waaromvraag te stellen. Hierbij wordt gedoeld op de vraag waarom in de loop van de evolutie bepaalde (genetische) varianten de natuurlijke selectie hebben overleefd, terwijl we andere varianten nu niet meer terugvinden. Ter illustratie: de vraag waarom een ijsbeer een witte vacht heeft, kan op verschillende manieren beantwoord worden. Het antwoord op de hoe-vraag gaat in op de genetische en fysiologische mechanismen die de kleur van de vacht veroorzaken. Het antwoord op de waaromvraag is fundamenteel anders; het gaat in op de consequenties van een witte vachtkleur voor het evolutionaire succes – *Darwinian fitness* – in verhouding tot andere mogelijke vachtkleuren, bijvoorbeeld in verband met de warmtehuishouding. Met andere woorden, vanuit evolutionair perspectief probeert men te begrijpen op basis van verschillen in evolutionair succes waarom ijsberen juist wit zijn, en niet bruin of zwart zoals andere, nauw verwante berensoorten. Juist vanuit het waaromperspectief is variatie in levensduur een spannend probleem, omdat doodgaan vrijwel altijd de Darwinian fitness van een individu verlaagt. En wanneer een willekeurige, door Darwin uit de Galapagos meegenomen schildpad 175 jaar oud kan worden, waarom wij dan niet?

Vanuit zowel het perspectief van het mechanisme (hoe?) als dat van de evolutie (waarom?) hangt de vraag naar de oorzaak van variatie in levensverwachting nauw samen met de vraag naar de oorzaak van het geleidelijke proces van veroudering. Levensverwachting en verouderingssnelheid hangen immers samen. De definitie van veroudering verschilt enigszins volgens beide gezichtspunten, maar in beide gevallen wordt met veroudering niet gedoeld op het ouder worden als zodanig, maar op het afnemende functioneren naarmate de leeftijd toeneemt. Het is uitsluitend in deze betekenis dat het woord 'veroudering' in deze bijdrage wordt gebruikt.

Er zijn honderden theorieën die het mechanisme van veroudering pogen te verklaren, maar er zijn slechts enkele evolutionaire theorieën geformuleerd met dit doel. Eén belangrijke theorie, de mutatie-accumulatietheorie, postuleert een proces dat hoogstwaarschijnlijk wel optreedt, maar of dit proces kwantitatief van belang is, is nog onduidelijk. We beperken ons daarom hier tot de *trade-off*-theorie, waar relatief veel bewijs voor is.

De basis van de trade-off-theorie van veroudering is dat het gebruik van energie, tijd en voedingsstoffen gelimiteerd is. Vanuit evolutionair perspectief draait het leven uitsluitend om voortplanting. Hieruit volgt dat er slechts twee manieren zijn om grondstoffen nuttig te besteden: aan voortplanting nu (kinderen en kleinkinderen), of aan overleven ten behoeve van voortplanting in de toekomst. Investeren in overleving kan op vele manieren worden bevorderd, bijvoorbeeld door te investeren in reparatie van DNA, waarvoor meer dan honderd verschillende mechanismen bekend zijn, of door het aanleggen van een vetvoorraad om de winter te overleven. Omdat grondstoffen beperkt beschikbaar zijn, gaat de besteding van grondstoffen aan voortplanting ten koste van de grondstoffen die beschikbaar zijn voor het bevorderen van 'overleving'. De trade-off-theorie veronderstelt dat veroudering sneller gaat naarmate er minder grondstoffen aan onderhoud worden besteed. Er is daardoor een trade-off tussen reproductie en de resterende levensverwachting. Dit idee is uitgebreid getest door de investering in voortplanting te manipuleren. Bij vrij levende vogels heb ik dit zelf gedaan door het aantal jongen in nesten te verkleinen, waardoor de ouders minder hard moesten werken voor hun broedsel, wat positieve gevolgen had voor de overleving en toekomstige voortplanting van de ouders. Uit dit type werk blijkt dat een verhoging van het aantal jongen dat in een bepaald seizoen geproduceerd wordt, ten koste gaat van het aantal jongen in latere seizoenen. In evolutionaire zin is dit een vorm van versnelde veroudering. Kortom, veroudering gaat sneller wanneer er meer in voortplanting wordt geïnvesteerd.

De vraag naar de oorzaak van variatie in verouderingssnelheid tussen soorten kan nu in de context van de trade-off-theorie opnieuw geformuleerd worden: wat bepaalt de optimale verdeling van grondstoffen tussen reproductie en overleving? In essentie is het antwoord op deze vraag bekend: de optimale verdeling, en daarmee de snelheid van veroudering, hangt af van de kans op externe mortaliteit. Naarmate de kans groter is dat je door externe oorzaken sterft, is het beter om nu meer in reproductie te investeren ten koste van de investering in overleving. Doordat bij hoge externe mortaliteit de investering in 'onderhoud' lager is, gaat de veroudering sneller. Dit elegante resultaat is gemakkelijk te begrijpen door een vergelijking te maken met het investeren in een pensioen. Wanneer de kans klein is om de pensioengerechtigde leeftijd te bereiken, is er weinig aanleiding om in een pensioen te investeren, en kun je in plaats daarvan beter nu plezier maken met je geld. Is er daarentegen een grote kans dat het leven bij het bereiken van de pensioengerechtigde leeftijd nog lang niet voorbij is, dan is dat aanleiding om fors in het pensioen te investeren, om ook later nog geld te hebben om plezier mee te maken.

Een interessante voorspelling die uit dit inzicht voortvloeit, is dat er een samenhang bestaat tussen externe en interne mortaliteit: soorten die een lage levensverwachting hebben door externe oorzaken, verouderen gemiddeld sneller en zullen zelfs wanneer ze onder optimale omstandigheden worden gehuisvest relatief kort leven. Dat is ook precies wat we zagen bij de vergelijking tussen de muis en de olifant.

Evolutie en de mens

De belangrijkste bijdrage van Darwin aan de biologie is het concept van evolutie door natuurlijke selectie. Dit concept munt uit door de kracht van eenvoud, waardoor duidelijk wordt dat evolutie een onvermijdelijkheid is wanneer aan slechts enkele voorwaarden is voldaan. Wat is evolutie, onder welke voorwaarden vindt die plaats, en voldoet de mens in het tijdperk van 'de maakbare mens' hier nog aan? Zo ja, dan is er ook bij de mens nog steeds sprake van evolutie. Of leven wij in een omgeving die zo kunstmatig is dat biologie en evolutie geen rol meer spelen?

De huidige definitie van evolutie is de verandering van de genetische samenstelling van een populatie (*huidige* definitie omdat genetica zoals we die nu kennen in Darwins tijd nog niet bestond). Uiterlijk, fysiologie en gedrag – het fenotype – komen voort uit een interactie tussen het genoom en de omgeving. Een deel van de fenotypische variatie in een populatie wordt verklaard door omgevingsvariatie, en een deel door genetische variatie. Het relatieve belang van genen en omgeving verschilt tussen eigenschappen. Nieuwe genetische variatie ontstaat door fouten (mutaties) bij het kopiëren van het DNA bij de productie van eicellen en zaadcellen. Er zijn allerlei verschillende soorten fouten; er kan bijvoorbeeld in de kopie een stukje worden verdubbeld of juist weggelaten, of er kunnen wijzigingen ontstaan in enkele basenparen (de kleinste bouweenheid van DNA). Het maken van dit soort fouten is nooit helemaal te vermijden, en mutaties treden daarom op bij alle organismen, ook bij de mens.

Mutaties zijn willekeurig, dat wil zeggen ongestuurd. Hierdoor hebben de meeste mutaties tot gevolg dat de kwaliteit van de drager een beetje minder wordt, in die zin dat de drager gedurende zijn of haar leven een beetje minder nakomelingen produceert dan zonder die mutatie het geval zou zijn. Dit is niet verbazingwekkend. Stel je voor dat je in een muziekstuk een willekeurige noot door een andere noot zou vervangen, dan is het waarschijnlijkste resultaat dat de muziek een beetje minder goed klinkt. Getuige van dit principe is dat de mutaties bij de mens meestal gevonden worden doordat ze op de een of andere manier een negatief effect hebben op de gezondheid. Mutaties kunnen uiteraard ook een positief effect hebben, dat wil zeggen: de drager produceert een beetje meer evolutionair succesvolle nakomelingen dan niet-dragers. Net zo zal heel soms een willekeurige verandering een muziekstuk mooier maken. Doordat genetische varianten verschil opleveren voor het aantal geproduceerde nakomelingen, is de genetische samenstelling van de volgende generatie vanzelf een beetje anders – er is evolutie!

Doordat er ook bij de mens variatie is in het aantal nakomelingen, en er nieuwe genetische varianten ontstaan, is het onvermijdelijk dat er ook bij de mens selectie is van genetische varianten die het goed doen. Als die selectie heel sterk is, in de zin dat verschillen in succes heel groot zijn, kan natuurlijke selectie op genetisch niveau snel waargenomen worden. Zo worden in Nairobi (Kenia) prostituees door onveilige seks voortdurend besmet met hiv, en de meesten van deze vrouwen krijgen na verloop van tijd aids. Enkele vrouwen echter lijken immuun; ondanks jarenlang voortdurende regelmatige besmetting krijgen zij geen aids. Als de oorzaak van deze resistentie een genetische basis heeft, waar aanwijzingen voor zijn, dan zal de positieve selectiedruk op deze genetische variant heel sterk zijn in deze populatie.

Evolutie en omgeving

Welke genetische variant de favoriet is van natuurlijke selectie hangt af van de omgeving, omdat die bepaalt wat de optimale kenmerken van een organisme zijn. Een voorbeeld is de resistentie tegen hiv-infectie, zoals hierboven is besproken. Een genetische variant met dit effect is in een wereld zonder hiv misschien selectief neutraal of heeft zelfs een negatief effect op de Darwinian fitness, maar biedt in aanwezigheid van hiv een sterk selectief voordeel. Het begrijpen en voorspellen van de evolutie van een organisme is daarom alleen mogelijk wanneer de leefomgeving in de beschouwing wordt betrokken.

Een opvallende eigenschap van de mens in vergelijking met andere diersoorten is de mate waarin de mens zijn leefomgeving zelf inricht. In wat bescheidener mate komt dit ook bij andere diersoorten voor, wat in de ecologie bekendstaat als *niche construction*. Een indrukwekkend voorbeeld zijn de enorme nesten waarin termieten een groot deel van hun leven doorbrengen, die voor veiligheid en een constant klimaat zorgen. Een spannend gevolg van niche construction is dat een soort zijn eigen evolutie beïnvloedt, omdat immers de evolutie afhankelijk is van de omgeving. Op deze manier heeft de mens waarschijnlijk een relatief sterke invloed op zijn eigen evolutie. Een voorbeeld: vergelijkend onderzoek tussen tropische en niet-tropische diersoorten heeft laten zien dat tropische soorten minder goed extra warmte kunnen genereren wanneer ze in een koude omgeving worden geplaatst. Dit geeft aanleiding om te denken dat het vermogen van de mens om zich tegen kou te beschermen door middel van vuur, kleding en behuizing misschien als effect heeft gehad dat ons vermogen om lichaamswarmte te genereren in de loop van de evolutie verminderd zou zijn. Volgens dit idee zijn we door evolutie misschien een beetje een tropische soort geworden (of gebleven), omdat we onze leefomgeving zo hebben ingericht dat we steeds minder afhankelijk zijn van ons vermogen om lichaamswarmte te genereren.

Het lichaam als omgeving

Het onderscheid tussen enerzijds het inrichten van de leefomgeving en anderzijds het 'maken' van de mens door biomedisch ingrijpen, verbeterde voeding en bescherming tegen ziekten, is vanuit het genoom gezien niet zo groot. Vanuit dat perspectief is het lichaam, met name het selecte deel waaruit de eicellen en zaadcellen worden geproduceerd, een onderdeel van de omgeving.

Nog sterker, vanuit een gen bekeken is ook de rest van het genoom een deel van de omgeving. In die zin is een modificatie van een bepaald gen voor alle andere genen niet meer dan een verandering in de omgeving, en daarom ook niet principieel anders dan 'echte' omgevingsveranderingen. Voor een gen is het lichaam slechts een wegwerpproduct dat dient om het gen te vermenigvuldigen – zoals een kip gezien kan worden als een middel dat door een ei wordt ingezet om een nieuw ei te maken.

In evolutionair perspectief liggen de recente biomedische ontwikkelingen, inclusief genetische manipulatie, en de al eeuwen plaatsvindende omgevingsmanipulatie dus in elkaars verlengde. Bezien vanuit het perspectief van een gen zijn het beide omgevingsmanipulaties. Dus wanneer we minder warmte hoeven te genereren, is het vanuit het genoom gezien bijna equivalent of we dat bereiken met een jas of met een vacht van lichaamshaar. Een gen is zonder moraal; het enige wat telt is het effect op de voortplanting, en niet hoe het bereikt wordt.

De maakbare mens – door evolutie?

De mens leeft in een zelfgeschapen omgeving die in een groot deel van de wereld de laatste eeuwen sterk is veranderd. Hierdoor is er een groot verschil tussen de omgeving waarin wij nu leven, en de omgeving waarin we het grootste deel van onze evolutionaire geschiedenis hebben doorgebracht. Dit verschil wordt door technische en biomedische ontwikkelingen snel groter. De evolutie van de mens staat ondertussen niet stil; de mens past zich immers steeds opnieuw aan aan de veranderende omgeving. Tot op zekere hoogte is de werking

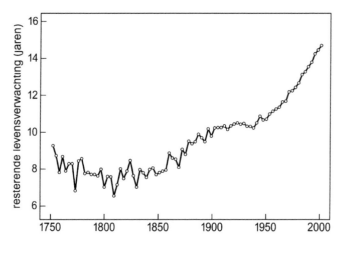

Levensverwachting in Zweden van mannen van 70 jaar oud (driejaars lopend gemiddelde). Uit: Finch e.a. 2005.

van evolutionaire processen universeel, wat het mogelijk maakt om onderbouwde voorspellingen te doen over de manier waarop de mens door evolutie zal veranderen.

Een belangrijk gevolg van de veranderde omgeving en de biomedische ontwikkelingen is dat mensen in de westerse wereld steeds langer leven. De gemiddelde leeftijd bij sterven van vrouwen in Japan neemt lineair toe met drie maanden per jaar – dat betekent dat voor elk jaar dat een Japanse vrouw leeft, haar resterende levensverwachting met slechts negen maanden afneemt! Dat mensen gemiddeld steeds langer leven, wordt gedeeltelijk veroorzaakt door de afname in kindersterfte. Maar ook wanneer alleen de levensverwachting van ouderen wordt bekeken, blijkt die sterk te zijn toegenomen. Dit wordt geïllustreerd in de figuur hierboven, waarin te zien is dat de levensverwachting van Zweedse mannen die zeventig jaar oud zijn al ruim 150 jaar toeneemt. Deze toename is de laatste vijftig jaar ongeveer 1,8 maand per jaar en lineair, en dat laatste is aanleiding om te verwachten dat deze stijging nog wel enkele decennia door zal gaan.

Welk effect heeft de spectaculair toenemende levensduur op de evolutie van de mens? De langere levensduur is onder andere het gevolg van een afname in de mortaliteit door factoren waar een organisme weinig directe controle over heeft. Het is wat paradoxaal, maar hieronder vallen ook veel aspecten van de omgeving waarin een organisme opgroeit en leeft – hierop heb je als individu wel invloed, maar die is verwaarloosbaar in vergelijking met de grote verschillen die worden veroorzaakt door de plaats en tijd waar je leeft. En zoals hierboven is beschreven aan de hand van de muis-olifantvergelijking, induceert het leven in een omgeving met minder externe mortaliteit een evolutionaire verschuiving naar langzamere veroudering. Het is de moeite jezelf te sparen voor later, omdat de kans groter wordt dat je er dan nog bent. Of, andersom geformuleerd, er is geen reden om jezelf snel 'op te branden' – er is immers tijd genoeg.

De evolutionaire verlenging van de levensduur zal optreden boven op (en ook dankzij!) de spectaculaire toename in levensduur die we nu al waarnemen door het ingrijpen van de mens in zijn levensomstandigheden. Hoe snel en in welke mate het evolutionaire effect op levensduur zal optreden is moeilijk aan te geven, maar we kunnen er zeker van zijn dat de levensduur van mensen in de westerse wereld door evolutie zal toenemen wanneer de extrinsieke mortaliteit laag blijft.

Neveneffecten

Een verlenging van de levensduur heeft ook allerlei biologische en maatschappelijke neveneffecten, waarvan sommige zijn te voorspellen. Een langzamere veroudering en langere levensduur gaan meestal samen met een langere ontwikkelingstijd, zeg maar de leeftijd waarop iemand voor het eerst een kind krijgt. Bij dieren en planten heeft een langere ontwikkelingstijd meestal als gevolg dat een organisme op het moment dat de reproductie begint ervarener is, of groter en sterker is, of een geschikter territorium heeft. Een langere ontwikkelingstijd heeft op deze manier een positief effect op het voortplantingssucces. Ook bij mensen is dit effect waarschijnlijk aanwezig, in ieder geval gedurende een deel van het leven. Vroeg kinderen krijgen bemoeilijkt de ouders immers om in hun opleiding te investeren, en mensen worden meestal rijker met het toenemen van de leeftijd. Wat dat betreft lijkt het optimaal om het krijgen van kinderen zo lang mogelijk uit te stellen.

Een nadeel van het verlengen van de ontwikkelingstijd is dat, vooral bij vrouwen, er minder jaren over zijn om aan reproductie te besteden. Daarom is er vanuit evolutionair perspectief een optimale ontwikkelingstijd, dat wil zeggen het ideale compromis tussen de voor- en nadelen van het verlengen van de ontwikkelingstijd. Wanneer de levensduur langer wordt, wordt de optimale ontwikkelingstijd langer, omdat de prijs die betaald wordt voor het uitstellen van de reproductie kleiner wordt. Er is dus aanleiding om te verwachten dat een toenemende levensduur tot gevolg heeft dat mensen op hogere leeftijd hun eerste kind zullen krijgen. Deze voorspelling wordt ondersteund door het feit dat er een genetische koppeling bestaat tussen de leeftijd waarop vrouwen hun eerste kind krijgen, en hun levensduur. Dat wil zeggen, er zijn genen die zowel maken dat iemand laat haar eerste kind krijgt, als dat zij lang leeft, wat het evolutionair gemakkelijker maakt om beide eigenschappen tegelijk te veranderen.

Een andere consequentie van een langere levensduur is dat de subjectieve waarde van een mensenleven nog verder zal toenemen. Immers, een dodelijk verkeersongeluk op vijftigjarige leeftijd heeft een heel andere impact in een populatie waarin men gemiddeld 55 jaar oud wordt, dan in een populatie die gemiddeld 140 jaar wordt. Het is goed voorstelbaar dat dit tot extra risicomijdend gedrag zal leiden. Misschien worden alle kinderen in de toekomst naar school gebracht in een SUV, of worden auto's helemaal beschouwd als een te gevaarlijk transportmiddel?

Een langere levensduur heeft ook financiële consequenties. Gegeven een bepaald productiviteits- en consumptieniveau is het onvermijdelijk dat wanneer de levensduur toeneemt ofwel mensen gedurende hun leven meer gaan werken, bijvoorbeeld door op latere leeftijd met pensioen te gaan, ofwel de pensioenen lager worden. Deze keuze speelt nu al; pensioenfondsen betrekken schattingen van de toenemende levensverwachting sinds kort in de financiële planning.

Op weg naar onsterfelijkheid?

Het doen van voorspellingen met betrekking tot de evolutie van de mens lijkt een wat gratuite oefening – de tijd waarin de voorspelling al dan niet uitkomt, zal de voorspeller immers nooit meemaken. Een verdere onderbouwing van de voorspelling dat de levensduur van de mens door evolutie verder zal toenemen, is gelukkig wel mogelijk. Ervan uitgaand dat de recente toename in levensduur op zijn minst in stand blijft (ondanks economische crises, multiresistente bacteriën en andere plagen), zal er om te komen tot evolutionaire verlenging van de levensduur moeten worden voldaan aan een aantal randvoorwaarden. In het kort zijn die randvoorwaarden (1) dat er genetische variatie is in levensduur, en (2) dat een langer leven ook werkelijk het aantal evolutionair succesvolle nakomelingen verhoogt.

Met betrekking tot de genetica is het vooral van belang of

een deel van de variatie in levensverwachting door genetische variatie veroorzaakt wordt. Dat wil zeggen dat mensen die relatief lang leven, dat in ieder geval voor een deel doen op grond van de samenstelling van hun genoom, en niet uitsluitend door omgevingseffecten. Immers, alleen wanneer er genetische varianten bestaan die een langer leven tot gevolg hebben, kan evolutie tot een langere levensduur leiden. We kunnen bepalen welke invloed genen in brede zin op levensduur hebben door te onderzoeken in welke mate de levensduur van verwanten samenhangt (zie ook de bijdrage van Annemiek Nelis en Danielle Posthuma). Naarmate genen belangrijker zijn, komt de levensduur van verwanten meer overeen, omdat verwanten meer dezelfde genen dragen. Berekeningen op basis van de overeenkomst in levensduur tussen verwanten geven aan dat in ieder geval een deel (15-30 procent) van de variatie in levensduur een genetische oorzaak heeft. Overigens hangt het belang van de genetische variatie vaak van de omgeving af, en wel zo dat genen belangrijker zijn wanneer de omgeving van hoge kwaliteit is.

Genetische variatie blijkt ook belangrijker wanneer vroege sterfte, bijvoorbeeld voor het vijftigste levensjaar, buiten de analyse wordt gehouden. De genetische analyses tot nu toe zijn natuurlijk uitgevoerd met gegevens van mensen die lang geleden zijn geboren, bijvoorbeeld voor 1900, want een cohort is pas bruikbaar voor analyse wanneer de meeste leden gestorven zijn. Het kan daarom best zo zijn dat in de toekomst zal blijken dat genetische variatie nu meer invloed heeft dan een eeuw geleden. In elk geval is ook nu al duidelijk dat genetische factoren belangrijk genoeg zijn om evolutie van levensduur mogelijk te maken.

Mensen die genetisch zo in elkaar zitten dat ze langer leven, zullen daar evolutionair alleen voordeel van hebben wanneer ze die extra levensduur ook kunnen benutten om hun voortplantingssucces te verhogen. Het is niet zonder meer duidelijk of een langere levensduur het aantal succesvolle nakomelingen ook verhoogt, in het bijzonder bij vrouwen, die na de menopauze geen kinderen meer baren. Toch zijn er redenen om te verwachten dat mensen met een relatief langere levensduur, ook nu al, meer succesvolle nakomelingen kunnen produceren. In de eerste plaats schept de levensduurverlenging de mogelijkheid om die voor reproductie te gebruiken. Nieuwe en bestaande genetische varianten die daar gebruik van maken, zullen in het voordeel zijn en dus toenemen in de populatie, wat vroeg of laat ook zal gebeuren.

In de tweede plaats is er evolutionair profijt van langer leven, ook voor vrouwen na de menopauze. Dit hangt samen met het feit dat het aantal kinderen sec eigenlijk niet het belangrijkst is, maar dat evolutie selecteert op het totaal aantal afstammelingen verder in de toekomst. Tien kinderen krijgen die samen tien kleinkinderen produceren, is minder waardevol dan vijf kinderen krijgen die samen vijftien kleinkinderen produceren. Hieruit blijkt dat het verwekken of baren van kinderen niet de enige manier is om meer nakomelingen te krijgen. Een alternatief is om de kinderen die je al hebt, te helpen met het grootbrengen van hun kinderen (jouw kleinkinderen); er is meermalen aangetoond dat de aanwezigheid van een oma het voortplantingssucces van de kinderen verhoogt. Een langere levensduur kan dus evolutionair voordelig zijn zonder zelf extra kinderen te produceren.

Conclusie

De omgeving waarin we leven wordt zodanig door de mens beheerst dat de vraag gelegitimeerd lijkt in hoeverre evolutie door natuurlijke selectie bij de mens nog een rol kan spelen. Het antwoord op deze vraag is niet eenduidig. Voor delen van het genoom lijkt het waarschijnlijk dat selectie nu minder hard is dan in het verleden. Denk bijvoorbeeld aan genen die coderen voor de lens in ons oog. Door de mogelijkheid om een bril op te zetten is daar vast minder harde selectie op dan in het verleden.

Aan de andere kant zal, door de evolutionaire druk die langer leven bevoordeelt, zoals het 'oma-effect', natuurlijke selectie op genen die de levensduur bepalen harder zijn geworden. Zelfs in de comfortabele wereld waarin we nu leven, doet de evolutie haar werk. Doordat onze leefomgeving in de recente eeuwen zo is veranderd, is het waarschijnlijk dat onze evolutie op dit punt nu zelfs relatief snel gaat.

Stormachtige technologische en biomedische ontwikkelingen maken samen met een betere voeding en leefomgeving dat we steeds langer leven. Hierbij wordt er steeds ingrijpender aan individuele mensen zelf gesleuteld, tot genetische modificatie aan toe.

Dit lijkt een breuk met het verleden, maar vanuit evolutionair perspectief is dat schijn. Het lichaam en de rest van het genoom zijn voor een gen immers sowieso slechts onderdelen van de omgeving, en zo bezien is er niets nieuws onder de zon. Voor een willekeurig gen is er geen wezenlijk verschil tussen de uitvinding van het wiel, het aantrekken van gymschoenen of genetische manipulatie die platvoeten voorkomt; vanuit het gen gezien zijn het allemaal omgevingsfactoren. Ook in het biomedische tijdperk kan de evolutie dus grotendeels haar werk blijven doen.

Een verrassend neveneffect van de langere levensduur die met het biomedische tijdperk gepaard gaat, is dat evolutie daar vermoedelijk nog een schepje bovenop zal doen. Hierdoor zullen onze nazaten nóg langer leven dan we op basis van de technologische ontwikkelingen zouden verwachten. De mens is dus op een onverwachte manier maakbaar, in die zin dat de mens als gevolg van menselijk ingrijpen in de omgeving – waaronder zijn eigen lichaam – door evolutie steeds zal blijven veranderen. Tegelijkertijd is dit een volstrekt ongecontroleerd proces. Dat wil zeggen, we kunnen voorspellen dat de levensduur door evolutie zal toenemen, maar we kunnen dit proces niet beïnvloeden, niet wat werkwijze noch wat snelheid betreft.

Onsterfelijkheid zal overigens niet bereikt worden, al was het maar omdat de kans op een dodelijk ongeluk nooit helemaal nul wordt. Wanneer een dodelijk ongeluk de enige sterfteoorzaak was, zouden we ruim duizend jaar oud worden. Dat voorlopige maximum lijkt nu nog onhaalbaar ver weg, maar we zullen wel in die richting opschuiven. Zou de eerste mens die tweehonderd jaar oud wordt al geboren zijn?

Literatuur

Austad, S.N. (1997), *Why We Age: What Science is Discovering about the Body's Journey through Life*, New York: Wiley.

Dawkins, Richard (1976/1989), *The Selfish Gene*, Oxford: Oxford University Press.

Finch, Caleb E., en Eileen M. Crimmins (2005), 'Response to Comment on "Inflammatory Exposure and Historical Changes in Human Life-Spans"', *Science* 308, nr. 1743b.

Met dank aan Bas Zwaan voor discussie over de opzet van deze bijdrage, Dick Visser voor het tekenen van de figuur op p. 176, en NWO voor financiële ondersteuning in de vorm van een VICI-beurs.

III

Dilemma's en uitdagingen

9

Kiezen voor preventie: de maakbaarheid van genetische testen

Annemiek Nelis, Symone Detmar en Elske van den Akker

Aan het begin van de film *Gattaca* beschrijft de hoofdpersoon – Vincent – hoe hij ter wereld komt als gevolg van een daad van liefde tussen zijn ouders. Vincent wordt geboren in een tijd waarin het niet voor iedereen vanzelfsprekend is dat ouders de kwaliteiten en capaciteiten die zij via hun genen aan hun kinderen doorgeven, aan het toeval overlaten. Tijdens de bevalling praten de verpleegkundigen in onomwonden begrippen over de keuze die de ouders van Vincent hebben gemaakt. 'Honey, you have made one mistake... The child won't be thankful.'

Direct na de bevalling wordt aan de hand van een klein beetje bloed uit de navelstreng Vincents DNA geanalyseerd. Pagina's met resultaten rollen uit de computer, waarbij de machine op diverse momenten waarschuwend begint te loeien. De verpleegkundigen kijken elkaar veelbetekenend aan. De vader van Vincent vraagt wat er mis is. De voice-over, de stem van de volwassen Vincent, merkt op:

> Of course, there was nothing wrong with me. Not so long ago I would have been considered a perfectly healthy, normal baby. Ten fingers, ten toes. That was all that used to matter. But now my immediate well-being was not the sole concern.

Uit de genetische data blijkt dat Vincent 60 procent kans heeft om gedurende zijn leven een zenuwziekte te krijgen, 42 procent kans op manische depressiviteit, 66 procent kans op obesitas, 89 procent kans op ADHD en, het ergste, 99 procent kans om op jonge leeftijd aan een hartaanval te bezwijken. Zijn levensverwachting is 33 jaar.

De ouders van Vincent besluiten om voorlopig geen tweede kind te krijgen totdat zij het zich financieel kunnen veroorloven om niet het toeval te laten bepalen hoe goed hun nageslacht het in de maatschappij zal doen, maar om via genetische technieken een ideale set van genen te selecteren. Enkele jaren later wordt, geholpen door de medische technologie, Vincents broer Anton geboren.

Gattaca schetst een wereld waarin het genetische profiel van individuen allesbepalend is. De maatschappij draait om genen en DNA. Rijkdom, religie of ras zijn niet langer de bron van maatschappelijke ongelijkheid. De beloftes van het genoom bepalen juist of iemand zal stijgen op de maatschappelijke ladder of niet. De film laat vervolgens zien welke druk dit legt zowel op de genetisch gefortuneerde, als op degene die het, zoals Vincent, met een 'minder' genoom moet stellen. De mens wordt bepaald door de selectie van een juiste set genen.

Populaire films als *Gattaca* bieden de mogelijkheid om te reflecteren op nog onbekende toekomsten. Dit gebeurt onder andere door het identificeren en articuleren van de maatschappelijke gevolgen en de normatieve vragen die zijn verbonden aan het toekomstige gebruik van genetische kennis en technologie. Vaak staat in discussies de wenselijkheid van dergelijke toekomstscenario's centraal: is dit een samenleving waarin wij zouden willen leven? In deze bijdrage doen wij iets anders. We gebruiken de film als startpunt om te reflecteren op de vraag wie of wat beslist over maakbaarheidstechnieken. En hoe waarschijnlijk is het vervolgens dat wij ons in de toekomst in een *Gattaca*-achtige wereld zullen bevinden?

Kenmerkend voor veel sciencefictionverhalen, zoals *Gattaca*, is dat deze zelden stilstaan bij de vraag *hoe* technologie zich verspreidt in de samenleving. Vaak schetst de openingsscène al een wereld waarin slimme technologie alomtegenwoordig is. De technologie is met andere woorden een (voldongen) feit. Voor zover de vraag 'wie of wat beslist over maakbaarheidstechnieken' in sf-films en -verhalen een thema is, gaat het vrijwel altijd om overmachtige (overheids)systemen die doen denken aan *Brave New World*, of om eenlingen die de wereld proberen te overheersen en daar zelden in slagen, zoals te zien is in *The Boys From Brazil* (zie ook de bijdrage van Bert-Jaap Koops, 'Een unieke kopie'). Nieuwe technieken zijn in de meeste sf-verhalen een gegeven. Waar ze vandaan komen, wordt niet beschouwd.

In deze bijdrage zullen we laten zien dat de vraag wie waar, wanneer en hoe beslist of nieuwe en innovatieve technologieën worden gebruikt, geen eenduidig antwoord heeft. De ontwikkeling en het gebruik van nieuwe genetische technieken worden bepaald door een serie van keuzes, die op verschillende plaatsen door verschillende personen en met behulp van verschillende methoden worden gemaakt.

Hier komen achtereenvolgens een econoom (Van den Akker), een sociaal-psycholoog (Detmar) en een technieksocioloog (Nelis) aan het woord om ieder vanuit hun eigen vakgebied te laten zien op welke wijze keuzes rondom genetische technologie een rol spelen bij de maatschappelijke introductie van technologie en de articulatie van maatschappelijke en ethische vragen. Alle drie houden zij zich bezig met gezondheidszorgpraktijken en in het bijzonder met genetica. Hun verhalen over keuzes zijn gesitueerd op verschillende plaatsen en beschrijven verschillende actoren, verschillende normen en verschillende maatschappelijke effecten.

De casus: verbeteren door preventie

In de literatuur wordt vaak een verschil gemaakt tussen enerzijds het 'verbeteren' van de mens (*enhancement*) en anderzijds het 'behouden of herstellen' van de gezondheid van de mens (medische interventie). Verbeteren is dan gericht op het verhogen van prestaties: de vergroting van kracht, intelligentie en uithoudingsvermogen bijvoorbeeld. Herstellen is gericht op genezing; dit gebeurt door middel van medicatie, medisch ingrijpen of juist door leefstijlaanpassingen als meer bewegen en minder eten. Daarnaast kennen we medische hulpstukken, zoals kunstlenzen, kunstheupen, kunstharten, pacemakers en shunts, die zich doorgaans richten op herstel, maar soms ook leiden tot verbetering. Het verschil tussen beide is niet altijd even helder. Kunstlenzen bijvoorbeeld zijn vandaag de dag dusdanig goed dat de ontvanger na de implantatie soms beter ziet dan ooit tevoren. En ook onderbeenprotheses, zoals gebruikt door de Zuid-Afrikaanse hardloper Oscar Pistorius, die wilde deelnemen aan de Olympische Spelen van 2008, staan ter discussie omdat hiermee misschien harder gelopen kan worden dan op 'natuurlijke' benen.

In deze bijdrage richten we ons op een onderwerp dat niet direct is te begrijpen als een vorm van genezen, noch als een vorm van verbeteren: de *preventie* van ziekte, leed en lijden. Wat betekent het idee van maakbaarheid in het geval van preventie? Preventie veronderstelt, evenals verbeteren en soms ook genezen, dat het leven maakbaar is in de zin van 'te beheersen en te sturen'. Besloten in dit beheersstreven ligt een normatief uitgangspunt of ideaal: de wens om een samenleving te hebben van vooral gezonde of niet-zieke mensen. Het voorkómen van ziekte, leed en lijden komt met andere woorden voort uit hetzelfde ideaal als het verbeteren van menselijke eigenschappen. Beide trachten het lot te beïnvloeden waaraan de mens van nature is blootgesteld.

De preventie van ziekte gebeurt zowel door het nemen van maatregelen die ertoe bijdragen dat mensen niet ziek worden, bijvoorbeeld door medicijngebruik, gezond eten en bewegen, als door het voorkomen dat ziekte en ziektegenen worden doorgeven aan het nageslacht. Ook het 'niet geboren laten worden' van mensen met een ziekte of beperking is daarom een vorm van preventie. Vanaf het begin van de jaren zeventig van de twintigste eeuw ontstonden in Nederland en elders gaandeweg steeds meer mogelijkheden om ernstige onbehandelbare aandoeningen in een vroeg stadium, dat wil zeggen vóór de geboorte, te diagnosticeren.

Genetische diagnostiek bood de mogelijkheid om bij een ernstige onbehandelbare aangeboren of erfelijke aandoening de zwangerschap vroegtijdig af te breken. Preventieve genetische diagnostiek heeft als doel om (toekomstige) ouders een geïnformeerde keuze te laten maken over hun nageslacht. Het beperken van het aantal kinderen met een ernstige aangeboren of erfelijke aandoening is nadrukkelijk geen doel van deze vorm van diagnostiek, maar is uiteraard wel een mogelijk gevolg of effect van deze preventieve technologie.

Preventieve genetische techniek kent grofweg twee toepassingen: technologie die wordt gebruikt voor *screening* en technologie die wordt gebruikt voor *diagnostiek*. In beide gevallen wordt de aanwezigheid van een genmutatie aangetoond. Genetische screening richt zich op een aanbod van de overheid bij doelgroepen die doorgaans geen klachten of symptomen hebben. Genetische screening wordt door de Gezondheidsraad omschreven als 'onderzoek bij mensen ter systematische vroege opsporing of uitsluiting van een erfelijke ziekte, de aanleg daarvoor of dragerschap van een aanleg die bij het nageslacht tot een erfelijke ziekte kan leiden, ongeacht het type onderzoek waarmee dit wordt vastgesteld'. Doel van screening is een eventueel verhoogd risico aan te tonen.

Bij genetische diagnostiek ligt het initiatief bij het individu.

Op basis van klachten en symptomen of een voorgeschiedenis in de familie wordt gekeken of er bij individuen sprake is van een gendefect. Individuen of families melden zich hiervoor doorgaans zelf bij een hulpverlener, bijvoorbeeld de huisarts of klinisch geneticus. Doel is om de aanwezigheid van een genetische mutatie aan te tonen. Zowel voor genetische screening als voor genetische diagnostiek zijn de mogelijkheden in de afgelopen jaren sterk toegenomen.

Preventieve genetische diagnostiek gebeurt in Nederland zowel door prenataal onderzoek, dat wil zeggen onderzoek voor de geboorte, als via postnataal onderzoek, dat wil zeggen vlak na de geboorte. Prenataal onderzoek kan op diverse manieren gebeuren: via echo-onderzoek of via meer invasieve methoden als de vruchtwaterpunctie (bij zestien weken zwangerschap) of de vlokkentest (bij twaalf weken zwangerschap). De veelbesproken pre-implantatie genetische diagnostiek (PGD, zie ook de bijdrage van Annemiek Nelis en Danielle Posthuma) wordt gebruikt bij ouderparen van wie bekend is dat zij een verhoogd risico hebben op een erfelijke aandoening. PGD is DNA-diagnostiek gecombineerd met een ivf-behandeling. Buiten de baarmoeder worden enkele eicellen bevrucht. Wanneer deze bevruchte eicellen zich gaan delen en er acht cellen zijn gevormd, is het mogelijk om, met slechts een zeer kleine kans op schade aan het embryo, een van deze cellen weg te nemen om aan de hand van het DNA van dit embryo te kijken of sprake is van de bewuste genetische afwijking.

Door middel van PGD en prenatale diagnostiek is het mogelijk om voor de geboorte vast te stellen of een embryo een ernstige, onbehandelbare aandoening heeft. In het geval van prenatale diagnostiek wordt bij een aangetoonde afwijking – zoals het syndroom van Down of een open rug (anencefalie) – de ouders de keuze gelaten of zij de zwangerschap wel of niet willen afbreken. In het geval van pre-implantatie genetische diagnostiek worden alleen die embryo's in de baarmoeder geplaatst waarvan is vastgesteld dat ze de desbetreffende aandoening niet hebben.

De screening voor de geboorte, aldus de voorlichtingsfolders en handboeken voor genetische counseling, heeft als belangrijkste doel om ouderparen een keuze te bieden. Deze keuze betreft in de eerste plaats of ouders kennis willen nemen van de vraag of er bij hun ongeboren vrucht sprake is van een erfelijke of aangeboren aandoening. Indien de vrucht aangedaan blijkt te zijn, wordt toekomstige ouders opnieuw een keuze voorgelegd, namelijk de keuze of zij de zwangerschap willen afbreken of uitdragen.

Screening na de geboorte gebeurt onder andere door middel van de hielprik. Hierbij is het primaire doel om schade dan wel ziektelast te verminderen door vroegtijdig met de behandeling te beginnen. Bovendien kunnen ouders, wanneer sprake is van een erfelijke aandoening, bij een eventueel volgende zwangerschap hiermee rekening houden. Ouders krijgen zowel de keus voorgelegd of ze hun kind willen laten screenen op een zeventiental aandoeningen, alsook de vraag of ze informatie over dragerschap willen ontvangen. In deze bijdrage richten we ons op verschillende aspecten van zowel preventieve genetische diagnostiek als preventieve genetische screening.

De economische keuze: prioriteiten stellen

Voorafgaand aan het aanbieden van screening is veelal een andere keuze gemaakt: de maatschappelijke of politieke keuze om deze testen toe te passen in de klinische praktijk. Hoewel nieuwe testmogelijkheden veelal in de klinische praktijk worden ontwikkeld en in eerste instantie meestal slechts op kleine schaal worden toegepast bij een beperkte groep (toekomstige) ouders, zijn het uiteindelijk beleidsmakers, politici en verzekeraars – daarbij geholpen door ethici, juristen en gezondheidseconomen – die bepalen welke testen al dan niet grootschalig worden aangeboden. Het is vaak aan politici en beleidsmakers om te bepalen welke preventieve technieken daadwerkelijk aangeboden worden of blijven.

Soms leidt dit tot een fel debat. De discussie die begin 2008 losbarstte over de uitbreiding van embryoselectie bij PGD, waarbij de vraag centraal stond of ook (toekomstige) ouders met een verhoogd risico op erfelijke vormen van borst- of darmkanker in aanmerking kunnen komen voor PGD, is hier een voorbeeld van. Terwijl de Gezondheidsraad hierover een positief advies had afgegeven en in Maastricht alles klaarstond om te beginnen met de procedure, bleek in de politieke arena onenigheid te bestaan over de vraag of dit wenselijk was of niet.

Er bestaan meer technologische mogelijkheden voor preventief onderzoek dan er worden toegepast. Niet alles wat technisch kan, wordt ook gerealiseerd. Doorgaans moeten we prioriteiten stellen, en dit betekent dat er gekozen dient te worden. Dergelijke keuzes zijn onder meer financieel van aard. Zorg is evenals preventieve maatregelen een schaars goed. De gezondheidszorg zou onbetaalbaar zijn als we alle technologische mogelijkheden die ontwikkeld worden ook daadwerkelijk zouden toepassen. Hoe komen in dat licht keuzes voor nieuwe technologieën tot stand en welke afwegingen spelen daarbij een rol?

Binnen de economie van de gezondheid wordt een aantal criteria gehanteerd voor het vormgeven van transparante besluitvorming omtrent de prioritering van veelal innovatieve technische mogelijkheden. Deze criteria zijn solidariteit, noodzakelijkheid en kosteneffectiviteit. Solidariteit betreft het principe dat iedereen recht heeft op een goede gezondheid en op goede zorg. Daarnaast zullen interventies met een hogere noodzakelijkheid – dat wil zeggen die voldoen aan een grote zorgbehoefte – eerder in aanmerking komen voor financiering uit het collectief beschikbare gezondheidszorgbudget dan interventies die als minder noodzakelijk worden beschouwd. Tot slot zullen interventies die meer effect bieden tegen gelijke of lagere kosten ook eerder in aanmerking komen voor financiering. Deze 'value for money' kan worden bepaald met behulp van wat wordt genoemd kosteneffectiviteitsanalyses.

In kosteneffectiviteitsanalyses worden de kosten van een interventie vergeleken met de kosten van (een) andere interventie(s) of de kosten van de gebruikelijke, reeds bestaande zorg. Het verschil in kosten wordt gekoppeld aan de extra opbrengst die de interventie met zich mee heeft gebracht. Deze opbrengst wordt bij voorkeur uitgedrukt in 'voor kwaliteit gecorrigeerde levensjaren': *quality-adjusted life years* oftewel QALY's. De QALY wordt gedefinieerd als één jaar in goede gezondheid, zowel fysiek als psychisch. Als door een interventie de levensverwachting wordt verlengd met één jaar in goede gezondheid, dan is de opbrengst één QALY. Als de interventie de levensduur niet verlengt, maar wel de kwaliteit van leven doet toenemen van bijvoorbeeld tweederde kwaliteit naar volledige kwaliteit gedurende drie jaar, dan is de opbrengst eveneens één QALY. Voor longtransplantaties bijvoorbeeld bedragen de kosten per gewonnen QALY € 82.462, terwijl het gebruik van viagra 'slechts' € 4163 per QALY kost. Het gebruik van viagra is een voorbeeld van een interventie die geen extra levensjaren tot gevolg zal hebben maar die wel leidt tot toename van de kwaliteit van leven. In het geval van longtransplantatie wordt het effect wel voornamelijk bepaald door de extra levensjaren die verkregen zijn door de transplantatie.

Op basis van de informatie die de kosteneffectiviteitsstudies leveren, kan een overzicht worden gemaakt van de verschillende interventies gerangschikt naar kosteneffectiviteit,

Tabel: Voorbeeld van een *league table*. Bron: Rutten-van Mölken e.a. 2000. Euro's op basis van prijspeil 1995.

Behandeling	Alternatief	Extra kosten per gewonnen QALY (in euro's)
Viagra	Andoscat	4162
Borstkankerscreening	Geen screening	4204
Levertransplantatie	Conservatieve behandeling	36.402
Harttransplantatie	Conservatieve behandeling	38.206
Longtransplantatie	Conservatieve behandeling	82.462

een zogenaamde *league table*. De league table loopt op van de interventie met de laagste kosten per QALY tot de interventie met de hoogste kosten per QALY.

Uitgaand van de veronderstelling dat de doelstelling van beleidsmakers is om de gezondheidswinst te maximaliseren binnen het beschikbare gezondheidszorgbudget, geeft een league table de benodigde informatie om de optimale interventiecombinatie te kiezen. Theoretisch gezien zou dus de interventie met de laagste kosten per QALY prioriteit moeten krijgen van overheden of gezondheidszorgaanbieders. Vervolgens wordt nagegaan of er voldoende budget is om nog een interventie in te voeren. Als dit het geval is, krijgt de volgende interventie uit de league table de tweede prioriteit, en dit wordt vervolgens herhaald tot het beschikbare gezondheidszorgbudget op is.

In theorie klinkt dit uiteraard mooi en zou de keuze voor nieuwe innovatieve technologie moeten uitgaan van een rationeel keuzemodel. Maar in de praktijk spelen de uitkomsten van kosteneffectiviteitsanalyses een beperkte rol. Besluiten tot invoering worden veelal niet genomen op basis van harde criteria, maar zijn tevens het resultaat van andere overwegingen en processen, waarbij ook zaken als de lobby van patiëntengroepen, media en industrie een belangrijke rol spelen. Op grond van de economische rationaliseringsgedachte is via een aantal initiatieven gepleit voor een grote(re) rol van de kosteneffectiviteitsanalyses, zoals blijkt uit bijvoorbeeld publicaties van de Raad voor de Volksgezondheid en Zorg.

In Engeland en Wales wordt sinds de oprichting van het National Institute for Clinical Evidence (NICE) in 1999 veel frequenter gebruikgemaakt van kosteneffectiviteitsanalyses. Aanleiding voor de oprichting van het NICE was de explosie van kennis en technologie in de laatste decennia en de hiermee gepaard gaande kostenstijging van de National Health Service (NHS). Het NICE heeft onder andere tot taak om de effectiviteit en de kosteneffectiviteit van voorzieningen in de ziekenhuiszorg te beoordelen. Mede op basis van deze resultaten wordt al dan niet tot handhaving of invoering van interventies besloten. Daarnaast is verdere ontwikkeling en standaardisering van de methoden voor kosteneffectiviteitsonderzoek noodzakelijk om een prominentere rol voor de economische aspecten in de besluitvorming te bewerkstelligen. De handboeken waarin een poging wordt gedaan om de methodologie te standaardiseren, zijn vooral bruikbaar bij berekeningen voor interventies die zijn gericht op personen van middelbare leeftijd met een fysiek gezondheidsprobleem. Voor personen op jonge of oudere leeftijd of personen met psychische gezondheidsproblemen kan het bijvoorbeeld moeilijk zijn de kwaliteit van leven in te schatten. Kwaliteit van leven wordt doorgaans gemeten met behulp van lijsten met vragen naar het functioneren van mensen op meerdere gebieden: lichamelijk, psychisch en sociaal.

Ook in het geval van prenatale preventieve testen is het moeilijk om een eenduidige maat voor de QALY's te definiëren. Prenataal onderzoek, zo zagen we, biedt ouderparen de mogelijkheid om voorafgaand aan de geboorte op een aantal aandoeningen te screenen. Wanneer wordt vastgesteld dat een embryo een ernstige aangeboren of erfelijke aandoening heeft, kunnen ouders beslissen om de zwangerschap af te breken. Het is niet eenvoudig om in dergelijke gevallen te bepalen wat de 'voor kwaliteit gecorrigeerde levensjaren' zijn. Hoe kunnen we, in het geval van een ernstige en onbehandelbare aandoening, het feit dat een kind níet wordt geboren uitdrukken in QALY's? Voor hoeveel jaren of generaties tellen we de kosten en effecten mee van kinderen die dankzij een prenatale interventie niet overlijden tijdens de zwangerschap?

In het geval van familiaire hypercholermie is sprake van een erfelijke aanleg voor hoog cholesterol, waardoor individuen veelal op jonge leeftijd overlijden aan een hartaandoening. Door een strikt dieet, niet te roken en het gebruik van cholesterolverlagende medicatie kan echter worden voorkomen dat iemand vroegtijdig aan een hartkwaal overlijdt. Sinds enkele jaren kunnen erfelijk belaste familieleden door middel van een DNA-test worden geïdentificeerd en kunnen gendragers tijdig op een dieet en op medicatie worden gezet. De effecten van deze interventie zullen generaties lang doorwerken. Ook hier speelt dan de vraag hoe we iets wat over meerdere generaties effect heeft, uitdrukken in QALY's.

De sociaalpsychologische keuze: de visies van ouders

Kijkend naar de economische beoordeling van nieuwe technologieën kunnen we concluderen dat er een toenemende belangstelling bestaat voor rationele keuzemodellen. Het inkleuren van de witte vlekken in de methodologie voor het bepalen van de kosteneffectiviteit van interventies is dan ook een belangrijke prioriteit. Kosteneffectiviteitsoverwegingen zullen een steeds belangrijkere rol spelen in het maken van beleidsafwegingen. Daarmee kan ook een transparantere besluitvorming op maatschappelijk niveau plaatsvinden, zo verwachten (gezondheids)economen.

Economische keuzes kunnen mede bepalen welke interventies worden aangeboden of vergoed door verzekeraars. Individuen hebben op hun beurt natuurlijk de keuze om al of niet gebruik te maken van medische interventies. Dit keuzerecht gebruiken we lang niet altijd bewust; vaak is meedoen vanzelfsprekend. Over sommige zaken daarentegen beslissen we nadrukkelijk zelf. We nemen de uitbreiding van de hielprik als voorbeeld om te zien welke overwegingen ouders hebben bij het omgaan met nieuwe genetische technologie.

De hielprik is de bloedtest die bij bijna alle pasgeborenen in Nederland wordt uitgevoerd. Tot voor kort werd het bloed dat via de hielprik wordt afgenomen, op drie ziekten getest. Sinds 1 januari 2007 zijn dit zeventien ziekten. De hielprik is een vorm van genetische screening, die gericht is op de preventie van ziekte en waarbij vrijwilligheid van deelname het uitgangspunt is. Door het vrijwillige karakter verenigt het aanbod van genetische screening de idealen die zijn geformuleerd in de preventieve geneeskunde – het voorkomen van ziekte en daarmee van lijden – met de idealen van de medische ethiek – het zelfbeschikkingsrecht van individuen. In de praktijk blijkt dat voor ouders zelf vooral het eerste doel van belang is. Uit groepsgesprekken over de wensen en opvattingen van ouders omtrent (de uitbreiding van) postnatale screening blijkt dat de meeste ouders denken dat de hielprik automatisch wordt gedaan. Ze zijn zich er niet van bewust dat ze het kunnen weigeren. Bovendien blijkt dat ouders zich wel herinneren dat de hielprik uitgevoerd is, maar dat ze meestal niet precies weten waarvoor dit gedaan wordt. Dit ervaren ze niet als een groot probleem, aangezien ze ervan uitgaan dat de screening voorkomt dat een kind onherstelbare schade oploopt.

De zeventien ziekten waarop momenteel wordt getest, zijn

allemaal behandelbare aandoeningen. De nieuwe technieken die nu voor de hielprik worden gebruikt – Tandem Mass Spectometry – maken het tevens mogelijk om een aantal andere, niet-behandelbare aandoeningen op te sporen. In hoeverre zouden ouders ook informatie willen ontvangen over deze niet-behandelbare aandoeningen? Deze vraag is in twee recente studies van Detmar en anderen aan ouders voorgelegd. In groepsgesprekken zijn de voor- en nadelen van screening op vier ziektebeelden besproken, die variëren in mate van behandelbaarheid en tijdstip van optreden: PKU of fenylketonurie (zie ook de bijdrage van Annemiek Nelis en Danielle Posthuma), cystische fibrose (taaislijmziekte), de spierziekte van Duchenne en coeliakie (glutenintolerantie).

Alle ouders zijn vóór uitbreiding van de screening mits het om behandelbare ziekten gaat en de screening voorkomt dat een kind onherstelbare schade oploopt. De ziekte PKU en in mindere mate cystische fibrose zijn daar voorbeelden van. Als de ziekten niet aan deze criteria voldoen, zoals de ziekte van Duchenne (een ernstige onbehandelbare spierziekte) of glutenintolerantie, zijn veel minder ouders bereid deze bij hun kind te laten onderzoeken. De redenen die ouders daarvoor geven, verschillen. Genoemd wordt bijvoorbeeld het verlies van een periode van zorgeloosheid gedurende de tijd dat het kind nog niet zichtbaar ziek is:

> Ik zou het niet willen weten, misschien is dat heel erg struisvogelpolitiek, maar als ik zou weten dat over twee jaar mijn kind aan een verschrikkelijke ziekte zou blijken te lijden, dan zouden die twee jaar verschrikkelijk voor me zijn. Je leeft altijd met die tikkende tijdbom in je achterhoofd en dat zou mijn leven totaal overschaduwen.

Ook kan kennis over de toekomstige ontwikkeling van het kind van invloed zijn op de band die een ouder met het kind opbouwt en hoe het kind wordt opgevoed:

Volgens mij heeft het ook zeker invloed op de opvoeding, want nu wijs je je kind terecht als het vervelend doet, maar als je denkt dat je kind later doodziek wordt, dan zul je hem misschien nooit straffen, dan creëer je eigenlijk een klein draakje.

Sommige ouders geven aan beducht te zijn voor verzekeringstechnische gevolgen. Een enkele ouder geeft aan dat de identiteitsvorming van het kind verstoord wordt indien al voor het manifesteren van symptomen het kind in een hokje wordt geplaatst:

> Wanneer je meteen een behandeling start, al voor je kind ziek wordt, stigmatiseer je zo'n kind. Dat veroorzaakt op zich al een vorm van lijden, want het kind kan zich niet meer als normaal ontwikkelen.

Daartegenover staan de mogelijke voordelen die door ouders genoemd worden: de mogelijkheid het leven in te richten op een kind met de ziekte, een kortere periode van diagnostisch onderzoek, minder onzekerheid, en keuzes ten aanzien van een volgend kind:

> Ik vind het erg belangrijk dat niet al die onderzoeken, die maanden duren, nodig zijn, voordat je weet wat je kindje heeft.

> Ik ben iemand die alles wil weten, want dan kan ik misschien nog iets doen, bijvoorbeeld minder gaan werken. Ook zou ik het voor volgende kinderen willen weten.

De resultaten van deze gesprekken geven aan dat mensen positieve en negatieve aspecten aan 'maakbaarheid' toekennen. Dit geeft ook aan dat het complex zal worden om toestemming te vragen voor de hielprik indien dergelijke aandoeningen toegevoegd zouden worden. Ouders zelf hebben daar een scala aan ideeën over, variërend van het hele screeningsprogramma verplichten tot het hele programma tot een vrije keuze verklaren. Een veelgehoorde optie is dat een deel van het screeningsprogramma conform de huidige praktijk zou kunnen worden aangeboden. Daarbij denkt men vooral aan de ziekten die behandelbaar zijn, zoals het huidige pakket. Voor ziekten waarop andere criteria van toepassing zijn, willen ouders een keuze kunnen maken. Daarbij zouden ziekten geclusterd kunnen worden naar criteria. Zo zou een cluster gemaakt kunnen worden van ziekten waarvoor geen behandeling bestaat, maar die wel gevolgen kunnen hebben voor de keuze voor een volgende zwangerschap, zoals de ziekte van Duchenne. Een ander cluster zou ziekten kunnen bevatten waarbij screening slechts een indicatie geeft van de kans dat het kind de ziekte zal krijgen.

Om een keuze te kunnen maken dient een individu echter wel over goede informatie te beschikken. Voor deelname aan een preventieve activiteit betreft dit informatie over de aard van de ziekte en de kans op deze ziekte, de mogelijke opties voor preventie en de mogelijke (be)handelopties. Wanneer een individu deze informatie combineert met eigen waarden en normen, kan een weloverwogen besluit worden genomen.

Keuzehulpen kunnen in dit geval ondersteuning bieden door informatie te verschaffen, toegesneden op de informatiebehoefte en de persoonlijke situatie van het individu, en daarnaast door mogelijke opties te helpen wegen op aspecten die voor die persoon van waarde zijn. Een voorbeeld daarvan is de keuzehulp 'Prenataal screening Downsyndroom' op www.kiesbeter.nl.

Het blijft echter de vraag of echt recht kan worden gedaan aan de behoefte aan meer informatie die ouders bij een complexer programma ervaren. Met name de vraag of het voor alle (aanstaande) ouders haalbaar is om die informatie te overzien en te verwerken, speelt hierbij een rol. Het gaat immers om een groot aantal complexe ziektebeelden, die bovendien relatief zeldzaam zijn.

Keuzemogelijkheden lijken met name relevant wanneer screening wordt aangeboden voor aandoeningen waarvoor geen adequate behandeling voorhanden is. Een deel van de ouders zegt in een dergelijk geval te willen afzien van opsporing van aandoeningen die niet of nauwelijks (vroegtijdig) behandeld kunnen worden. Anderen willen iedere vorm van kennis over de gezondheid van hun kind zo vroeg mogelijk ontvangen. Een consequentie van het aanbieden van een keuze zou dus betekenen dat de informatie over de hielprik relatief gedetailleerd moet ingaan op de effectiviteit van vroege behandeling van al die verschillende aandoeningen. Het risico op een overload voor ouders is dan groot. Het hebben van meer keuzeopties is dan ook niet per se een goede zaak, met name niet bij keuzes die voor veel ouders lastig of belastend zullen zijn. Dat is des te problematischer omdat de meeste aandoeningen waarop gescreend kan worden, relatief zeldzaam zijn. Het creëren van keuzeopties ten aanzien van het screeningspakket betekent dan dat aan álle ouders gevraagd wordt om lastige keuzes te maken, terwijl slechts in een heel klein aantal van de gevallen daadwerkelijk sprake is van een aandoening. Immers, zowel de kans dat je kind lijdt aan een van de aandoeningen die je voor screening hebt uitgekozen, als de kans dat je kind lijdt aan een aandoening waarop je juist niet hebt laten screenen, is zeer klein. Veel deelnemers gaven na afloop van het groepsgesprek aan dat ze blij waren dat ze deze keuze niet hoefden te maken:

> Ik ben heel blij dat ik dit niet echt hoef te kiezen. Ik zou de verantwoordelijkheid hiervoor heel groot vinden.

De maatschappelijk keuze: de wisselwerking tussen technologie en maatschappij

Hierboven spraken we over de wensen, verwachtingen, ervaringen en voorkeuren van (toekomstige) ouders. Ouders, zo zagen we, zijn een van de gebruikers van genetisch voorspellende technologie. Zij moeten, ieder voor zich en bij iedere zwangerschap opnieuw, een keuze maken en daarmee hun weg bepalen tussen enerzijds zoveel mogelijk willen weten en anderzijds niet onnodig ongerust of bezorgd willen zijn. De keuze van ouders lijkt daarmee te liggen aan het eind van het traject, wanneer nieuwe maakbaarheidstechnologieën hun weg eenmaal hebben gevonden naar het aanbod van de gezondheidszorg. Aan hen, zo lijkt het, is de vraag of een technologie ook daadwerkelijk toegepast gaat worden.

Het beeld van ouders, burgers of patiënten als laatste partij in de keten van personen of instanties die besluiten of maakbaarheidstechnologieën wel of niet gebruikt zullen worden, veronderstelt dat gebruikers pas met nieuwe technologieën in aanraking komen wanneer die al zijn geïntroduceerd in het gezondheidszorgsysteem. Onderzoekers en technici hebben zich over de betrouwbaarheid en veiligheid van de technologie gebogen, economen hebben er hun QALY's voor berekend, en nu is het aan de individuele burger of de patiënt om te besluiten of hij of zij 'wel of niet wil weten' en wat hij of zij met het aanbod van technologische interventies zal doen. Maar klopt dit beeld? Is er wel sprake van een lineair proces van opeenvolgende keuzes? In hoeverre is de gebruiker ook in eerdere stadia betrokken bij de vraag hoe en welke innovatieve technologieën ontwikkeld en toegepast worden? We behandelen twee voorbeelden van de wijze waarop gebruikers – in het bijzonder patiënten – mede vormgeven aan gezondheidszorgtechnologieën.

Voor de meeste patiënten geldt dat zij pas in aanraking komen met de resultaten van wetenschappelijk en technologisch onderzoek in de behandelkamer van de arts, waar zij zich melden na lichamelijke of psychische klachten. Maar dit geldt niet voor alle patiënten. Wetenschappelijk onderzoek vindt tenslotte niet in een vacuüm plaats, maar omvat vaak contact tussen artsen en patiënten. Patiënten en proefpersonen vervullen een sleutelpositie in medisch onderzoek als verstrekkers van medische gegevens, informatie over een ziektebeeld, maar ook onderzoeksmateriaal als bloed, urine en weefsel. In sommige gevallen gaan patiënten zo ver dat zij hun zieke lichaam aanbieden om deel te nemen aan een experiment, oftewel een klinische trial.

Deelname aan medisch onderzoek gebeurt vaak anoniem. Patiënten vullen vragenlijsten in, staan bloed of urine af en horen nooit meer iets over wat de arts met hun materiaal heeft gedaan. In een beperkt aantal gevallen, met name bij zeldzame, ernstige chronische aandoeningen, ligt dit anders en laat deelname aan wetenschappelijk onderzoek ook de betrokken patiënten niet ongemoeid. In het geval van zeldzame erfelijke ziekten, waar artsen geïnteresseerd zijn in zowel patiënten als de (gezonde) familieleden van deze patiënten, bestaat vaak een nauwe relatie tussen onderzoekers en families of familieleden. Deze individuen of patiënten – niet zelden vertegenwoordigd in patiëntenverenigingen – krijgen vaak in een vroeg stadium van de technologieontwikkeling medezeggenschap over de technologie. Met name wanneer nieuwe ontwikkelingen al enige tijd worden voorspeld en de verwachtingen rondom de technologie hooggespannen zijn, is dit het geval.

Een bekend voorbeeld is de ontwikkeling van de voorspellende test voor de ziekte van Huntington, een zeldzame ernstige erfelijke aandoening die zich tussen het veertigste en het vijftigste levensjaar openbaart, waarbij ouders 50 procent kans hebben om de ziekte aan hun nageslacht door te geven.

De ziekte van Huntington is een neurologische aandoening. De ziekte tast geleidelijk de hersenen aan en leidt tot zowel lichamelijk als geestelijk verval. Patiënten overlijden meestal binnen tien tot vijftien jaar na het optreden van de eerste symptomen. In maart 1983 werd het gendefect gelokaliseerd dat verantwoordelijk is voor het ontstaan van de ziekte van Huntington. Hiermee kwam de mogelijkheid snel dichterbij om een genetische test te ontwikkelen om (1) vast te stellen of volwassen kinderen het gendefect van hun ouders hebben meegekregen, en (2) vast te stellen of zij op hun beurt, bij zwangerschappen, dit gendefect doorgeven aan hun nog ongeboren kind. Kinderen van patiënten met huntington die tot dan toe in onzekerheid leefden over hun lot – ieder kind van een ouder met huntington heeft 50 procent kans om zelf ook gendrager te zijn – zouden door een DNA-test vooraf kunnen weten of zij de ziekte wel of niet krijgen.

De voorspellende test voor huntington werd vier jaar later, in 1987, in Nederland geïntroduceerd. In de vier jaar voorafgaand aan de test hadden onderzoekers bekeken of het gendefect dat elders was gelokaliseerd ook in de Nederlandse huntingtonpopulatie aanwezig was en dus informatie verschafte om een voorspellende test aan te bieden. Deze periode kende een intensieve samenwerking tussen de patiëntenvereniging – de Nederlandse Vereniging voor Huntington – clinici en onderzoekers. De patiëntenvereniging speelde onder andere een belangrijke rol bij het in kaart brengen van zo veel mogelijk huntingtonfamilies. Aan de Universiteit Leiden was hiertoe een groot huntingtonarchief opgezet, waarin het bloed en de data van een groot aantal huntingtonfamilies werden opgeslagen. Deze families hoopten door hun actieve medewerking aan het onderzoek een bijdrage te leveren aan het ophelderen van de oorzaak van de ziekte.

Patiënten werkten niet alleen mee aan het wetenschappelijk onderzoek, de patiëntenvereniging was ook nauw betrokken bij de formulering van een ethisch protocol waarmee de test zou worden begeleid. Goede begeleiding werd door vrijwel alle partijen als essentieel beschouwd. Mensen met een positieve testuitslag (dit betekent dat het foutieve gen aanwezig is en iemand dus zeker ziek zal worden), zouden psychisch wel eens een grote klap kunnen krijgen. Zo mogelijk moest voorkomen worden dat dit bijvoorbeeld tot depressiviteit of zelfs zelfmoord zou leiden bij mensen die wisten dat ze in de toekomst ziek zouden worden. Anticiperend op deze risico's werd een protocol ontwikkeld waarin werd vastgelegd hoe met de voorspellende test zou worden omgegaan. De leden van de patiëntenvereniging hadden in dit proces een actieve rol. Op een aantal punten hadden zij een eigen inbreng, die aanvullend was op de inbreng van onderzoekers, clinici, psychologen en *genetic counselors*.

Het voorbeeld van huntington is allerminst uniek. Ook voor andere patiëntenverenigingen van erfelijke en aangeboren aandoeningen geldt dat deze vaak nauw samenwerken met behandelend artsen en onderzoekers. Onderzoekers zijn vaak geziene gasten op ledendagen en onderhouden vaak warme contacten met de leden. Zij verstrekken daarbij niet alleen informatie over bijvoorbeeld de stand van zaken van het onderzoek, maar vragen tevens medewerking, zoals in de vorm van lichaamsmateriaal en medische gegevens, voor het wetenschappelijk onderzoek. Een patiënte van een van deze verenigingen vertelt dat op vrijwel iedere ledenvergadering bij patiënten een buisje urine werd afgenomen ten behoeve van het onderzoek. Met een dergelijke actie scheppen patiënten hoop en de mogelijkheid om nieuwe kennis te helpen genereren over hun ziekte.

Een stap verder dan het aanleveren van onderzoeksmateriaal en het meepraten over het gebruik van de resultaten van dit onderzoek, gaat de Amerikaanse vereniging voor PXE. PXE is een zeldzame erfelijke aandoening van het bindweefsel die op jonge leeftijd zorgt voor problemen aan de ogen (blindheid), de huid (loslaten) en het hart (hartaanvallen). De Amerikaanse PXE Society is opgericht door Sharon en Patrick Terry. De Terry's hebben twee kinderen, die beiden PXE hebben. Toen Sharon en Patrick Terry zich begonnen te verdiepen in de ziekte van hun kinderen en het onderzoek dat mogelijkerwijs hoop zou kunnen bieden voor de toekomst, bleek dat er weliswaar op verschillende plaatsen onderzoek werd verricht naar de ziekte, maar dat onderzoekers hun resultaten nauwelijks met elkaar deelden. De Terry's gingen de strijd aan met een in hun ogen ineffectief systeem. Zij constateerden dat de universitaire onderzoekswereld in belangrijke mate wordt bepaald door concurrentie. Reputatie en publicaties zijn voor wetenschappers de belangrijkste pijlers van hun carrière, en dit staat vaak het uitwisselen van data en informatie in de weg.

De Terry's hebben zich in de afgelopen tien jaar ingezet om de data van patiënten – en dat zijn er niet veel, gezien het zeldzame karakter van de ziekte – te bundelen. In dertien verschillende landen bestaan inmiddels in totaal meer dan vijftig verenigingen van ouders en kinderen met PXE. De Terry's brachten patiënten samen en mobiliseerden hen om informatie te verstrekken en lichaamsmateriaal af te staan. De biobank van de Terry's omvat lichaamsmateriaal van meer dan zeshonderd individuen. Sharon Terry begon een studie in de moleculaire wetenschappen en vormde tevens een samenwerkingsconsortium van negentien laboratoria. Toen in 1999 het gen dat verantwoordelijk is voor PXE werd geïsoleerd, pronkte de naam van Sharon Terry als medeaanvrager op de patentaanvraag. Ook werkt zij mee aan het ontwikkelen van een eerste diagnostische test. De Terry's laten hiermee zien dat patiënten(verenigingen) niet alleen kunnen meepraten, maar ook zelf de regie in handen kunnen nemen.

Innovatieve technologie zoals preventieve genetische testen worden niet zelden ervaren als een ontwikkeling die simpelweg 'op ons afkomt'. Zij lijkt een rijdende trein: wanneer zij eenmaal rijdt, is stoppen niet meer mogelijk, en wanneer zij eenmaal snelheid heeft gemaakt, zal zij alleen nog maar harder gaan rijden. Het beeld van de techniek als een rijdende trein is hardnekkig. Maar wat we hierboven hebben gezien, is dat de trein niet zomaar rijdt, maar dat hij mede wordt bestuurd door toekomstige gebruikers. Al in een vroeg stadium zijn deze gebruikers – patiënten in dit geval – betrokken bij de ontwikkeling van maakbaarheidstechnologieën. Gebruikers zijn aldus 'coproducent' van nieuwe technologieën. Deze laatste zijn niet enkel het resultaat van ingenieus onderzoek en techniekontwikkeling, zij worden mede gevormd door de wensen, verlangens en eisen van burgers en gebruikers.

Technologie volgt dus niet een lineair traject van laboratorium naar prototype naar gebruiker: in vrijwel alle fasen van deze ontwikkeling is er – in meer of mindere mate – sprake van een uitwisseling tussen de beloftes van wetenschappers over mogelijke toepassingen enerzijds en de formulering van verwachtingen, oordelen en definities van 'goede' toepassingen door (toekomstige) gebruikers anderzijds.

Tot slot: de verplaatsing van de politiek

De beloftes in het geneticaonderzoek zijn groot. Velen zijn het erover eens: binnen afzienbare tijd zal het mogelijk zijn om tegen relatief lage kosten het genoom van individuen in kaart te brengen. Via een eenvoudige test kan men te weten komen welke risico's iemand heeft op het krijgen van bijvoorbeeld diverse erfelijke vormen van kanker, diabetes en hart- en vaatziekten. En door middel van PGD kan het embryo met de best mogelijke combinatie van genen worden geselecteerd.

Al deze beloftes zijn uitgewerkt in de film *Gattaca*, het verhaal van Vincent waar deze bijdrage mee begon. In de wereld van Vincent zijn de toepassingen van genetische technologie allesbepalend. Het is een wereld waarin de genetische maakbaarheid op velerlei terreinen realiteit is geworden. De vraag die we tot slot kunnen beantwoorden, is hoe waarschijnlijk het is dat dit scenario bewaarheid wordt.

Discussies over nieuwe (toepassingen van) wetenschap en technologie worden niet zelden geformuleerd in termen van morele vragen of kwesties: is het wenselijk dat nieuwe technologische mogelijkheden onze maatschappij ingrijpend en blijvend transformeren? Een dergelijke vraag of discussie veronderstelt dat wij – burgers of samenlevingen – keuzes kunnen maken. De 'genetische maakbaarheid' zoals we die in *Gattaca* aantreffen, wordt gepresenteerd als het resultaat van een welhaast bewust gekozen scenario.

In de praktijk, zo hebben we in dit hoofdstuk laten zien, worden keuzes over de toekomst op velerlei plaatsen tegelijk gemaakt. De manier waarop en de mate waarin de genetica onze wereld(beelden) beïnvloedt, wordt bepaald door een scala aan beslissingen die op verschillende momenten, door verschillende groepen of individuen, op verschillende plaatsen worden genomen. Beslissen gebeurt onder andere daar waar beleid wordt gemaakt en economen met elkaar discussiëren over de waarde van QALY's, en in de kliniek, waar ouders en artsen met elkaar spreken over prenataal en postnataal genetisch onderzoek; het gebeurt ook in het onderzoekslaboratorium, waar patiënten lichaamsmateriaal en medische informatie afstaan in de hoop dat er ook voor hen in de toekomst een test, behandeling of medicijn beschikbaar zal zijn. Zonder de QALY's die aantonen dat preventie ook economische voordelen biedt, zonder ouders die bereid zijn om genetische testen bij hun ongeboren of pasgeboren kinderen toe te passen, en zonder de inzet van toekomstige gebruikers die bereid zijn om in een vroeg stadium te investeren in wetenschappelijk onderzoek, is genetische maakbaarheid een stuk minder vanzelfsprekend, en is een samenleving waarin vooral op genen wordt geselecteerd weinig realistisch.

Politicologen en technieksociologen hebben er al vaker op gewezen dat politieke keuzes steeds minder vaak vorm krijgen in politieke fora. De samenleving in het algemeen en de ontwikkeling van wetenschap en technologie in het bijzonder worden in toenemende mate vormgegeven buiten de politieke arena, bijvoorbeeld in wetenschappelijke onderzoekslaboratoria, op de vrije markt van consumentisme en in de activiteiten van niet-gouvernementele organisaties (ngo's). Beleidskeuzes worden steeds minder vaak gemaakt in Den Haag of Brussel. In de politieke theorie wordt dit proces daarom ook wel aangeduid als de 'verplaatsing van de politiek'. Genetica, zo hebben we laten zien, is een typisch voorbeeld van deze verplaatsing. Keuzes en besluitvorming over genetica vinden niet (langer) plaats in gevestigde fora voor democratie, maar in het laboratorium, in de spreekkamer van artsen en in discussies tussen economen. Effectieve mechanismen die deze verplaatste macht in banen kunnen leiden, ontbreken vooralsnog, zo geeft Noortje Marres aan. Het gevolg is dat wetenschap en technologieontwikkeling niet vanuit één centrale plek worden gestuurd of gecoördineerd, maar in onze postindustriële en postmoderne samenleving gedreven worden door vele kleine keuzes en beslissingen tezamen.

De film *Gattaca* gebruiken wij al een paar jaar in het onderwijs. Ieder jaar opnieuw valt op hoezeer onze realiteit een stapje dichter bij de wereld van *Gattaca* is gekomen. De recentste voorbeelden zijn de uitbreiding van pre-implantatie genetische diagnostiek (PGD) voor erfelijke vormen van borst- en darmkanker en het snelgroeiende aantal Internetbedrijfjes die genetische testen aanbieden via het web. Ieder jaar wordt meer getest, wordt meer en grootschaliger wetenschappelijk onderzoek naar genetische factoren gedaan en werpen steeds meer patiëntenorganisaties zich steeds vaker op als partners in wetenschappelijk onderzoek. Genetische maakbaarheid is wellicht (nog) geen voldongen feit, maar stapsgewijs maken we met zijn allen dagelijks keuzes die wel degelijk leiden tot een routinematig gebruik van genetische kennis en technologie.

De realiteit van *Gattaca* is met andere woorden misschien dichterbij dan bij aanvang van deze bijdrage werd gesuggereerd. Tegelijkertijd is zij ook nog ver weg. We zijn nog lang niet zover dat iedere bevalling door genetische kansberekeningen wordt gedomineerd. Onze belangrijkste boodschap is evenwel dat het er weinig toe doet hoe ver of nabij de geschetste toekomst uit *Gattaca* is. Veel belangrijker is het besef dat wij zelf, veel meer dan we doorgaans geneigd zijn ons te realiseren, als burgers, patiënten of professionele experts, een bijdrage (kunnen) leveren aan het proces van de maatschappelijke acceptatie en maatschappelijke inbedding van nieuwe wetenschap en technologie. Immers, de mogelijkheid bestaat om nee te zeggen, alsook om nieuwe technieken juist te accepteren. Die mogelijkheid is er in de hoedanigheid van vele kleine keuzes bij elkaar. Op velerlei plaatsen en iedere dag opnieuw.

Literatuur

Asscher, E., en B.J. Koops (2009), 'Embryoselectie, Huntington en het recht om niet te weten', *Rechtsgeleerd Magazijn Themis* 170, nr. 1, p. 27-35.

Detmar, S., N. Dijkstra, N. Nijsingh, M. Rijnders, M. Verweij, en E. Hosli (2008), 'Parental Opinions about the Expansion of the Neonatal Screening Programme', *Community Genetics* 11, p. 11-17.

Detmar, S., E. Hosli, N. Dijkstra, N. Nijsingh, M. Rijnders en M. Verweij (2007), 'Information and Informed Consent for Neonatal Screening: Opinions and Preferences of Parents', *Birth* 34, p. 238-244.

Gezondheidsraad (1994), *Genetische Screening*, Den Haag: Gezondheidsraad, Publicatienr. 1994/22.

Marres, N. (2007), 'The Issues Deserve More Credit: Pragmatist Contributions to the Study of Public Involvement in Controversy', *Social Studies of Science* 37, p. 759-780.

Nelis, Annemiek (1998), *DNA-diagnostiek in Nederland. Een regime-analyse van de ontwikkeling van de klinische genetica en DNA-diagnostische tests, 1970-1997*, diss. Twente, Enschede: Twente University Press 1998.

Raad voor Volksgezondheid en Zorg (2006), *Zinnige en duurzame zorg*, Zoetermeer: RVZ, en *Zicht op zinnige en duurzame zorg*. Zoetermeer: RVZ, beschikbaar op www.rvz.net.

Rutten-van Mölken, M.P.M.H., J.J. van Busschbach en F.F.H. Rutten (red.) (2000), *Van kosten tot effecten. Een handleiding voor evaluatiestudies in de gezondheidszorg*, Maarssen: Elsevier Gezondheidszorg.

Een unieke kopie. Over leven en identiteit van klonen in literaire fictie

Bert-Jaap Koops

I knew a little about cloning... but so little that I had not got past carrots, where it all started, to speculate about the notion of duplicating entire higher organisms, such as frogs, donkeys, or people. [...] In thinking about this possibility, I found it alarming. I began to see that the duplication of anything complex enough to have personality would involve the whole issue of what personality is – the question of individuality, of identity, of selfhood. Now that question is a hammer that rings the great bells of Love and Death... (Le Guin 1973)

Het klonen van mensen lijkt een van de vergaandste vormen van het concept van de maakbare mens. Waar huidige kunstmatige vormen van voortplanting, zoals ivf, nog afhankelijk zijn van de vereniging van een mannelijke zaadcel en een vrouwelijke eicel, slaat klonen ook deze laatste stap in het 'natuurlijke' voortplantingsproces over. Uit een enkele lichaamscel van een man of een vrouw kan, samen met een eicel waaruit de kern is verwijderd, een kloon worden gemaakt. Als de kloon in de baarmoeder geïmplanteerd en vervolgens geboren wordt, hebben we een (vrijwel) exacte genetische kopie van de kloongever. Deze mogelijkheid van klonen, of kloneren, om 'zichzelf opnieuw te maken' heeft velen tot de verbeelding gesproken. Omdat 'klonen' zowel werkwoord als zelfstandig naamwoord kan zijn, zal ik voor de duidelijkheid verder in dit hoofdstuk 'kloneren' gebruiken voor de handeling van het klonen; 'klonen' slaat dan op de personen die ontstaan zijn uit het kloneren.

De techniek is nog niet zover. Sinds Dolly (1997) is het wetenschappers wel gelukt om levende klonen te produceren uit een somatische cel (dat wil zeggen een lichaamscel, niet een zaad- of eicel) van diverse volwassen zoogdieren, maar met mensen is dit nog niet gelukt (tenzij we de ongeloofwaardige beweringen van de Italiaanse arts Severino Antinori of het aan de Raëlianen gelieerde bedrijf Clonaid zouden willen geloven). Dit zal ook niet snel gebeuren: het kloneren van mensen vergt niet alleen experimenten die met de huidige stand van de techniek twijfelachtig zijn, maar ook is reproductief kloneren verboden in de meeste landen (Brownsword 2008, p. 36). De Universele Verklaring over het Menselijk Genoom en de Mensenrechten van de UNESCO (1997) geeft in artikel 11 aan dat reproductief kloneren niet moet worden toegestaan, omdat het tegen de menselijke waardigheid is. Artikel 3(2) van het Europees handvest van de grondrechten verbiedt eveneens het reproductief kloneren van mensen, als strijdig met het recht op integriteit van de persoon.

Waarom wordt kloneren zo universeel afgekeurd, en is dat wel terecht? Per slot van rekening zijn eeneiige tweelingen ook klonen van elkaar, en daar heeft de samenleving geen enkele moeite mee. Het is in dat licht interessant om ons wantrouwen of zelfs afgrijzen van het namaken van mensen in de vorm van kloneren nader te onderzoeken. Waarom zijn we bang voor klonen? We kennen klonen (nog) niet uit het echte leven, en wetenschappelijke literatuur kan dan ook geen empirisch inzicht bieden in het leven van een kloon. Dat betekent dat we ons klonen vooral voorstellen op basis van fictieve literatuur en films. Beelden als die uit *Brave New World*, *The Boys from Brazil* of *Invasion of the Body Snatchers* hebben zich in het collectieve geheugen gegrift. Klonen zoals verbeeld in fictie zijn meestal geen mensen meer, maar producten; ze leiden geen eigen leven, maar staan als instrument ten dienste van anderen, van megalomane individuen of van een elitaire samenleving; en ze hebben geen identiteit, omdat ze 'eigenlijk' iemand anders zijn. Toch is dat niet het hele verhaal. In andere, misschien minder bekende fictie zoals *The Cloning of Joanna May* of *Never Let Me Go* worden klonen verbeeld als normale mensen met een eigen leven, die worstelen met dezelfde vragen rond identiteit, liefde en dood waarmee romanpersonages in zo veel literatuur worden geconfronteerd.

In deze bijdrage wil ik laten zien hoe rijk de verbeelding van klonen in literaire fictie is. De nadruk ligt daarbij op het leven en de identiteit van de klonen in het licht van hun kloon-zijn. Hoe instrumenteel is het leven van klonen ten opzichte van hun kloongever of de maatschappij, wat betekent het kloonzijn voor hun identiteitsbesef, en hoe gaat de maatschappij met de klonen om? Deze reis door het literaire landschap brengt ons langs verschillende mogelijke werelden, die laten zien dat klonen niet per se wantrouwen of afgrijzen hoeven op te roepen. Door het universele kloonverbod is het vooralsnog onwaarschijnlijk dat een van deze mogelijke werelden onze toekomstige wereld wordt, maar dat maakt de reis niet minder relevant. Integendeel, de fictieve werelden houden ons een spiegel voor die tot nadenken stemt over onze eigen, reële wereld en over de toekomst waarin we willen leven.

Klonen en identiteit: 'Als jij mij bent, wie ben ik dan?'

Voor de beschrijvingen in deze bijdrage is enig begrip van kloneren en van identiteit van belang. Er zijn grofweg twee technieken voor het kloneren van een mens: embryosplitsing en celkerntransplantatie. Embryosplitsing is een primitieve vorm van kloneren waarbij een morula (een bevruchte eicel die zich enkele keren heeft gedeeld, zeg maar bestaat uit acht tot zestien cellen, een voorloper van het embryo) in tweeën of drieën wordt gedeeld, en elk deel zelfstandig verder groeit; dit proces kan in principe diverse keren worden herhaald bij de ontstane delen. Het gebeurt ook geregeld op natuurlijke wijze, want zo ontstaan eeneiige meerlingen. Via embryosplitsing kunnen klonen worden gemaakt die genetische kopieën van elkaar zijn; ze zijn echter geen kopie van een al bestaande persoon.

Dat laatste is het belangrijkste verschil met celkerntransplantatie, de geavanceerdere en complexere techniek voor kloneren, waarbij de celkern uit een lichaamscel (maar geen geslachtscel) van een bestaande persoon wordt gehaald en getransplanteerd in een eicel waaruit de eigen kern is verwijderd. Deze eicel kan vervolgens in de reageerbuis en na implantatie in de baarmoeder zich ontwikkelen tot embryo en boreling. De kloon verkrijgt met deze procedure het genoom van de kloongever. De kopie is overigens niet helemaal genetisch hetzelfde, omdat het mitochondriaal DNA – het DNA dat buiten de celkern zit – niet van de kloongever, maar van de eicelgever afkomstig is. Het mitochondriaal DNA heeft een minimale invloed op de persoon; bij celkerntransplantatie is er daarom strikt genomen geen sprake van een volledige genetische kopie en dus ook niet van kloneren (zie Wouters 1998, p. 39-41). Gemakshalve laat ik dit onderscheid hier achterwege, aangezien in de fictie, evenals in het maatschappelijk debat, aan dit aspect voorbij wordt gegaan.

Kloneren kan twee functies hebben. Bij *therapeutisch* kloneren worden gekloonde embryo's of cellen gebruikt voor medisch onderzoek of therapie. De klonen worden hierbij dus niet geïmplanteerd en groeien niet uit tot mensen. Bij *reproductief* kloneren worden de gekloonde cellen wel tot ontwikkeling gebracht, zodat ze een 'reproductie' zijn van de kloongever. In tegenstelling tot reproductief klonen is therapeutisch klonen in veel landen wel, soms onder strikte voorwaarden, toegestaan. Ik zal hier verder niet ingaan op therapeutisch klonen, omdat ik juist geïnteresseerd ben in de vraag naar het leven van klonen.

Identiteit is een meerduidig begrip (Hildebrandt e.a. 2008). Paul Ricoeur heeft een interessant onderscheid gemaakt tussen idem- en ipse-identiteit. *Idem* is hetzelfde-zijn. Hierbij wordt vanuit een extern perspectief gekeken of iemand dezelfde is als iemand anders – bijvoorbeeld dezelfde persoon als gisteren, of behorend tot eenzelfde groep of categorie. Dr. Jekyll is vandaag dezelfde persoon als hij gisteren was, en hij is in zeker opzicht ook dezelfde persoon als Mr. Hyde: zijn lichaam heeft continuïteit in de tijd. Idem-identiteit heeft aldus te maken met identificering.

Ipse is zichzelf-zijn. Hierbij ervaart iemand vanuit een intern perspectief haar eigen ik. Het heeft dus te maken met identiteitsconstructie. Iemand bouwt haar identiteit op door levenservaringen en construeert daarmee een levensverhaal: dit ben ik. Deze identiteitsconstructie vindt vooral plaats door een zelfbesef als uitvloeisel van de reacties van anderen op zichzelf. Met andere woorden, ipse-identiteit ontstaat door het interpreteren van de manier waarop anderen ons interpreteren. Dat is waarom Dr. Jekyll problemen heeft met zijn identiteit: de manier waarop hij in het sociale leven benaderd wordt als een respectabele, goede man botst met zijn besef dat hij een moreel slechte kant heeft, die in toenemende mate bezit van hem neemt. Dat wordt weerspiegeld in de van afgrijzen vervulde reacties van de omgeving op de handelingen van Mr. Hyde. Dr. Jekyll is (idem-)identiek aan Mr. Hyde, maar heeft een gespleten (ipse-)identiteitsbesef.

Tussen idem en ipse bestaat een inherente wisselwerking. De manier waarop anderen ons identificeren – bijvoorbeeld als Nederlander, schoolvriend, brabo, blond of moslim – heeft een weerslag op ons identiteitsbesef, en omgekeerd beïnvloedt de ipse-identiteit ons gedrag en daarmee de manier waarop anderen ons identificeren. Voor klonen is deze wisselwerking van bijzonder belang, omdat het idem-ipse-schema precies het paradoxale van de identiteit van klonen weergeeft. De kloon is (idem-)identiek aan de kloongever, en *daardoor* heeft hij moeite met zijn (ipse-)identiteit. Zijn identiteit problematiseert zijn identiteit. Zoals Wendy Doniger (1998, p. 136) de paradox van een kloon compact weergeeft: 'Als jij mij bent, wie ben ik dan?'

Opzet en waarschuwing

Er bestaat veel fictie waarin klonen voorkomen, hoewel het – vermoedelijk vanwege het feit dat de techniek pas sinds de tweede helft van de twintigste eeuw bekend is – als thema of motief minder prominent in de literatuur aanwezig is dan bijvoorbeeld de dubbelganger. Aldous Huxley was zijn tijd ver vooruit door al in 1932 de mogelijkheden van kloneren te beschrijven in *Brave New World*. Opmerkelijk veel kloonverhalen zijn verschenen in de eerste helft van de jaren zeventig, toen de mogelijkheid om mensen te kloneren voor het eerst doordrong tot het grotere publiek, inclusief schrijvers, zoals het citaat laat zien van Ursula Le Guin dat voor deze bijdrage als motto dient. Vooral sciencefiction heeft zich in die eerste periode op de kloon gestort; later hebben ook andere genres, in tamelijk bescheiden omvang, de kloon als personage omarmd.

Ik bespreek in deze bijdrage een selectie van romans waarin klonen een dragend thema zijn. Ik beperk me tot Engelstalige literatuur, waarin de meeste kloonboeken te vinden zijn (in de Nederlandstalige literatuur is mij alleen *De engelen-*

maker van Stefan Brijs bekend). Ik heb uit de Engelstalige literatuur een selectie gemaakt van negen romans, die een breed scala aan genres dekken: 'serieuze' literatuur (Aldous Huxley, *Brave New World* (1932); Fay Weldon, *The Cloning of Joanna May* (1989); Kazuo Ishiguro, *Never Let Me Go* (2005)), spannende literatuur (Ira Levin, *The Boys from Brazil* (1976)), sciencefiction (Richard Cowper, *Clone* (1972); Kate Wilhelm, *Where Late the Sweet Birds Sang* (1974); Arthur C. Clarke, *Imperial Earth* (1975); Pamela Sargent, *Cloned Lives* (1976)) en jeugdliteratuur (Alison Allen-Gray, *Unique* (2004)). Deze romans behandelen verschillende typen van klonen en ze bieden uiteenlopende invalshoeken, zodat een mooi palet zichtbaar wordt van de verbeelding van klonen in fictie. Ik behandel de boeken gegroepeerd naar verschillende functies die het kloneren van mensen zou kunnen hebben: het dupliceren van bijzondere mensen, het omzeilen van onvruchtbaarheid, het produceren van hulptroepen en het vervullen van wetenschappelijke nieuwsgierigheid.

Waarschuwing: bij de bespreking zal ik de plots van de diverse romans weergeven en daarmee verraden. Bij diverse boeken is de spanningsopbouw van de plot een wezenlijk onderdeel van het leesplezier; dit geldt vooral voor *Never Let Me Go* en *The Boys From Brazil*, en in iets mindere mate ook voor *Imperial Earth*, *Cloned Lives* en *Unique*. Lezers die nog niet bekend zijn met deze boeken, wordt dringend aangeraden eerst de boeken zelf te lezen.

Een kopie van een uniek origineel

Een van de voornaamste redenen waarom men zou willen kloneren is het herscheppen of reproduceren van een persoon met unieke eigenschappen. Sommige mensen zijn zo bijzonder dat je hen na hun dood weer opnieuw wilt kunnen ervaren. Dat geldt niet alleen voor beroemdheden met unieke eigenschappen – in de wetenschappelijke literatuur over klonen zijn vooral Mozart, Gandhi, Einstein en Michael Jordan populair als potentiële klooniconen – maar ook voor personen die je bijzonder dierbaar zijn.

In *Unique* (2004) van Alison Allen-Gray merkt de hoofdpersoon, Dominic Gordon, na verloop van tijd dat er een oudere broer Nick bestaat die hij nooit heeft gekend. In een fotoalbum dat hij onverhoeds bij zijn grootvader vindt, komt hij foto's tegen waarop hijzelf te zien lijkt, maar dan in situaties die hij zich niet kan herinneren, en zelfs in situaties waarin hij ouder is dan hijzelf nu is. Langzaam dringt het besef tot hem door dat zijn ouders deze oudere broer, een briljante jonge wetenschapper, na diens tragische vroege dood hebben laten kloneren, en dat hij het product is hiervan. Bij zijn zoektocht naar wat er gebeurd is, komt ook een journaliste achter het verhaal, en op dat moment wordt hij een prooi voor de wereldpers. Dominic is uniek omdat hij, als enige persoon ter wereld, niet uniek is – hij is een kloon. In een cliffhangerscène komt de journaliste echter om het leven en kan het verhaal geheim blijven. Dominic besluit toch om zijn levensverhaal wereldkundig te maken, maar dan met zijn eigen boodschap: *alle* mensen zijn uniek en niet reproduceerbaar, ook een kloon.

Hetzelfde motief van kloneren van een dierbare, maar met pervers andere doelstellingen, zien we in Ira Levins *The Boys from Brazil* (1976). Josef Mengele is er in de oerwouden van Brazilië na lang experimenteren in geslaagd mensen te kloneren en heeft een groots plan opgezet om zijn held, Adolf Hitler, te herscheppen: 'his Führer reborn'. Bij 94 echtparen die voldoen aan het juiste ouderprofiel (jonge moeder, oude ambtenaar als vader) zijn Hitler-klonen als adoptiebaby's geplaatst. Zo'n twaalf jaar later moeten de vaders worden vermoord; voor de ontwikkeling van de persoon van Hitler was de dood van zijn vader immers een cruciale omgevingsfactor. Een netwerk van moordenaars gaat bij de vaders langs. Bij hun bezoeken komen we de jongens uit Brazilië tegen: arrogante betwetertjes met sluik haar en een artistieke inslag. Wanneer het moordplan dreigt te mislukken, neemt Mengele het heft, of liever gezegd een browning, in eigen hand en gaat hij langs bij de gezinnen. Wanneer hij eindelijk oog in oog komt te staan met een van de klonen, valt hij kwijlend in aanbidding op de knieën: 'Mein Führer!' Hoewel het meesterplan wankelt – voor een goede slaagkans om een tweede Hitler te reproduceren zijn er volgens Mengeles berekening zo'n honderd gevallen nodig, wat bij lange na niet wordt gehaald – gloort er uiteindelijk toch hoop voor Mengele; de roman eindigt met de schets van één jongen die dromerig een groot stadion tekent met een charismatische spreker, 'sort of like in those old Hitler movies'.

De invloed van het kloon-zijn op het leven van de klonen verschilt aanzienlijk in deze romans. De jongens uit Brazilië hebben geen weet van hun kloon-zijn, evenmin als hun ouders, die hen destijds via een adoptieprocedure hebben gekregen. Slechts één jongen krijgt het te horen, van Mengele zelf, kort nadat die zijn vader heeft vermoord: 'You were born from a cell of the greatest man who ever lived! *Re*born! You are *he*, reliving his life!' Wanneer de jongen vraagt: '*Who*? [...] *Who* am I? *What* great man?' en te horen krijgt: 'Adolf Hitler', verklaart hij Mengele voor gek. 'You're the biggest nut I ever met.' Mengele houdt aan en zegt hem: 'Look in your heart [...]. All his power is in you.' De jongen denkt een tijdje na... en geeft de dobermanns die Mengele al die tijd in bedwang houden, het commando om Mengele te doden. Wat de jongen van het kloonverhaal overhoudt, blijft onduidelijk. 'He was pretty weird' is zijn laatste zin over Mengele, maar ondertussen is de jongen zich zeer bewust van zijn macht over leven en dood. De roman laat het aan de lezer over om zich de rest van het leven van de jongen – en de toekomst van de wereld – voor te stellen.

Dominic uit *Unique* is zich daarentegen maar al te bewust van zijn kloon-zijn. Waar deze wetenschap aanvankelijk enorm beklemmend en bevreemdend werkt, geeft het Dominic echter uiteindelijk juist de mogelijkheid zijn levensverhaal opnieuw te interpreteren. Zijn hele leven stond in het teken van de druk die zijn vader uitoefende om succes te hebben en zich in een bepaalde richting te ontwikkelen. Dominic begrijpt nu dat hij leefde in de schaduw van zijn oudere broer Nick en diens succes moest herhalen. Hij zit echter anders in elkaar, want naast genen spelen ook omgevingsfactoren een rol bij de vorming van een persoon; Dominic heeft bijvoorbeeld meer artistieke dan wetenschappelijke belangstelling. *Unique* is een ontwikkelingsroman waarin Dominic door de gebeurtenissen zichzelf leert kennen en uiteindelijk leert waarderen als de persoon die hijzelf is: 'I'd rather be me than anyone else.' Hij accepteert zijn kloon-zijn uiteindelijk ook als een teken van liefde voor Nick en voor hemzelf, zowel van zijn moeder als van de arts die hem 'maakte', en gelouterd zal hij nu zijn eigen leven gaan leiden.

Verscheidenheid in eenheid

Ook in twee andere romans worden speciale mensen gekloneerd. Het is interessant ze hier apart te behandelen, omdat ze meer dan de hiervoor behandelde romans de complexe relatie thematiseren tussen kloongever en kloon, en tussen klonen onderling.

In *Cloned Lives* (1976) van Pamela Sargent overreedt een biowetenschapper, Hidey Takamura, de briljante astrofysicus Paul Swenson om zich te laten kloneren. Hij zou te veel talenten hebben, die in één leven onbenut blijven. Zodra bij de millenniumwisseling het wereldwijde moratorium op kloneren afloopt, wil Takamura de eerste zijn die mensen kloneert. Na rijping in kunstmatige baarmoeders worden vijf klonen van Paul geboren: Ed, Mike, Al, Jim en Kira. De roman gaat er subtiel aan voorbij te vermelden hoe Kira als vrouwelijke kloon uit een mannelijke cel kan ontstaan – een mooie literaire kunstgreep uit de tweede feministische golf: de verschillen tussen man en vrouw worden niet door natuur maar volledig door cultuur veroorzaakt.

Hoewel de klonen exact op elkaar lijken, ontwikkelen ze in hun jeugd individuele voorkeuren en eigen karakters, waarbij elk een van de talenten van Paul verder ontwikkelt, zoals romans schrijven (Jim), wiskunde (Ed) of biomedisch onderzoek (Kira). Hoewel ze later uit elkaar groeien, hebben ze een bijzondere band, die hun soms verhindert relaties met anderen aan te knopen. De buitenwereld benadert hen ook als een vreemde mensensoort die een beetje eng is, of zelfs als 'part of the Swenson clone', waarbij het enkelvoud suggereert dat ze één geheel vormen. De een heeft het hier moeilijker mee dan de ander; Jim lijdt onder de last van zijn afkomst: 'He felt he was under an obligation to use his talents for humanity's benefit.' Hij is geobsedeerd door het verlangen een individu te zijn, terwijl hij tegelijk het gevoel heeft dat hij dat nooit kan worden door zijn kloon-zijn.

Anderen treden echter juist wel vol overtuiging in Pauls voetsporen. Al zet gedreven diens werk voort op de maan. Als ook Kira daar gaat werken, vindt na een tijd een familiereünie plaats, waarbij het konijn uit de hoed wordt getoverd dat Takamura er aan het begin in heeft gestopt. Paul is ingevroren bewaard op de maan, en door Kira's werk blijkt hij weer tot leven te kunnen worden gewekt. Na wat opstartproblemen wordt Paul weer zijn oude zelf en kan hij, na een afwezigheid van twintig jaar, zijn aardse bestaan weer oppakken. Kloneren is inmiddels langzamerhand geaccepteerd door de samenleving, maar nu komt de mensheid voor een nieuwe fundamentele keuze te staan: doodgaan, of doorgaan naar een tweede en volgend leven, waarin kloneren overbodig is omdat iedereen zich tot in het oneindige kan ontplooien? Kira schetst haar visioen van de wondere nieuwe wereld: 'A new pattern of human existence, enough time, hopefully, for anyone to succeed, a chance for everyone to explore all possible alternatives, unlimited by time.'

Een stuk aardser en alledaagser zijn de vraagstukken waarmee Joanna May en haar klonen worden geconfronteerd in *The Cloning of Joanna May* (1989) van Fay Weldon. Zij worstelen met relatieproblemen, schoonheidsidealen en ouder worden. Carl May, een nucleair magnaat met cowboytrekjes en een mega-ego, heeft zijn vrouw Joanna – zonder dat ze het wist – door dr. Holly laten kloneren op haar dertigste; ze wordt immers steeds ouder, en Carl heeft liever jonge dames als schoothondje ('It seemed a pity to let it all go to waste, when you could save it so easily'). De vier klonen worden bij verschillende vrouwen geïmplanteerd en groeien onafhankelijk op als verschillende individuen: Jane, Julie, Gina en Alice.

De roman volgt de levens- en liefdesperikelen van alle personages in het jaar dat Joanna zestig en de klonen dertig zijn. Joanna en Carl zijn gescheiden en houden er beiden jonge geliefden op na, met meer of minder succes. Bij Joanna's klonen gaan de relaties steeds slechter. Het keerpunt komt als de klonen elkaar toevallig ontmoeten en zichzelf, met moeite en verbazing, herkennen. Van dr. Holly horen ze vervolgens dat ze niet alleen vierlingen, maar zelfs klonen zijn. Ondertussen heeft ook Carl Joanna tijdens een ruzie ingelicht. 'I proved then you were nothing so particular after all [...] by making more of you, and the more I made of you the less of you there was.'

Via een privédetective achterhaalt Joanna de klonen, waarna een climax volgt als Joanna haar klonen ontmoet. Paradoxaal genoeg blijkt dan dat Carl May er met het kloneren van Joanna May voor gezorgd heeft dat Joanna niet langer 'de vrouw van' is, maar zichzelf wordt, 'just Joanna'. 'When I acknowledged my sisters, my twins, my clones, my children, when I stood out against Carl May, I found myself.' Ook Jane, Julie, Gina en Alice leren leven met hun nieuwe zelf in min of meer gestabiliseerde relaties. Alice wordt draagmoeder, en wel van... een kloon van Carl. Joanna kan nu, na een kinderloos leven, door de kleine Carl op te voeden alsnog haar bestemming als moeder vinden.

Beide romans laten zien hoe klonen zich individueel ontwikkelen en hoe hun levens verschillen, zowel onderling als ten opzichte van het leven van de kloongever. De vijf klonen van Paul Swenson en de vier van Joanna May hebben verschillende karakters en voorkeuren, en leiden ieder een eigen leven. Waar Joanna's klonen echter pas op hun dertigste achter hun kloon-zijn komen, zijn die van Paul zich hun hele leven bewust van hun bijzondere status, zoals ook hun omgeving niet nalaat te benadrukken. Dit anders-zijn drukt een stempel op hun leven. 'The others resented us, forcing us together. We had no other friends. We sat together, wishing we were like other people.' Tegelijkertijd zetten ze zich binnen hun groep tegen elkaar af. 'Oddly enough, their similarities seemed to aid in driving them apart, as if each resented the part of himself he saw reflected in the others.' Hun identiteit ontlenen ze daarom meer aan hun eigen leven dan aan hun gezamenlijke kloon-zijn; Mike bijvoorbeeld vindt de reünie op de maan bedreigend, 'having to spend time with people who had nothing in common with him except genes. Every meeting and conversation with them threatened his sense of identity.' Omdat ze sterke en eigenwijze persoonlijkheden zijn, slagen de klonen er tamelijk probleemloos in een eigen identiteit te ontwikkelen en hun eigen weg te gaan.

Alleen Jim, de mentaal zwakste van het stel, heeft het hier

moeilijk mee. Hij leeft onder de schaduw van zijn 'vader'. '*I'm living Paul's life.* [...] He saw himself as a puppet, walking through an ever-repeating cycle.' Met de nodige ironie merkt hij op dat de klonen 'zelfs het kleine genoegen wordt onthouden om zich een uniek individu te voelen'. Jim dreigt zelfmoord te plegen, maar hij laat zich uiteindelijk overtuigen door zijn broers en zus dat zijn leven wel degelijk waarde heeft, en met vallen en opstaan zwerft hij door het leven als schrijver en bohemien. Jims eerste roman toont een wereld vol spiegels en gebroken glas. Die roman is daarmee een afspiegeling van zijn problematische identiteitsgevoel: hij voelt zich gefragmenteerd en doorzichtig, zich continu afvragend – in de spiegel van zijn broers, zus en 'vader' kijkend – wie hij is. Aan het eind weet hij dat nog steeds niet, maar blijkt hij met zijn schrijverschap wellicht het belangrijkste talent van alle klonen te hebben. Als schrijver kan hij immers de technologie van het tweede leven in perspectief plaatsen en laten zien hoe dit kan helpen om het menselijk tekort op te heffen. Hij vindt uiteindelijk zijn plaats in de wereld wanneer Kira hem aan het eind zegt: 'You may be the most important of us now, you can write for people, show them how they might realize their dreams. The rest of us don't have much experience with that.'

Ondertussen relativeert *Cloned Lives* ook de identiteitsproblematiek van klonen, door een andere identiteitsparadox te thematiseren: als iemand na zijn dood weer tot leven wordt gewekt, is het dan nog dezelfde persoon? De 'man named Paul [...] who sought feebly to imitate Paul's gestures and appropriate his memories' lijkt aanvankelijk niet op de oude Paul. Naarmate hij meer herinneringen aan vroeger herwint, wordt hij weer zichzelf: '*Paul's back.*' Zijn herinneringen komen hem echter kunstmatig over. 'There was no emotional connection with the images of people and far-off places that had settled uneasily into his mind, with the pressured, somewhat frantic individual named Paul Swenson who had existed twenty years before.' Hij is dezelfde (idem) maar niet 'zijn oude zelf': zijn ipse-identiteit ontwikkelt zich verder in zijn tweede leven. De crux van deze passages is dat ze de relativiteit en dynamiek van identiteit benadrukken. Dit wordt kernachtig verwoord door Kira in gesprek met Jim:

> 'I don't know who's in that room, Kira, but it isn't Paul Swenson. He's not the same person.'
> 'Are you the same person after twenty years? Are you the person he knew before? Think about that. Anyone would be different after so long a time. You're different too.'

Dit verklaart ook waarom de klonen elk een eigen identiteit kunnen ontwikkelen en niet vastzitten aan de identiteit van – en de identiteit met – hun kloongever of mede-klonen. Iemands eigenbewustzijn (ipse-identiteit) valt immers niet samen met haar genetische constructie (idem-identiteit). Het is de wisselwerking tussen genen en omgeving, tussen kloon en buitenwereld die de eigenheid vormt, en deze wisselwerking is voor elke kloon uniek.

The Cloning of Joanna May thematiseert eveneens het vormen van een identiteit in intermenselijke relaties, maar het kloon-zijn speelt daarbij een andere rol. Op een complexe manier verweeft de roman drie verwante thema's: de problemen in man-vrouwrelaties die worden veroorzaakt door onrealistische verwachtingen rond schoonheid en eeuwige jeugd, het krijgen van kinderen als tegenwicht tegen ouderdom en sterfelijkheid, en het mondig maken van vrouwen door actief verzet tegen mannelijke dominantie. Bij de identiteitsvorming van de vijf vrouwen die via deze thema's gestalte krijgt, speelt het kloon-zijn een belangrijke rol, niet doordat de omgeving hen als klonen behandelt, maar doordat het hun een spiegel voorhoudt en de ogen opent. Door elkaar zien ze hoe ze in hun leven staan: tamelijk afhankelijk en volgzaam in hun seksuele relaties. Met elkaar leren ze vervolgens het heft in eigen hand te nemen en zichzelf te zijn.

De cruciale rol van het zien – van zichzelf in de ogen van anderen – bij het ontwikkelen van een eigen identiteit benadrukt de roman door een taalspel met de fonetische identiteit van 'eye' en 'I'. In het begin van 'the year of strange events' leest Joanna het verhaal van een meisje in de gevangenis van Holloway dat haar oog uitrukt, wat haar Mattheus 18:9 voor de geest roept: 'If thine eye offend thee, pluck it out' ('indien uw oog u tot zonde verleidt, ruk het uit en werp het van u'). Maar dat is zelfbedrog: 'a fine biblical recipe for preserving thy view of thyself as a fine and upright person'. Wanneer Joanna hoort dat ze gekloneerd is, begint ze zich af te vragen wie ze is. 'The great "I" has fled, say the eyes in the wallpaper: only the clones remain, staring. If the I offend thee pluck it out.' Deze identiteitscrisis dwingt haar echter om zichzelf opnieuw uit te vinden: ze heeft haar leven lang de rol van 'de vrouw van' gespeeld, maar dat is niet wie ze zelf is. Gedurende het jaar vindt ze een nieuwe identiteit als mens, een zelfstandige vrouw die niet observeert, maar handelt. 'I, Joanna May. No longer "Eye". Acting; not observing.' Nu kan het bijbelse recept voor zelfbedrog worden omgedraaid. 'I was no longer just a wife; I was a human being: I could see clearly now. If thine eye offend me take a good look at yourself. If thine I offend thee, change it.'

De rol van de klonen in de roman is om dit proces van zelfkennis en mondigmaking van Joanna May te weerspiegelen en versterken. Waar het gekloneerd-zijn aanvankelijk voelt als een verlies aan identiteit – 'these depletings of my "I"' – bieden de klonen uiteindelijk juist een versterking van de ipse-identiteit:

> wife I might be, but only part of me, for all of a sudden there was *more of me* left. The bugles had sounded, rein-

forcements came racing over the hill; Joanna May was now Alice, Julie, Gina, Jane as well. Absurd but wonderful!
[mijn cursivering]

De klonen bieden Joanna dus de kans om meer dan ooit zichzelf te zijn. Jane, Julie, Gina en Alice zelf zijn ieder voor zich ook versterkte Joanna's, 'each one amounting to more than the original [with] an energy, a freedom, a distinctiveness which Joanna May had never had'. In het tijdperk van de jaren tachtig van de vorige eeuw blijken vrouwen minder afhankelijk te zijn van de genetische blauwdruk die hun uiterlijk en daarmee hun (on)mogelijkheden in het huwelijk vastlegt. Ze kunnen hun eigen leven bepalen door zichzelf te zijn, in 'a newer, more understanding world: one which allowed women choice, freedom and success'. Het kloneren van Joanna May, begonnen als mannelijke truc om de vrouw eeuwig jong en onderworpen te houden, keert zich als een boemerang tegen de man. Het is een bevrijdende handeling, die de vrouw vrijmaakt om zichzelf te leren zijn.

De noodzaak van nageslacht

Naast het reproduceren van bijzondere personen is een tweede reden om mensen te kloneren de behoefte of noodzaak om genen door te geven aan het nageslacht. Wie onvruchtbaar is, kan natuurlijk toevlucht nemen tot adoptie of gebruikmaken van sperma- of eiceldonatie, maar soms bestaat er een sterke wens om kinderen te krijgen die genetisch verwant zijn. En bij grootschalige onvruchtbaarheid is het misschien de enige manier voor de mensheid om te overleven.

In *Imperial Earth* (1975) van Arthur C. Clarke wil Duncan Makenzie de dynastie voortzetten die zijn grootvader Malcolm heeft gesticht op Titan, een van de manen van Saturnus.

Omdat Malcolm genetisch onvruchtbaar is, heeft hij zijn zoon Colin destijds als kloon van zichzelf laten maken op Aarde. Colin verkreeg op dezelfde manier Duncan, en zo reist ook Duncan nu zelf af naar Aarde om een kloon te laten maken. Bij zijn bezoek aan Aarde gaat hij nadenken over het leven en over zijn motivatie om de dynastie via kloneren voort te zetten. 'Dupliceren was noch goed, noch slecht; alleen het doel ervan was belangrijk. En dat doel moest niet onbeduidend of egoïstisch zijn.' Als hij uiteindelijk een kloon mee terug neemt naar Titan, blijkt het niet een kloon van zichzelf te zijn, maar van een getalenteerde jeugdvriend, Karl, die hij op Aarde tegenkwam en die daar onverwacht overleed. De kwaliteiten van Karl lijken hem uiteindelijk geschikter om de dynastie in de huidige omstandigheden voort te zetten dan die van Duncan zelf.

Een veel somberder scenario ontwikkelt zich in *Where Late the Sweet Birds Sang* (1974) van Kate Wilhelm. Door een ecologische ramp is de hele wereld verwoest, inclusief de mensheid, op een kleine gemeenschap in het oosten van de Verenigde Staten na, die zich tijdig had voorbereid op de ramp. Zij zijn echter grotendeels onvruchtbaar geworden, en de enige manier om hun voortbestaan te verzekeren is kloneren. De jonge wetenschapper David ontwikkelt samen met zijn familie deze techniek, en al snel bloeit de gemeenschap op met nieuwe generaties klonen. De jonge generaties streven de oudere echter snel voorbij, en voor de oude, individualistische familieleden is geen plaats meer in de gemeenschap; David wordt verbannen, de rest sterft snel uit. Groepsgevoel is de nieuwe norm – de kloongroepen vormen eenheden die mystiek communiceren en gevoelens delen, ook op afstand. Sommige klonen worden zelf weer vruchtbaar, maar ze proberen de kloontechniek verder te perfectioneren, zodat de voor hen 'onnatuurlijke' vorm van geslachtelijke reproductie nooit meer hoeft te worden gebruikt.

Langzamerhand blijkt echter dat de latere generaties degenereren. Ze verliezen elke creativiteit en vermogen om na te denken, ze kunnen slechts – maar dan wel ontzettend goed – letterlijk reproduceren wat ze hebben geleerd. Mark, een illegale, natuurlijk geboren zoon van eerstegeneratieklonen Molly en Ben, is opgegroeid buiten de gemeenschap en heeft juist wel individualiteit en overlevingsvermogen in de natuur ontwikkeld. Na allerlei verwikkelingen waarbij de kloongemeenschap uiteindelijk niet in staat blijkt te zijn om te overleven door gebrek aan improvisatietalent, blijft Mark over om elders een nieuwe gemeenschap te stichten. Wanneer hij na een tocht naar de oude kolonie – verwoest en uitgestorven – thuis terugkeert en tientallen kinderen vol ondernemingszin bezig ziet, moet hij glimlachen van geluk, '[...] because all the children were different'.

Het leven van de klonen wordt in deze romans zeer verschillend gethematiseerd. In de tweeëntwintigste eeuw van *Imperial Earth* is kloneren redelijk geaccepteerd, hoewel het geen gemeengoed is. Niemand op Titan kijkt ervan op dat de Makenzies klonen van elkaar zijn. Duncan ervaart het ook niet als iets bijzonders – het is voldoende duidelijk dat een genetische kopie niet betekent dat je hetzelfde leven leidt of moet leiden. Malcolm, Colin en Duncan lijken uiterlijk op elkaar, maar verschillen van karakter. 'Er bestonden, ondanks de genetische overeenkomst, subtiele verschillen tussen de Makenzies.' De verschillen worden ook bewust door opvoeding uitvergroot; Malcolm heeft zichzelf niet laten kloneren uit narcistische overwegingen, maar om een partner en een opvolger te hebben, en hij voedt Colin op door zich te concentreren op zijn eigen zwakke plekken. De 'duplicaten' hebben een bijzondere band met elkaar, maar leiden hun eigen, zelfstandige leven. Het verschil tussen kopie en origineel dringt goed tot Duncan door als hij de gelegenheid heeft de meesterwerken van Da Vinci, Picasso en Levinski in de National Gallery of Art in Washington DC te bezoeken. Hij kent ze van technisch perfecte kopieën, maar 'dít waren de – voor altijd unieke – originelen'. Zijn eigengereide beslissing om de genetische dynastie te verbreken onderstreept dat hij zelf niet slechts een technisch perfecte kopie is, maar evenzeer een uniek origineel.

In de apocalyptische wereld van *Where Late the Sweet Birds Sang* blijken klonen weliswaar ook te verschillen van hun kloongever – ze zetten zich vaak bewust af tegen de oudere generatie – maar onderling zijn ze allerminst unieke individuen. De oude familie kan hen niet uit elkaar houden of hun eigennamen onthouden, maar duidt hen aan als nummer: dit is een W-1 (eerstegeneratiekloon van Walt), daar loopt een D-2 (tweedegeneratiekloon van David). Elke kloongroep, die meestal uit zes klonen bestaat, heeft een dermate hechte onderlinge band dat ze één geheel vormen. Wanneer een van hen pijn lijdt, voelen ze dat allemaal, en wanneer iemand in gevaar is, weet de rest feilloos de kortste weg naar de onheilsplek te vinden. Hun leven wordt bepaald door 'the comfort of being brothers and sisters who were as one, with the same thoughts, the same longings, desires, joys'. Aanvankelijk lijkt de roman hiermee kritiek te leveren op de doorgeslagen individualisering van de westerse samenleving van de jaren zeventig: de 'cultus van het individu' is een dood spoor. De kloon ontleent het zelfgevoel, de ipse-identiteit, volledig aan de groep. 'We aren't separate, you see. My sisters and I were like one thing, one creature [...]. If you turned me inside out, there wouldn't be anything at all there.'

Geleidelijk aan blijkt echter juist het gebrek aan individualiteit een dood spoor te zijn, en de roman volgt hoofdpersoon Mark in de verwerping van de gemeenschap als doel in zichzelf. 'They're all lies! I'm one. I'm an individual! *I am one!*' Het verlies van creativiteit en improvisatievermogen dat met het toenemende groepsgevoel gepaard gaat, blijkt dodelijk te zijn. Alleen het originele individu is in staat te overleven.

Het is geen toeval dat Marks identiteit samenhangt met kunstenaarschap. In tegenstelling tot de klonen wier geest wordt overstemd door de stemmen van hun medeklonen, luistert Mark naar de stem van de natuur, die een dialoog met hem aangaat, waardoor hij een eigen, sterke identiteit kan ontwikkelen. In het ouderlijk huis, waar zijn moeder Molly – door een expeditie individualistisch geworden en verbannen uit de kloongemeenschap – vervreemdende schilderijen maakte, schept hij beelden van klei, waarmee hij betekenis probeert te geven aan zijn leven en zijn omgeving. In een sleutelpassage verwoordt Molly het belang van de individuele creatieve identiteit:

> That other self that speaks to you, it knows what the shape is in the clay. It tells you through your hands, in dreams, in images that no one but you can see. [...] Mark, they'll never understand. They [the clones] can't hear that other self whispering, always whispering. They can't see the pictures. [...] You come here because you can find that self here, just as I could find my other self here. And that's more important than anything they can give you, or take away from you.

Massaproductie en de kloonkloof

Een derde reden om mensen te kloneren zou kunnen zijn om massaal hulptroepen te genereren. We komen dit al als een subthema tegen in *Where Late the Sweet Birds Sang*, waar in een latere fase de kloongemeenschap nieuwe generaties klonen wil creëren speciaal om uitvoerend werk te verrichten. De kloonwerkers worden zodanig geprogrammeerd dat ze dit zonder morren accepteren. 'Two castes [...], the leaders, and the workers, who were always expendable. [...] And this would be the final change; none of the new people would ever think of altering anything.' Wilhelm verwijst hiermee naar de beroemdste dystopie uit de moderne literatuurgeschiedenis: *Brave New World* (1932). Hierin verbeeldt Aldous Huxley indringend een wereld waarin op industriële wijze vijf kasten worden geproduceerd, die elk hun eigen taak uitoefenen. De hoogste klassen, alfa's en bèta's, vormen de leidinggevende en intellectuele klassen; het uitvoerende, handwerk en vuil werk wordt gedaan door gamma's, delta's en epsilons. Deze onderklassen worden aan de lopende band geproduceerd via het zogenaamde Bokanovsky-proces, de simpele vorm van kloneren door embryosplitsing. 'Making ninety-six human beings grow where only one grew before. Progress.' Door uitgekiende processen, zowel voor de geboorte tijdens de 'botteling' op de lopende band als in de jeugdjaren tijdens de slaap, wordt iedereen geconditioneerd om blij te zijn met haar kaste en plaats in de maatschappij. De delta's en epsilons worden tijdens hun botteling ook nog chemisch gestoord in hun normale ontwikkeling, zodat ze tot halve of hele imbecielen uitgroeien, die geen stomme vragen stellen. De algehele levensvreugde wordt verder nog verzekerd door de beschikbaarheid – en zorgvuldig gecontroleerde distributie – van de geluksdrug soma. 'Everybody's happy now.'

Het eeuwigdurende geluk en het ondergeschikt maken van elk individu aan de maatschappij worden ter discussie gesteld door een buitenstaander, 'de Wilde', die via de ouderwetse weg, een moeder en baarmoeder (vreselijke schuttingtaalwoorden in de nieuwe klinische wereld), in een reservaat ter wereld is gekomen. Deze Wilde wordt als een circusattractie rondgeleid in de voor hem onbegrijpelijke wereld, die hij alleen in termen van Shakespeare kan beschrijven: 'O brave new world that has such people in it.' Wanneer hij de hogere kringen te veel schokt met zijn uitspraken en gedrag, wordt de Wilde weggestopt in een klein huisje, waar hij aanvankelijk in afzondering zijn eigen leven hoopt te leiden. Hij wordt echter al snel ontdekt door dagjesmensen, en na massale druk die op hem wordt uitgeoefend om in een groepsorgie mee te doen, delft hij het onderspit.

Een andere vorm van een kloof in de samenleving met klonen als onderkaste vinden we in *Never Let Me Go* van Kazuo Ishiguro (2005). Hierin horen we het levensverhaal van Kathy, die op haar eenendertigste terugkijkt op haar bijna voltooide leven. Ze vertelt hoe ze opgroeide op Hailsham, een besloten, beschermde en elitaire schoolgemeenschap, en hoe een driehoeksverhouding tussen haar, Tommy en Ruth zich ontwikkelde. Net als de leerlingen krijgt ook de lezer pas geleidelijk aan door wie ze zijn en in wat voor wereld ze leven: het zijn klonen, voorbestemd om organen te doneren. Na school verblijven ze twee jaar in een limbo, de Cottages, met een periode van relatieve vrijheid. Aansluitend werken ze een tijdje als verzorger voor oudere donoren, en uiteindelijk worden ze zelf donor, wachtend op een oproep voor volgende donaties. Tenzij zich eerder complicaties voordoen, betekent de vierde donatie de eindbestemming van hun leven. Dan 'voltooien' ze ('they complete') – een eufemisme voor sterven (of – de roman laat het in het midden – wellicht voor een vegeterend bestaan waarin hun lichaam geheel wordt uitgenut).

Tommy en Ruth hebben een knipperlichtrelatie die na de Cottages uitdooft; hoewel Kathy en Tommy eigenlijk beter bij elkaar pasten, heeft Ruth – een rasintrigante – steeds verhinderd dat de relatie tussen hen zou opbloeien. Aan het eind van hun leven proberen ze dit recht te zetten, in de periode dat Kathy eerst Ruth verzorgt, die spijt betuigt over haar acties en al bij haar tweede donatie 'voltooit', en vervolgens Tommy. Een gerucht gaat dat wanneer twee klonen maar genoeg van elkaar houden, ze uitstel kunnen krijgen van donaties. Ze zoeken Madame op, een schichtige figuur die op Hailsham de beste artistieke werken van de leerlingen kwam ophalen voor haar 'galerie', om dit uitstel aan te vragen. Bij Madame ontmoeten ze Miss Emily, het oude schoolhoofd, die zich Kathy en Tommy goed kan herinneren. Het gerucht blijkt, zoals de meeste mythen die op en na Hailsham floreerden onder de klonen, niet waar, integendeel. Miss Emily vertelt hoe ze van geluk mogen spreken op Hailsham te zijn opgegroeid. 'Look at you both now! You've had good lives, you're educated and cultured.'

Hailsham bleek een poging van Miss Emily en anderen om de wereld te laten zien dat de klonen die in het 'orgaandonatieprogramma' worden gekweekt ook mensen zijn, door hen beschaafd op te voeden en hun kunst – spiegel van de ziel – tentoon te stellen. Het klimaat is echter veranderd en Hailsham heeft inmiddels moeten sluiten: de samenleving kan niet terug naar een wereld vol ziekten, maar wil evenmin onder ogen zien wat er precies achter de systematische orgaandonatie schuilgaat. De klonen – 'Shadowy objects in test tubes' – worden nu weer als vroeger in obscure plaatsen en onder erbarmelijke omstandigheden grootgebracht; dat kan, omdat ze niet echt 'zoals ons' zijn, ze zijn 'less than human'. Kathy en Tommy gaan berustend heen en nemen kort daarna afscheid van elkaar, Tommy wachtend op zijn vierde donatie, en Kathy klaar om haar lange verzorgerschap te beëindigen en haar bestemming als donor op zich te nemen.

Brave New World en *Never Let Me Go* hebben gemeen dat ze een onderklasse van klonen beschrijven, bestaande uit mensen wier leven instrumenteel is ten opzichte van een heersende klasse. Toch zijn het heel verschillende boeken met uiteenlopende betekenissen. *Brave New World* gaat niet zozeer over kloneren of de maakbare mens, als wel over de maakbare samenleving. Het is een politieke roman die laat zien wat de gevolgen zijn van een totalitaire samenleving die economische productieprocessen tot in de perfectie beheerst. De mensen staan ten dienste van de maatschappij, en iedereen – zelfs de alfa's en bèta's – wordt geconditioneerd om zoveel mogelijk te consumeren, zodat de economie op peil blijft. De planeconomie wordt hier doorvertaald naar het planleven. 'People are happy; they get what they want, and they never want what they can't get. [...] they're so conditioned that they practically can't help behaving *as they ought to behave*' [mijn cursivering]. Iemand die nadenkt en twijfelt, bijvoorbeeld dat het ultieme doel in het leven niet geluk is of het in stand houden van welbevinden, maar het intensiveren en aanscherpen van bewustzijn, of het vergroten van kennis, heeft misschien wel gelijk, maar wordt als staatsgevaarlijk persoon verbannen naar een geïsoleerd eiland.

Huxley problematiseert en ridiculiseert hier het utilitarisme en ageert tegelijk tegen staatsideologie en totalitaire staatsvormen. Hij gebruikt de omkering als belangrijkste stijlmiddel – 'moeder' is het grootste scheldwoord, Shakespeare staat vol met onzin en is onbeschaafd – om te laten zien wat het streven naar de perfecte samenleving voor gevolgen kan hebben. Dit onderstreept de boodschap die wordt uitgedragen door het motto van het boek: 'En misschien begint een nieuwe eeuw, een eeuw waarin de intellectuelen en de gecultiveerde klasse zullen dromen van manieren om utopieën te ontwijken en terug te keren naar een samenleving die niet utopisch is, minder "perfect" is en meer vrijheid kent.' Vrijheid betekent namelijk keuzes kunnen maken, ook de keuze om ongelukkig te *kunnen* zijn (zie daarover ook de bijdrage 'Over "mensen" en "mensen"-rechten'):

> 'But I don't want comfort. I want God, I want poetry, I want real danger, I want freedom, I want goodness. I want sin.'
> 'In fact,' said Mustapha Mond, 'you're claiming the right to be unhappy.'

'All right then,' said the Savage defiantly, 'I'm claiming the right to be unhappy.'
'Not to mention the right to grow old and ugly and impotent; the right to have syphilis and cancer; the right to have too little to eat; [...] the right to be tortured by unspeakable pains of every kind.' There was a long silence.
'I claim them all,' said the Savage at last.

Ondertussen zegt *Brave New World* wel degelijk interessante dingen over het leven en de identiteit van klonen, ook al hebben ze – letterlijk en figuurlijk – een ondergeschikte rol in de roman. Identiteit wordt sowieso verafschuwd door de maatschappij. De bedoeling is dat iedereen zijn identiteit verliest door op te gaan in de gemeenschap, met behulp van soma en groepsorgiën. Iedereen die 'iemand' is, iemand met eigen ideeën, wordt verbannen. De klonen in een Bokanovskygroep hebben geen identiteit, behalve dan een gemeenschappelijk etiket dat de idem-identiteit als lid van de groep aanduidt. Het zijn zo exact mogelijke kopieën van elkaar; de 33 vrouwen van een deltagroep die mechanisch schroeven maken, hebben bijvoorbeeld elk een lengte van 1,69 meter met een maximale afwijking van 20 millimeter. Maar de klonen hebben niet alleen geen individuele ipse-identiteit, ze zijn ook als klasse afschuwwekkend. Ze worden beschreven als zwermen insecten:

> Twin after twin, twin after twin, they came – a nightmare. Their faces, their repeated face – for there was only one between the lot of them – puggishly stared, all nostrils and pale goggling eyes. [...] In a moment, it seemed, the ward was maggoty with them. They swarmed between the beds, clambered over, crawled under [...].

De lange rijen 'identieke lilliputters', de 'tweeling-kuddes', de 'menselijke maden' en 'luizen' vormen een 'nightmare of swarming indistinguishable sameness'. Ze zijn exemplarisch voor de verschrikkelijke afwezigheid van individualiteit in een *Brave New World* waarin de kunst heeft plaatsgemaakt voor platte 'feelies', voelfilms, voor de massa. Zoals de klonen samenvallen met hun groep valt ook elk individu samen met zichzelf in het hier en nu. Net als de 'feelies' ontlenen de mensen alleen nog betekenis aan de pleziersensaties die ze op dat moment ervaren, en daarmee gaat elke mogelijkheid verloren om een verhaal met verleden en toekomst te maken van zijn leven en zo een eigen identiteit te scheppen. Zoals de klonen rondzwermen in 'indistinguishable sameness', zo bewerkstelligt het systeem van de totalitaire planeconomie en het planleven als een sprinkhanenplaag een totale kaalslag van betekenis die men zou kunnen geven aan het leven en aan het mens-zijn.

Ook in *Never Let Me Go* worden de klonen ervaren als enge beesten. Ondanks haar begaanheid met hun lot schrikt Madame fysiek terug van de klonen: '[...] she saw and decided in a second *what we were*, because you could see her stiffen – as if a pair of large spiders was set to crawl towards her.' Een cruciaal verschil met *Brave New World* is echter dat daarin de klonen als onderkruipsel worden gezien door de Wilde, en met hem door de lezer, zodat de klonen eng en abject overkomen. In *Never Let Me Go* volgt de lezer juist het perspectief van de klonen en leert hij hen kennen als normale mensen, met alle ontwikkelingen en gevoelens, liefde en verdriet die het menselijk leven eigen zijn.

Deze roman thematiseert hiermee twee samenhangende ethische bezwaren die in de wetenschappelijke literatuur tegen kloneren worden aangevoerd: de instrumentalisering van menselijk leven en de 'gesloten toekomst' van klonen (iets wat we ook al in *Unique* tegenkwamen). Hoewel de klonen op Hailsham en in de Cottages de illusie in stand houden dat ze een eigen leven kunnen leiden, beseffen ze tegelijk, veelal onderbewust, dat hun toekomst vastligt.

Dit wordt onderstreept door een verteltechniek die het boek consequent hanteert. Kathy vertelt haar levensverhaal op een manier die de lezer het gevoel geeft dat hij het verhaal eigenlijk al eens heeft gehoord en dat ze samen herinneringen ophalen. Episodes uit het leven worden veelvuldig ingeleid door verwijswoorden als 'dat' of 'die': bijvoorbeeld 'what happened that day at the pavilion while we were sheltering from the downpour'. Ook gebruikt Kathy bovenmatig veel 'of course', bijvoorbeeld 'Then of course I found it', wanneer Kathy in Norfolk zoekt in tweedehands winkeltjes naar een liedje van Judy Bridgewater, 'Never Let Me Go', waar ze vroeger aan gehecht was. Door deze verteltechniek wordt subtiel gesuggereerd dat de toekomst vastligt, dat alles moest gebeuren zoals het ging gebeuren. Dit is wellicht ook de hoofdthematiek in heel Ishiguro's fictie: het besef dat de tijd niet kan worden teruggedraaid, en dat vroeger gemaakte keuzes, hoe goed ze destijds ook leken, later consequenties hebben waar je maar mee te leven hebt.

De dubbelheid van het kloonleven in *Never Let Me Go* schuilt erin dat ze, ondanks de gesloten kloontoekomst, toch een volwaardig leven kunnen leiden, maar dat tegelijkertijd hun leven ook wordt bepaald door de eigen keuzes die ze maken, gebaseerd op de complexiteit van menselijke relaties en de miscommunicaties die daarin onvermijdelijk voorkomen. Kathy en Tommy hadden misschien, binnen de grenzen van hun bestemming als donor, een ander leven kunnen leiden, maar dat weten ze alleen met de kennis van achteraf. Uiteindelijk is de toekomst van elk mens, achteraf bezien, gesloten. De vrijheid om keuzes te maken – zo vol overtuiging opgeëist door de Wilde in *Brave New World* – is een tweeslachtig goed. Wat de cruciale keuzes zijn in het leven dringt immers vaak pas achteraf door, als het te laat is om een keuze ongedaan te maken. In dat opzicht, zo suggereert *Never Let Me Go*, verschilt het leven van klonen, ondanks hun 'gesloten' toekomst, niet fundamenteel van dat van andere mensen.

Eenzelfde dubbelheid zit in de rol van Hailsham. De klonen zijn instrumenteel in het orgaandonatieprogramma en vormen een onderklasse in de maatschappij, maar de 'studenten' van Hailsham hebben binnen de groep van klonen een bevoorrechte positie; ze zijn de elite van de onderklasse. Het is enerzijds een plaats die geluk brengt voor de studenten (Hails-ham, 'Heil-dam'), maar anderzijds ook een plaats die de klonen voor de gek houdt (Hail-sham, 'Heil-bedrog'). In beide opzichten brengt het een sterke groepsband met zich mee. De identiteit van Kathy wordt in sterke mate bepaald door haar afkomst van Hailsham.

Hun identiteitsbesef ontlenen de klonen aldus vooral aan de rol die ze hebben, en de groep die daarmee samenhangt: op school zoals scholieren gewoonlijk allerlei rollen aannemen, in de Cottages door het feit of ze al dan niet van Hailsham komen, en vervolgens of ze verzorger of donor zijn. Ruth en Tommy zetten zich bijvoorbeeld beiden af tegen Kathy, omdat zij nog geen donor is. Het kloon-zijn is dan ook geen hoofdelement van de ipse-identiteit van Kathy of anderen, hoewel het wel hun zelfbewustzijn beïnvloedt. Het eerste besef van hun anders-zijn dringt door wanneer ze op jonge leeftijd Madame uitdagen en zien hoe ze rilt van afkeer:

> The first time you glimpse yourself through the eyes of a person like that, it's a cold moment. It's like walking past a mirror you've walked past every day of your life, and suddenly it shows you something else, something troubling and strange.

Op latere leeftijd proberen ze houvast te ontlenen aan hun kloon-zijn door op zoek te gaan naar 'mogelijken' (*possibles*), personen die hun kloongever zouden kunnen zijn. Immers, 'We all of us, to varying degrees, believed that when you saw the person you were copied from, you'd get *some* insight into who you were deep down, and maybe too, you'd see something of what your life held in store.' Kathy zoekt naar 'mogelijken' in pornoblaadjes, omdat ze soms een sterke seksdrang heeft en denkt: 'It has to come from somewhere. It must be to do with the way I am. [...] So I thought if I find her picture, in one of those magazines, it'll at least explain it. I wouldn't want to go and find her or anything. It would just, you know, kind of explain why I am the way I am.'

Hoewel hun identiteitsbesef dus deels wordt bepaald door *wat* ze zijn – als kloon worden ze als 'anders' behandeld – is de vraag *wie* ze zijn minstens even belangrijk voor hun identiteit. En dit wordt weliswaar op een vage manier ingevuld door de mogelijke kloongever, maar de 'mogelijken' zijn onderdeel van de mythologie van Hailsham, waarin de klonen maar half geloven. Hun identiteitsbesef wordt uiteindelijk vooral bepaald, net als bij 'gewone' mensen, door de dagelijkse omgang met vrienden, klasgenoten, lotgenoten en geliefden, die je allemaal van tijd tot tijd een spiegel voorhouden waarin je iets 'troubling and strange' ziet: jezelf door de ogen van anderen.

De nieuwsgierige wetenschapper

Tot slot komt het ook voor dat er eigenlijk geen intrinsieke reden is om te kloneren, behalve dat het interessant is om te onderzoeken of het kan en hoe het werkt. In *Unique* en *Cloned Lives* kwamen we al nieuwsgierige wetenschappers tegen die een drijvende kracht waren achter het kloneren. Zo legt in

Unique professor Imogen Holt aan Dominic uit waarom ze hem heeft gemaakt: 'I wanted to see if it *could* be done.' Waar de artsen in die romans echter nog proberen het kloneren in te zetten voor een bepaald nuttig doel, heeft professor Miriam Pointer in *Clone* van Richard Cowper (1972) geen bijbedoelingen:

> 'When you first thought of making them, Miriam, did you have any idea what you were doing? – apart from breaking the law, I mean.'
> 'No, not really,' admitted the Professor. 'It just seemed a rather fascinating piece of research.'

Ze wilde vooral kijken of ze uit twee bijzondere ouders een kind kon produceren met een volledig fotografisch geheugen ('eidetic memory'). Als bij de tovenaarsleerling blijkt het fascinerende stukje wetenschap haar echter boven het hoofd te groeien. De vier klonen, Alvin, Bruce, Colin en Desmond, die ze uit een bepaalde eicel en spermacel via het simpele kloneren – het herhaaldelijk opdelen van het bevruchte embryo – heeft gemaakt, blijken bovennatuurlijke gaven te hebben als ze eenmaal, op hun vijftiende, elkaar ontmoeten. Ze veranderen Pointers hoofd in grappige dierkoppen en teleporteren haar naakt naar de hal. In een overreactie op deze kwajongensstreken sproeit Pointer de klonen plat met chemicaliën die hun hele geheugen – en daarmee hun identiteitsbesef – uitwissen.

Het duurt een jaar of drie voordat Alvin – de hoofdpersoon – zijn geheugen herwint. 'His lost identity streamed back into his consciousness like sand in a twisted hour-glass. [...] "I am Alvin Forster, an eidetic freak. *And there are four of me.*"' Hij verenigt zich met zijn broertjes en samen kunnen ze nu de hele wereld aan. 'It wasn't just a case of 4 times 1, but of 1 to the power of 4! Or maybe even 4 to the power of 4!' Ze zijn geen mensen meer, maar 'a supra-human species of virtually uncalculable powers'. Opvallend genoeg is het echter geen enge soort die de mensheid bedreigt. Integendeel, Alvin en zijn broers zijn pure, onschuldige wezens met 'qualities of saintliness'. De mensheid is echter nog niet klaar voor hen, en in plaats van de wereld te verlossen trekken ze zich terug in een parallelle wereld, een paradijs nabij Zub in de Sahara, waar ooit de Hof van Eden bloeide.

Het leven van de klonen in *Clone* hangt nauw samen met hun identiteitsbesef. Het grootste deel van hun leven hebben ze geen weet van hun kloon-zijn of elkaars bestaan, en ze leven dan een normaal, betrekkelijk saai en nogal dom leven, zeker in de periode dat ze hun geheugen kwijt zijn. Zodra ze echter bij elkaar zijn geweest en hun vereende krachten ontdekken – ze kunnen onder andere op afstand in gedachten communiceren en dingen manipuleren – verandert hun identiteitsbesef radicaal:

> He closed his eyes and opened them again upon Desmond and Colin and Bruce, who were but Alvin and Alvin and Alvin. Four to the power of four. But four what? 'Clones' she had called them. 'I am we,' he murmured, 'we are I.'

De klonen vormen steeds meer een viereenheid, die zich aan het eind als één persoon manifesteert. Wanneer Seamus O'Duffy namens de Europese staatshoofden, die de klonen willen vernietigen omdat ze de mensheid bedreigen, de kloon via een televerbinding te woord staat en vraagt: 'And who might you be, sir?', knippert hij even met de ogen:

> 'Well, do you know,' he said, 'I've never really thought about it.' Then his brow cleared. He smiled. 'My real name could well be Adam,' he said. 'Adam Clone.'

Deze versmelting tot één nieuwgeboren (of nieuwgeschapen?) post-mens heeft overigens ook een praktische reden. Alle vier zijn ze verliefd op Cheryl, een reddende engel die hen bij alle avonturen heeft vergezeld. Door één te worden hoeven ze niet te concurreren of door elkaar te worden afgeleid. Cheryl krijgt er 'vier voor de prijs van één'.

Deze kwinkslag, die ook aansluit bij de flowerpowertijd waarin de roman is geschreven, is karakteristiek voor het lichte, humoristische karakter van de roman. Anders dan de meeste hierboven beschreven romans biedt *Clone* een luchtige kijk op de futuristische mogelijkheid van kloneren. Bovendien is uitzonderlijk in de kloonliteratuur dat Cowper de klonen onverbloemd positief neerzet; ze vormen een flinke sprong voorwaarts in de evolutie van de mensheid. Tegelijk ondergraaft de roman deze boodschap, als het al een boodschap zou zijn, door de humoristische toonzetting en slapstickelementen. De roman is niet om serieus te nemen. Klonen zijn, bij Cowper, uiteindelijk niets meer of minder dan 'a rather fascinating piece of fiction'.

Conclusie

Onze tour d'horizon van klonen in literaire fictie heeft een heel divers beeld opgeleverd van klonen. De zorgen over instrumentele levens en identiteitscrises van klonen, die mede aan de basis liggen van het vrijwel wereldwijde verbod op reproductief kloneren als strijdig met de menselijke waardigheid, worden enerzijds bevestigd, maar anderzijds ook ontkracht in de mogelijke werelden die we hebben bezocht. In sommige verhalen worden klonen afgebeeld als enge wezens: als onderkruipsel (Huxley), als doemscenario van een wederopstanding van Hitler (Levin), of als buitenaardse wezens met mystieke groepskrachten maar zonder individualiteit

(Cowper, Wilhelm). In andere verhalen leert de lezer ze echter kennen als doodgewone mensen met alledaagse problemen (Clarke, Weldon), hoewel ze door hun omgeving als anders en eng worden gezien (Allen-Gray, Sargent, Ishiguro).

Als we wat dieper kijken naar het leven en identiteitsbesef van klonen, dan schetst de literatuur als geheel een tamelijk genuanceerd en relativerend beeld. De vermeende instrumentaliteit van het leven van klonen komt naar voren als een belangrijk thema, vooral bij de klonen die een bijzonder individu dupliceren of die als hulptroepen op de aarde worden gezet. Dat leidt bij sommigen tot een 'gesloten toekomst': hun leven staat in de schaduw van hun instrumentaliteit en ze kunnen hun levensloop niet zelf bepalen. Vooral Dominic (*Unique*) en Jim (*Cloned Lives*) lijden daaronder.

Over het algemeen wordt echter het beeld van een gesloten toekomst onderuit gehaald. Dominic gaat alleen gebukt onder de schaduw van zijn broer-kloongever omdat zijn vader hem autoritair opvoedt als was hij zijn broer; hij leert zich daaraan te ontworstelen om in vrijheid, met zijn moeder, zijn leven zelf in te richten. Ook de broers en zus van Jim laten zien dat de vader-kloongever niet per se een drukkende schaduw hoeft te zijn, maar evengoed een lichtend voorbeeld. De notie dat je toekomst vastligt als je wordt geconfronteerd met je oudere kloongever – 'dus zo ben ik over dertig jaar' – kan evengoed worden omgedraaid. Je kunt deze kennis, zoals Julie suggereert in *The Cloning of Joanna May* ('you might learn something from yourself grown old'), ook gebruiken om hier en nu beter geïnformeerde keuzes te maken over hoe je je eigen leven wilt inrichten met het oog op de toekomst. Of iemand haar kloon-zijn ervaart als een last die de keuzevrijheid inperkt, is dus maar de vraag; dat gebeurt in de romans alleen bij een dwingende opvoeding en een introverte persoonlijkheid.

Ook de klonen in *Never Let Me Go* leven weliswaar instrumentele levens in een orgaandonatieprogramma, maar binnen die context kunnen ze wel degelijk een eigen leven leiden. Doordat we de hele roman lang met Kathy meeleven, ervaren we de beslissingen die ze zelf neemt – of juist niet durft te nemen – als wezenlijker voor haar levensgeluk dan de keuze die al voor haar gemaakt is. Hoe tragisch haar leven als gemaakte orgaandonor ook is, de tragiek van de gemiste relatie met Tommy is groter, in elk geval voor haarzelf. Ishiguro relativeert met zijn roman ook het naïeve, romantische geloof in keuzevrijheid en open toekomsten. De belangrijkste keuzemomenten worden pas later duidelijk, als het te laat is. Klonen zijn ook in dit opzicht gewone mensen. De toekomst is uiteindelijk, achteraf bezien, voor iedereen gesloten.

Deze tamelijk deterministische levenshouding deelt Ishiguro echter niet met Huxley en andere schrijvers die de lof van de individuele autonomie bezingen. De keuzevrijheid, inclusief de keuze van de Wilde om ongelukkig te zijn, is wezenlijk voor de vorming van een eigen, individuele identiteit. Het kloon-zijn dreigt de individualiteit substantieel in te perken, zoals Jim opmerkt, aan wie 'zelfs het kleine genoegen wordt onthouden om zich een uniek individu te voelen'. Ook hier laten de romans door de bank genomen echter een tegengesteld geluid horen. Joanna May raakt aanvankelijk in een identiteitscrisis als ze hoort van haar gekloondheid ('if the I offend thee pluck it out'), maar dat kan ze al snel omzetten in een nieuw en authentieker identiteitsbesef ('if thine I offend thee, change it').

Dezelfde ontwikkeling maakt Dominic door, als hij tot het inzicht komt dat álle mensen uniek zijn, ook een kloon. De opvoeding op Hailsham stelt Kathy en de andere klonen in staat om volwaardige mensen te worden, die geheel losstaan van hun 'mogelijken', de kloongevers. Veel romans benadrukken dat de identiteitsconstructie een dynamisch proces is, waarbij vooral herinneringen een belangrijke rol spelen.

Deze vullen immers het verhaal dat iemand van zijn eigen leven maakt; zonder herinneringen zijn de herschapen Paul (*Cloned Lives*) en de platgesproeide Alvin (*Clone*) niemand, of in elk geval niet 'zichzelf'. De continue stroom gebeurtenissen in een leven heeft dan ook minstens evenveel invloed op de ipse-identiteit als genen of opvoeding. Ook hierin verschillen klonen niet van 'gewone' mensen. Zoals Kira opmerkt: 'Anyone would be different after so long a time.'

Waar veel romans dus laten zien dat klonen evengoed hun eigen, individuele identiteit kunnen ontwikkelen, schetsen andere romans een ander beeld. Klonen vormen groepen die niet een individueel, maar juist een sterk collectief identiteitsbesef hebben. Dat wordt echter alleen veroorzaakt door het kloon-zijn in de romans waarin klonen onderling een mystieke, telepathische band hebben (Wilhelm, Cowper). Bij hen verandert het kloneren iets fundamenteels in het mens-zijn, waardoor de kloon zich volledig identificeert met de groep in plaats van met zichzelf; het zijn in deze romans dan ook geen mensen meer. Uit andere verhalen blijkt dat een sterke groepsband andere oorzaken heeft, zoals totale technische en sociale conditionering (Huxley) of de druk van de omgeving die klonen alleen als groep benadert (Ishiguro, Sargent).

Deze laatsten relativeren ook hier het anders-zijn van klonen. De 'Swenson-kloongroep' ontwikkelt individuele identiteiten juist omdat ze zichzelf binnen de groep gespiegeld zien en op onderdelen willen afwijken, net zoals Kathy en haar klasgenoten dat doen op Hailsham en in de Cottages. Groepsvorming is een menselijke eigenschap en een maatschappelijke noodzaak, die elk individu helpt een identiteit te construeren. In de dagelijkse omgang met vrienden, lotgenoten en geliefden word je van tijd tot tijd een spiegel voorgehouden waarin je, zoals Kathy ervaart, iets onrustbarends en vreemds ziet: jezelf door de ogen van anderen. Dat voor klonen die spiegel verdubbelt – je ziet in de ander ook jezelf zoals je zou kunnen zijn – is daarbij een complicatie, maar evenzeer een kans, die Joanna en haar klonen, evenals de Swenson-klonen, aangrijpen om een steviger verankerde individuele identiteit te construeren.

Zo blijkt uit het leven en de identiteit van klonen in literaire fictie dat kloneren niet een inherente inbreuk hoeft te zijn op de menselijke waardigheid of het recht op persoonlijke integriteit. Maatschappelijke angst voor klonen lijkt vooral ingegeven door spookbeelden uit een deel van de literatuur, met name Mengeles jongens uit Brazilië, de menselijke maden uit *Brave New World* en de mystieke klonen uit de romans van Wilhelm en Cowper. Deze laatste komen daarbij veel minder bedreigend over dan de romans van Levin en Huxley, aangezien Wilhelms en Cowpers mystieke en telepathische klonen duidelijk fictief zijn en geen realisme pretenderen. Levins doemscenario en Huxleys dystopie zijn evenmin realistisch, maar wel reële waarschuwingen tegen wat er kan gebeuren als reproductief kloneren grootschalig zou worden gebruikt om de maatschappij in te richten op een manier die sterk afwijkt van de democratische rechtsstaat. Maar daarbij laten de romans ook zien dat de dreiging niet in het genoom van de klonen zit, maar in hun conditionering. Het zijn de autoritaire vaders en het totalitaire planleven die de klonen maken tot wie ze zijn. Evenzo is de kloofmaatschappij die Ishiguro schetst niet zozeer een dystopie omdat er grootschalig klonen worden gekweekt, als wel omdat de samenleving is doorgeslagen in haar maakbaarheidsdrang. Zoals Madame aan Kathy vertelt, heeft de biotechnologie de menselijkheid verdreven uit de samenleving:

> I saw a new world coming rapidly. More scientific, efficient, yes. More cures for the old sicknesses. Very good. But a harsh, cruel world. And I saw a little girl, her eyes tightly closed, holding to her breast the old kind world, one that

she knew in her heart could not remain, and she was holding it and pleading, never to let her go. That is what I saw [...] and it broke my heart.

Wie door het landschap van de kloonfictie reist, ziet in plaats van spookbeelden uiteindelijk vooral een genuanceerd en relativerend beeld van klonen. De genen vertellen maar een klein deel van het verhaal. Het leven en de identiteit van klonen wordt, net als bij 'gewone' mensen, bepaald door de unieke wisselwerking tussen genen en omgeving en de gebeurtenissen die ze tussen geboorte en dood meemaken. Klonen mogen dan kopieën zijn, ze zijn even uniek en origineel als hun kloongever. Als we bang moeten zijn voor kloneren, dan is dat niet omdat klonen anders of eng zijn, maar omdat de maatschappij klonen als onmenselijk zou kunnen benaderen. Hiermee is de cirkel rond: klonen zijn anders omdat ze als anders worden gezien en behandeld.

Er zijn echter ook, zo hebben we gezien, werelden denkbaar waarin klonen níet als anders, eng of onmenselijk worden behandeld, en waarin klonen dus ook niet wezenlijk anders zíjn. Het kloneren van mensen is denkbaar met behoud van de menselijke waardigheid. De spiegel die de kloonfictie ons voorhoudt, laat dus zien dat een absoluut kloonverbod geen noodzakelijke voorwaarde hoeft te zijn voor een menswaardige toekomst.

De cirkel van het anders-zien en anders-zijn van klonen kan worden doorbroken, zo laten onze fictieve helden Dominic, Kira, Duncan, Kathy en de klonen van Joanna May zien. Wie hen benadert als mens, geeft hun de vrijheid een eigen leven te leiden en een eigen identiteit te construeren. Ja, ze zijn anders, omdat ze kopieën zijn. Maar ze zijn ook uniek, omdat ze als individu verschillen van hun kloongever. Zoals elk mens, gekloond of niet-gekloond, gemaakt of niet-gemaakt, uniek is. Zijn we niet allemáál anders?

Literatuur

Fictie (tussen haakjes de gebruikte editie)

Allen-Gray, Alison (2004), *Unique*, Oxford: Oxford University Press.
Clarke, Arthur C. (1975), *Imperial Earth* (*Machtige aarde*, vertaling Yvonne Kraak, Utrecht/Antwerpen: Bruna & Zoon, 1977).
Cowper, Richard (1972), *Clone*, Garden City, NY: Doubleday & Company.
Huxley, Aldous (1932), *Brave New World* (New York, NY etc.: Harper & Row, 1969).
Ishiguro, Kazuo (2005), *Never Let Me Go*, Londen: Faber and Faber.
Levin, Ira (1976), *The Boys From Brazil*, Michael Joseph (Londen: Pan Books, 1977).
Sargent, Pamela (1976), *Cloned Lives*, Greenwich, CT: Fawcett Publications.
Weldon, Fay (1989), *The Cloning of Joanna May*, Collins (Londen: Flamingo, 1993).
Wilhelm, Kate (1974), *Where Late the Sweet Birds Sang* (Londen: Gollancz, 2006).

Secundaire literatuur

Brownsword, Roger (2008), *Rights, Regulation, and the Technological Revolution*, Oxford: Oxford University Press.
Doniger, Wendy (1998), 'Sex and the Mythological Clone', in: Martha C. Nussbaum & Cass R. Sunstein (red.), *Clones and Clones*, New York/Londen: W.W. Norton & Company, p. 114-138.
Hildebrandt, Mireille, Bert-Jaap Koops en Katja de Vries (red.) (2008), *D7.14a: Where Idem-Identity meets Ipse-Iden-*

tity. Conceptual Explorations, FIDIS Deliverable, beschikbaar via www.fidis.net/.

Le Guin, Ursula (1973), 'On Theme', in: Robin Scott Wilson (red.), *Those Who Can: A Science Fiction Reader*, New York: Mentor, p. 203-208.

Salgueiro Seabra Ferreira, Maria Aline (2005), *I Am the Other. Literary Negotiations of Human Cloning*, Westport, CT: Praeger.

Wouters, Paul (1998), 'Een gekloneerde toekomst', in: Henriëtte Bout (red.), *Allemaal klonen. Feiten, meningen en vragen over kloneren*, Amsterdam: Boom/Rathenau Instituut, p. 19-43.

11

Het kind en de rekening.
De verantwoordelijkheid van ouders voor keuzes rond de maakbaarheid van hun kind

Carla Sieburgh

Juist wanneer het verschil tussen *zijn* en *ter beschikking zijn* vervaagt, doet alles zich in het menselijk leven – gezondheid, geluk, bevruchting, kennis, diploma's – als een mensenrecht voor. En wanneer de voorziening van de universele bruikbaarheid zich over de hele wereld verspreidt, wijkt de *verantwoordelijkheid* voor de wereld bij de burgers zelf, bij de burgers in de eerste plaats, voor de verbolgen verwoording van een onuitputtelijke *schuldvordering*. (Alain Finkielkraut, 'Schuldeisers van de wereld', in: idem, *Het onvoltooide heden*, Amsterdam 2003, vertaling E. Borger, p. 196)

Koos wil af van zijn bril; hij vindt dat brillen hem lelijk maken. Bij de voordeeldrogist koopt hij een doosje contactlenzen, ongeveer van de sterkte van zijn bril. Al snel nadat Koos de lenzen is gaan gebruiken, ontsteekt zijn linkeroog. De antibiotica slaan aan, maar na de behandeling merkt Koos dat hij met het linkeroog aanmerkelijk slechter ziet dan voorheen. Hij wil de verkoper van de lenzen aanspreken voor de door hem geleden schade. Als we dit geval in verband brengen met de idee van de 'maakbare mens', zien we dat Koos een bepaald instrument gebruikt om zijn eigen leven of lichaam te hervormen of completeren. De maakbare mens Koos neemt zelf de beslissing en hijzelf ondervindt daarvan ook de gunstige en ongunstige gevolgen.

De mens kan in zekere zin zelf bepalen welke middelen hij inzet om zijn leven naar eigen inzicht in te richten. Bezwaren die aan die middelen kleven, neemt hij voor lief. Daarvoor is hij zelf verantwoordelijk. Voor nadelen die hij onmogelijk kon voorzien en die de grenzen van het redelijke te buiten gaan, zal hij in sommige gevallen kunnen aankloppen bij de producent of de verkoper van het instrument. De laatste is dan aansprakelijk voor de veroorzaakte schade. Kiest iemand ervoor de beschikbare instrumenten juist niet in te zetten, dan zijn de eventuele ongunstige gevolgen daarvan voor eigen risico. Over gevallen waarin de makende mens dezelfde is als de maakbare of gemaakte mens gaat deze bijdrage echter niet.

Het vraagstuk rond aansprakelijkheid voor een gemaakte keuze wordt namelijk interessanter als de persoon die het instrument gebruikt, iemand anders is dan degene bij wie het instrument zijn uitwerking zal hebben. Denk aan de cardioloog die tijdens de ingreep besluit de patiënt met een verstopte kransslagader niet te dotteren maar te behandelen met een stent of voor te dragen voor een bypassoperatie door de hartchirurg. Denk ook aan ouders die beslissen dat hun kind geen beugel zal dragen. En denk aan ouders die over het lot van hun kind beschikken door een prenatale screening te doen (echo, bloedtest, vruchtwaterpunctie – vergelijk de bijdrage 'Kiezen voor preventie'), door de zwangerschap vroegtijdig af te laten breken of door na de geboorte een beslissing te nemen over het wel of niet laten inenten van hun kind. In de laatstgenoemde voorbeelden hebben we te maken met de ouder die beslist, het instrument dat wel of niet wordt toegepast, en het kind dat daarvan de positieve en negatieve gevolgen ondervindt. Bezwaren van het wel of niet gebruiken van het instrument treffen niet (rechtstreeks) degene die de keuze heeft gemaakt. Pakt de gemaakte keuze 'goed' uit, dan is er niets aan de hand. Maar als er iets misgaat, komt de schade van de keuze bij het kind terecht. Voor die schade kunnen bijvoorbeeld de producent van het gebruikte instrument, de behandelende arts of de zorgverzekeraar aansprakelijk zijn. Maar daarnaast rijst de volgende vraag: kan het kind zijn eigen ouders tot vergoeding van die schade aanspreken?

Tussen de beslissing omtrent de beugel en die omtrent de inenting bestaan geen principiële verschillen. Toch wordt over de aansprakelijkheid voor de gevolgen van een keuze om wel of niet in te enten anders nagedacht. Wellicht spreekt het feit dat het kind dat wel of niet wordt ingeënt meestal nog een baby is, meer tot de emotionele verbeelding dan een pukkelige tiener die een beugel nodig heeft. Het opmerkelijke is echter dat de mogelijkheid van aansprakelijkheid van de ouders voor een keuze aangaande de inenting tot een zekere verontwaardiging leidt, terwijl de aansprakelijkheid voor de keuze rond de beugel op een rationeel gedragen benadering kan rekenen.

Tussen de beslissing over het beëindigen van de zwangerschap en de beslissing over de inenting bestaan wel principiële verschillen. Het wel of niet bestaan van een kind is van een andere orde dan het wel of niet inenten van een bestaand kind. Het blijkt echter dat de mogelijkheid van aansprakelijkheid voor beide typen keuzes velen aanleiding geeft tot een vergelijkbare reactie: dat moet toch niet kunnen?!

Wat maakt deze keuzes bijzonder? Je zou kunnen denken dat in een maatschappij waarin de neiging bestaat in 'formats' en protocollen te denken en waarin de neiging bestaat om veel variaties op een thema over één kam te scheren, het verschil tussen een inenting en een beugel niet groot is.

In deze bijdrage tracht ik te achterhalen wat het zo lastig maakt om antwoord te geven op de vraag of het kind de ouders moet kunnen aanspreken voor de schade die verbonden is aan keuzes van de ouders tijdens en vlak na de zwangerschap. Zoals zal blijken, kent het aansprakelijkheidsrecht een aantal vereisten waaraan moet zijn voldaan, wil aansprakelijkheid voor veroorzaakte schade worden aangenomen. Het zal ook voldoende plastisch blijken om te kunnen leiden tot resultaten die op gespannen voet staan met uitgesproken en onuitgesproken uitgangspunten en gedachten die in onze maatschappij leven, zoals de genoemde reactie: 'Dat moet toch niet kunnen?' Waarom de sprong naar aansprakelijkheid van ouders voor deze keuzes (nog) niet wordt gemaakt, volgt niet dwingend uit het aansprakelijkheidsrecht. Maar waaruit dan wel?

Voorbeelden

Paul en Evelien krijgen in mei 2006 een zoontje, Taeke. Volgens het reguliere inentingsschema wordt het jongetje rond zijn eerste verjaardag (de zomer van 2007) voor de eerste keer gevaccineerd om aldus weerstand op te bouwen tegen bacteriële hersenvliesontsteking. De ouders hebben veel gelezen over de mogelijke schadelijke gevolgen die de meningitisvaccinatie op deze leeftijd kan hebben voor het zenuwstelsel van een kind. Zij kiezen ervoor de vaccinatie een jaar uit te stellen. In het najaar van 2007 krijgt Taeke bacteriële hersenvliesontsteking. Snel nadat de bacterie met succes is bestreden, blijkt dat zijn ontwikkeling motorisch achterblijft.
Vraag: kan Taeke als hij ouder is en zich realiseert dat hij gehandicapt door het leven gaat, zijn ouders aanspreken voor de schade, en waaruit bestaat die schade precies? Als hij dat overweegt, zal hij zich erop beroepen dat het reguliere vaccinatieprogramma van de overheid heus niet zonder reden in die vorm wordt aangeboden en dat, hoewel daaraan risico's verbonden zijn, die natuurlijk zijn afgewogen tegen – en klaarblijkelijk kleiner zijn dan – de risico's die

verbonden met het nalaten te vaccineren of het op latere leeftijd vaccineren.

Dit geval maakt het volgende duidelijk. Waar maakbaarheid bestaat, rijst de vraag of de 'makers' verantwoordelijk kunnen zijn voor hun ingrijpen of nalaten. Zoals hierna nog wordt toegelicht, is het antwoord hierop nog moeilijker dan in zijn algemeenheid te geven wanneer het een keuze betreft van ouders ten aanzien van hun kind. Dilemma's op dit terrein ontstaan vrijwel meteen nadat een kind geconcipieerd is.

Stel dat Paul en Evelien voor de keuze staan om op grond van Eveliens leeftijd – veertig jaar oud – een vruchtwaterpunctie te laten verrichten om vast te stellen of hun kind een aangeboren afwijking heeft. Zij weten dat de kans op aangeboren afwijkingen toeneemt naarmate de leeftijd van de moeder hoger is. Ze weten ook dat een vruchtwaterpunctie een zeker risico meebrengt dat de zwangerschap wordt afgebroken. Stel dat de zwangerschap door de punctie zou worden afgebroken terwijl het kind geen aangeboren afwijking heeft. Zij kiezen ervoor af te zien van de vruchtwaterpunctie. Zij laten evenmin andere, minder risicovolle diagnostiek verrichten. Na de geboorte blijkt dat het kind, Sanne, een gespleten gehemelte heeft. Zij kan daaraan geopereerd worden, maar houdt de rest van haar leven duidelijk zichtbare sporen daarvan en heeft ook vrij ernstige spraakstoornissen. Sanne heeft hier bij vlagen veel last van. Paul en Evelien vragen zich op hun beurt af of zij destijds een verkeerde keuze hebben gemaakt.

Hoe zit het nu met de aansprakelijkheid voor schadelijke gevolgen die aan de mogelijkheden rond maakbaarheid verbonden kunnen zijn? Het doen en nalaten (het maken of het afzien van maken), de verantwoordelijkheid hiervoor en de civielrechtelijke aansprakelijkheid voor schadelijke gevolgen hangen weliswaar met elkaar samen, maar zoals hieronder wordt uitgewerkt, volgt uit het een niet logisch en automatisch het ander.

Juridische vragen rond het verschijnsel maakbaarheid

De maakbaarheid van de mens is in toenemende mate onderdeel van het leven. Al voordat je in verwachting bent van nieuw leven, wordt de maakbaarheid daarvan aangestuurd. Vrouwen die zwanger willen worden, wordt aangeraden foliumzuur te slikken om de kans dat het kind een open ruggetje heeft te verkleinen. Tijdens de zwangerschap worden de ouders geconfronteerd met een scala aan mogelijkheden aangaande prenatale diagnostiek: echo's, nekplooimeting al dan niet in combinatie met een test van het moederlijke bloed, vlokkentest en vruchtwaterpunctie. Deze mogelijkheden bestaan voor ouders die geen aanleiding hebben te vermoeden dat hun kind een aangeboren afwijking heeft, en uiteraard ook voor ouders die daartoe wel aanleiding hebben. Dat laatste is bijvoorbeeld het geval als in de familie van de ouders al iemand aanwezig is met een aangeboren afwijking. Ook als het kind eenmaal is geboren, moeten nog keuzes worden gemaakt over bijvoorbeeld screening en inenting.

De mogelijkheden worden steeds verfijnder. Tot de Franse Revolutie (1789) bestonden er voor ouders geen legale mogelijkheden een zwangerschap vroegtijdig af te breken (zie nl.wikipedia.org/wiki/abortus). Wie dat toch wilde, wendde zich tot een illegale chirurgijn of gifmengster, die de foetus met een hete breipen probeerde te doden. Dit betrof de keuze tussen het wel en het niet laten bestaan van een kind. Over de concrete gezondheidstoestand van de foetus was vrijwel niets bekend. Prenatale diagnostiek naar aangeboren afwijkingen bestond niet. Ook als een kind eenmaal geboren was, waren er weinig mogelijkheden de gezondheidstoestand te bepalen, laat staan te beïnvloeden. Zo stierven veel kinderen aan infecties die door de moderne inzichten over hygiëne minder voorkomen en die, als ze toch optreden, eenvoudig met penicilline of een ander antibioticum worden bestreden.

Het is duidelijk dat er veel is veranderd. Het is nu mogelijk om legaal de zwangerschap vroegtijdig te laten afbreken. Dat kan binnen de door de wet gestelde grenzen. Een andere mogelijkheid is om op geleide van prenatale diagnostiek een indruk te verkrijgen van de gezondheidstoestand van het kind. Op basis daarvan kan besloten worden de zwangerschap te continueren of af te breken. Als op grond van prenataal onderzoek blijkt dat een kind een aangeboren afwijking heeft, zijn de ouders niet verplicht de zwangerschap af te breken.

De maakbaarheid van mensen impliceert het maken van keuzes. Waar een zeker aanbod in maakbaarheid bestaat, moet worden nagedacht over wat er met de geboden mogelijkheden kan worden gedaan en wat voor vervolg er aan een eenmaal ingeslagen pad wordt gegeven.

Inherent aan het maken van een onomkeerbare keuze is het afsnijden van de tegengestelde route. Als bij prenatale diagnostiek wordt geconstateerd dat een kind een aangeboren afwijking heeft en de ouders breken de zwangerschap niet af, dan wordt het kind met een aangeboren afwijking geboren. Daaraan kunnen nadelen zijn verbonden die zouden zijn voorkomen als de zwangerschap wel was afgebroken. Zo kan het kind menen dat het beter niet had kunnen bestaan, omdat het veel pijn heeft en niet kan leven zonder uitgebreide hulpmiddelen.

Wanneer nadelen voortvloeien uit een (in beginsel) legale keuze, roept dat verscheidene vragen op naar mogelijke aansprakelijkheid voor de keuze van de ouders. Zij zijn verantwoordelijk voor die keuze. Betekent dit dat zij daarvoor ook juridisch kunnen worden aangesproken? Kan het kind zich erop beroepen dat hij schade lijdt als gevolg van de zijns inziens verkeerde keuze? En hoe zit het als een kind met een aangeboren afwijking is geboren terwijl zijn ouders er bewust voor hebben gekozen geen prenatale diagnostiek te laten verrichten? Het dilemma wordt wellicht nog groter wanneer de ouders wel diagnostiek hebben laten verrichten, waaruit bleek dat het kind zeker een aangeboren afwijking heeft, terwijl zij ervoor hebben gekozen de zwangerschap niet af te breken.

Ook bij keuzes na de geboorte van het kind kunnen dergelijke vragen worden gesteld. Kan een kind dat zijn ouders (nog) niet hebben laten inenten tegen meningitis en dat vervolgens meningitis krijgt, zijn ouders aanspreken omdat het vindt dat de ouders een verkeerde keuze hebben gemaakt en hij daardoor schade lijdt? Hoe zit het in het omgekeerde geval, waarin het kind is ingeënt en als gevolg van de bijwerkingen daarvan het lichamelijke en geestelijke achterstanden oploopt? Kan het zijn ouders erop aanspreken dat zij hem niet hadden moeten inenten?

Als deze aansprakelijkheden zouden worden aangenomen, hoe is het dan gesteld met de keuzevrijheid? En waarom zou je als lezer bij het ene geval sneller geneigd zijn aansprakelijkheid aan te nemen dan in het andere geval? Weet je zeker dat het punt van vertrek voor je gedachtegang een perfecte keuzevrijheid van de ouders was?

Deze bijdrage is niet bedoeld om op al deze vragen antwoorden te formuleren. De bedoeling is om duidelijk te maken dat mogelijkheden tot maakbaarheid uitgangspunten doen wankelen die lange tijd rotsvast verankerd leken in onze maatschappij. Breed gedragen is het idee dat ouders tijdens en vlak na de zwangerschap geen verkeerde keuzes ten aanzien van hun kinderen kunnen maken. Aansprakelijkheid van ouders voor een keuze die verkeerd zou zijn, wordt laconiek van de hand gewezen met een beroep op het recht van de ouders te kiezen in overeenstemming met hun persoonlijke inzichten en overtuigingen. Maar hoe houdbaar zijn dergelijke verworvenheden in een maatschappij waarin keuzes rond de maakbaarheid van het kind steeds meer in de handen van de ouders liggen? En hoe zal het recht om te kiezen volgens levensovertuiging en levensvisie stand houden als in de maatschappij een meerderheidsstandpunt bestaat over wat de ouders zouden moeten kiezen? Stel dat de keuzevrijheid als verworvenheid behouden blijft, zouden dan bijvoorbeeld verzekeraars toch consequenties kunnen verbinden aan de door de ouders gemaakte keuze?

Juridische begripsbepaling

Voordat ik hieronder een aantal vragen zal opwerpen die de civielrechtelijke aansprakelijkheid betreffen van ouders bij keuzes rond de maakbaarheid van hun kind, wil ik een aantal juridische concepten en begrippen toelichten. Het civielrechtelijke aansprakelijkheidsrecht heeft als doel om te bepalen in welke gevallen waarin schade is geleden, het recht bestaat op vergoeding van die schade. Het leidende principe bij het vaststellen van aansprakelijkheid is de fout: de aan de dader toerekenbare normschending. Een norm kan verankerd zijn in de wet, maar ook voortvloeien uit het ongeschreven recht, namelijk de zorgvuldigheid die mensen jegens elkaar in acht moeten nemen. Een normschending wordt aan de dader toegerekend als hem de schending valt te verwijten. Daarnaast is het in beperkte mate mogelijk om een daad ook buiten verwijtbaarheid aan de dader toe te rekenen, als er maatschappelijke redenen zijn om de normschending voor rekening van de dader te laten komen. Zo'n maatschappelijke reden kan liggen in de hoedanigheid van de dader. Een grote onderneming of de overheid is bijvoorbeeld sneller buiten verwijtbaarheid aansprakelijk, omdat het voor hun risico is dat zij de regels niet tot in detail kennen en omdat zij, anders dan het individu dat schade heeft geleden, de door hen te vergoeden schade kunnen uitsmeren.

Wat precies wordt aangemerkt als een fout hangt onder andere af van plaats en tijd. Zo werd de spoorwegen in het begin van de twintigste eeuw geen fout verweten als vonken van de kolenlocomotief vlogen en een boerenhoeve in de as legden. De spoorwegen, evenals bepaalde andere typen ondernemingen, werden beschermd tegen aansprakelijkheid, omdat een grote mate van aansprakelijkheid te bezwaarlijk zou zijn voor het ontwikkelen van een gezonde onderneming of het aanleggen van grote infrastructuren. Aan het einde van de twintigste eeuw lag de nadruk echter juist meer op de bescherming van individuen tegen grote ondernemingen. Inmiddels lijkt de tendens weer terug te buigen naar iets minder consumentenbescherming en iets meer vrijheid voor ondernemingen.

Wat wordt verstaan onder een fout hangt dus mede af van het maatschappelijke kader. De inhoud van de fout wordt bijvoorbeeld beïnvloed door sociaal-maatschappelijke verhoudingen en politieke en economische inzichten. Het sluitstuk is echter een juridische beoordeling op grond waarvan de concrete gedraging wordt getoetst.

Aangezien de fout centraal staat in het aansprakelijkheidsrecht, is het enkele lijden van schade onvoldoende voor het vaststellen van aansprakelijkheid. Wij lijden dagelijks schade als gevolg van de aanwezigheid en het optreden van de medemens. Als een bakker klanten van een andere bakker weglokt door het bakken van lekkerder brood, lijdt de gedupeerde bakker schade. Maar in de westerse samenleving is het evident dat deze schade niet in aanmerking komt voor vergoeding. De beantwoording van de vraag naar het bestaan van aansprakelijkheid heeft dan ook nooit als vertrekpunt dat er schade is geleden.

Het vertrekpunt is de vraag of de gedraging die tot de schade heeft geleid, een fout betreft of niet. Een valkuil hierbij is dat ook de ernst van de schade niet bepaalt of sprake is van een fout. De arm van een vrouw die haar zus hielp met verhuizen, raakte tijdens het verslepen van een kast bekneld tussen de kast en een muur omdat haar zus was gestruikeld en de kast in haar val van zich af duwde. Als gevolg van posttraumatische dystrofie moest de arm worden geamputeerd. Er is hier sprake van zeer ernstige schade, maar daarmee is de val van de zus nog geen fout. De schade moest daarom in dit geval worden gedragen door (de verzekeraar van) de vrouw die haar arm is kwijtgeraakt.

Voor het doorgronden van de vraag naar aansprakelijkheid voor een fout is het belangrijk om te weten dat er in het recht een duidelijk verschil bestaat tussen het strafrecht en het civiele recht. Een civielrechtelijke fout kan ook bestaan uit een onzorgvuldigheid. Zo'n onzorgvuldigheid levert in de meeste gevallen echter geen misdrijf of overtreding op en blijft dus onbestraft. Omgekeerd levert een strafrechtelijk relevante fout in veel gevallen wel een civielrechtelijke fout op. Met andere woorden: er is sneller sprake van civielrechtelijke dan van strafrechtelijke aansprakelijkheid.

Het civiele recht is er om verstoringen in het juridische evenwicht tussen burgers en rechtspersonen onderling te herstellen. Het strafrecht is er om maatschappelijk onwenselijk gedrag te bestraffen en door de dreiging van bestraffing te voorkomen. In een strafrechtelijk proces treedt altijd de Staat op als procespartij, om het algemene belang te behartigen. Het verschil in opzet en doelen van het civiele en het strafrecht vertaalt zich ook in de werking van een maatregel. Strafrechtelijke maatregelen, zoals een boete, zijn bedoeld om de dader te straffen door toevoeging van leed. Het civiele recht is bedoeld om het verstoorde evenwicht te herstellen, maar niet om te straffen of om leed toe te voegen. Een civielrechtelijke schadevergoeding is dus geen straf. Het is een manier om degene die de schade heeft geleden zoveel mogelijk terug te brengen in de staat waarin hij zou hebben verkeerd als de fout achterwege was gebleven.

Plicht om kiezende ouders te informeren

Het dilemma tussen keuzevrijheid en aanspreekbaarheid in rechte doet zich zoals gezegd in het bijzonder voor ten aanzien van de ouders. Natuurlijk spelen ook artsen en paramedici in het beslissingstraject een belangrijke rol. Hun verplichtingen zijn echter vrij nauwkeurig te bepalen, en hun keuzerepertoire is aan objectieve normen te meten. Zo is het voor een verloskundige geen kwestie van levensovertuiging of hij ouders die aangeven dat iemand in hun familie een aangeboren afwijking heeft, erop wijst dat zij het verrichten van prenatale diagnostiek kunnen overwegen. De verloskundige moet deze mogelijkheid kenbaar maken. De ouders maken vervolgens de keuze om tot prenatale diagnostiek over te gaan. Als de verloskundige de mogelijkheid niet kenbaar maakt, is dat een fout. Als de ouders als gevolg hiervan schade lijden, is de verloskundige jegens hen aansprakelijk omdat hun de keuzemogelijkheid is onthouden.

Dat geval was aan de orde in het bekende arrest van de Hoge Raad inzake het meisje Kelly. Tijdens de zwangerschap hadden de ouders de verloskundige gezegd dat in hun familie een kind was met een ernstige aangeboren afwijking. De verloskundige legde deze informatie naast zich neer en stelde de ouders gerust met de opmerking dat hun vorige kind gezond was geboren. De Hoge Raad oordeelde dat de verloskundige niet alleen een fout had gemaakt jegens de ouders door hen niet te informeren over de mogelijkheid van het verrichten van prenataal onderzoek. Hij had hiermee ook jegens het ongeboren kind een fout gemaakt en was daarom aansprakelijk jegens het kind. Hieruit kan worden afgeleid dat een kind er recht op heeft dat de verloskundige zijn ouders goed informeert over de keuzemogelijkheden. Het betekent niet dat het kind recht heeft op een bepaalde concrete keuze door de ouders. Integendeel, de Hoge Raad stelt de onaantastbaarheid van een eenmaal door de ouders gemaakte keuze voorop:

> Evenmin kan worden gezegd dat de rechter, door in het gegeven geval gebruik te maken van de hem in art. 6:97 BW gegeven bevoegdheid [om de schade te begroten op een wijze die het meest met de aard ervan in overeenstemming is], de mogelijkheid dichterbij brengt of zelfs creëert dat kinderen die in de positie van Kelly verkeren, ook hun ouders of althans hun moeder aansprakelijk kunnen stellen voor hun bestaan. [...] Kelly [heeft] immers geen recht op haar eigen niet-bestaan, en [...] zij [had] geen recht op afbreking van de zwangerschap van haar moeder. (Hoge Raad 18 maart 2005, *Rechtspraak van de Week* 2005, 42, overweging 4.16)

Bij de keuze voor het verrichten van postnatale screening of het nalaten daarvan ligt het anders. Als het kind schade lijdt en vindt dat zijn ouders verkeerd hebben gekozen, is een eventueel recht op niet-bestaan niet aan de orde. In zo'n geval stelt het kind dat het, gegeven zijn bestaan, recht had op een betere keuze van zijn ouders. Ondanks dit verschil wordt er vooralsnog van uitgegaan dat ouders een keuze mogen maken die strookt met hun visie en dat hun kind hun daar juridisch geen verwijt van kan maken. De verloskundige biedt de mogelijkheid tot postnatale screening standaard aan; het consultatiebureau is verantwoordelijk voor het aanbieden van de inentingen. Aan ouders is de keuze om van de screening of de inentingen af te zien.

Over de mogelijkheid van aansprakelijkheid voor het wel of niet (gehandicapte) bestaan van een kind van artsen, verloskundigen en andere paramedici die zich niet houden aan hun (informatie)plichten, bestaat in het recht eigenlijk geen discussie. Waar deskundigen een vaststelbare fout maken, kan aansprakelijkheid voor de schadelijke gevolgen daarvan worden aangenomen.

De vraag is of dit voor de aansprakelijkheid van ouders ook geldt of dat het daarbij heel anders ligt. Zoals gezegd hangt de aansprakelijkheid van een paramedicus of een ziekenhuis samen met min of meer objectiveerbare fouten. Bij de ouders hangt de aansprakelijkheid echter samen met de gevolgen van een op levensbeschouwing en andere overtuigingen berustende keuze. De vraag is of een op zich geoorloofde keuze door die gevolgen toch anders wordt gekleurd. De juistheid van de in deze bijdrage beschreven keuzes is in beginsel niet te objectiveren. Als dat wel zo zou zijn, dan moeten we wellicht niet meer spreken van een keuze maar veeleer van een – eventueel niet-afdwingbare – plicht.

Kan een vrije keuze onjuist zijn?

Door velen wordt aangenomen dat een in deze bijdrage bedoelde, door de ouders gemaakte keuze niet op haar juridische juistheid kan worden getoetst. Anders gezegd: een keuze die je als ouder mag maken, is nooit onjuist. Dat betekent dat ouders dan ook nooit jegens hun kind hiervoor aansprakelijk kunnen zijn. Het mogen maken van de keuze is binnen zekere grenzen in de grondrechten verankerd. Het brengt mee dat je ouders niet op zo'n keuze kunt aanspreken. In deze visie bestaat er geen spanningsveld tussen het recht van de ouders op het maken van een keuze en het recht van een kind om zijn ouders daarop aan te spreken. Het eerste heeft altijd voorrang.

Een andere invalshoek is echter dat aan het maken van iedere vrije keuze verantwoordelijkheden kleven. Iemand die vrij is een keuze te maken, wordt daarmee niet vrijgesteld van aanspreekbaarheid en aansprakelijkheid. Zo bezien betreft de vrijheid veeleer een afweging tussen de goede en de kwade kansen. Met het maken van de keuze wordt de mogelijkheid van aansprakelijkheid als het ware op de koop toe genomen. Het recht om een keuze te maken is er niet op gericht om degene die kiest te vrijwaren van aansprakelijkheid voor zijn keuze.

Het dilemma wordt versterkt doordat het hier niet gaat om zuivere tegenstellingen. Het is immers mogelijk om een keuze te maken en er tegelijkertijd rekening mee te houden dat je voor de eventuele schadelijke gevolgen daarvan door je kind wordt aangesproken. Stel dat de ouders ervoor kiezen om de zwangerschap niet af te breken terwijl is vastgesteld dat het kind een ernstige aangeboren afwijking heeft. Zij zouden het risico dat het kind hen later aansprakelijk houdt, kunnen incalculeren en wellicht ook verzekeren. De mogelijkheid van aansprakelijkstelling staat het maken van een vrije keuze dus niet principieel in de weg. Toch neemt de mogelijkheid van aansprakelijkheid wel een deel weg van de volledige vrijheid die ouders hebben en ervaren om hun keuze te bepalen. In de toekomst zou dit ertoe kunnen leiden dat ouders meer genegen zijn de keuze te maken die door de meerderheid zou worden genomen en dus als 'goed' wordt aangemerkt. Dit roept de vraag op hoe het meerderheidsstandpunt moet worden vastgesteld. Hoe is de opstelling (meestal achteraf) ten aanzien van verschuivende inzichten? En hoe verhoudt zo'n ontwikkeling zich tot het uitgangspunt dat ouders vrij moeten zijn om een keuze te maken die overeenstemt met hun levensvisie en overige overtuigingen?

Bovendien veronderstelt het burgerlijke recht dat voor het bestaan van aansprakelijkheid is vereist dat een gedragsnorm is geschonden; er is een fout gemaakt. Aansprakelijkheid kan tegen die achtergrond alleen worden aangenomen wanneer is vastgesteld dat de ouders een fout hebben gemaakt. Maar hoewel het technisch niet is uitgesloten, is het aannemen van een fout niet in overeenstemming met de gedachte dat de ouders vrij waren om hun keuze te maken. Het staat de burger namelijk niet vrij om een fout te maken. Dit blijkt bijvoorbeeld uit het feit dat een burger die dreigt een fout te gaan maken, een verbod kan worden opgelegd.

Als op het terrein van de maakbaarheid van mensen de stap gezet zou worden dat een kind zijn ouders in rechte kan aanspreken op hun keuze, beïnvloedt dit gebied daarmee het aansprakelijkheidsrecht. De keuze omtrent het bestaan en de gezondheidstoestand van het kind die gemaakt wordt op grond van levensvisie en andere overtuigingen, is dan niet langer onaantastbaar. In zoverre zou de keuze van de ouders op vergelijkbare wijze worden behandeld als andere keuzes. De heiligheid van een door (levens)overtuiging en levensvisie ingegeven keuze over het bestaan en de gezondheidstoestand van het kind, verdwijnt dan. Dat kan vervolgens weer invloed hebben op de aard van de keuzes die rond maakbaarheid gemaakt worden.

Beïnvloeding van de 'vrije' keuze

Mede tegen de achtergrond van het huidige politieke klimaat is het nog interessant te bezien in hoeverre het de overheid vrijstaat de keuzemogelijkheden in de gezinssfeer te beïnvloeden. De in 2007 gestarte regering-Balkenende IV richt haar beleid op de terugdringing van abortus onder meer door te stimuleren kinderen ter adoptie aan te bieden. Kan een kind dat met een aangeboren afwijking wordt geboren, de overheid aanspreken omdat het zonder dit beleid waarschijnlijk niet geboren zou zijn? Kan de overheid met dergelijk beleid een juridisch laakbare inbreuk maken op de grondrechten (persoonlijkheidsrecht, recht op gezondheid) van het kind? Kan een kind dat is geadopteerd maar niet gelukkig is, de overheid erop aanspreken dat dit beleid jegens hem verkeerd was?

Nog urgenter is de vraag naar de wijze waarop verzekeraars zullen en kunnen reageren op door ouders gemaakte keuzes. Stel dat een vrouw op haar negenendertigste zwanger wordt. Ze heeft dan meer kans op een kind met een aangeboren afwijking, zoals het syndroom van Down, dan een vrouw die op haar zestiende zwanger wordt. De negenendertigjarige besluit geen prenatale diagnostiek te doen verrichten. Zij weet dat aan prenatale diagnostiek ook risico's verbonden kunnen zijn; zij wil niet het risico lopen dat door de diagnostiek de zwangerschap vroegtijdig afbreekt en zij zou het kind, ook bij een aangeboren afwijking, toch willen houden. Het kind dat zij ter wereld brengt, heeft het syndroom van Down en moet snel na de geboorte een hartoperatie ondergaan. Hieraan zijn uiteraard hoge kosten verbonden.

Voor beantwoording van de vraag of verzekeraars gevolgen mogen verbinden aan een dergelijke keuze, moeten we ook kijken naar de sociale context waarin die keuze wordt gemaakt. Het is niet denkbeeldig dat er een tijd komt waarin de handelwijze van de negenendertigjarige vrouw door een meerderheid van de medemensen als 'ongebruikelijk' of zelfs als 'onwenselijk' of 'onbehoorlijk' wordt beschouwd. Met de gedachte dat mogelijkheden die bestaan ook moeten worden benut, wordt de desbetreffende vrouw dan gezien als iemand die onverantwoorde risico's neemt. Haar keuze om het kind hoe dan ook te houden wordt ook als afwijkend aangemerkt.

Het meerderheidsstandpunt vindt bovendien dat de vrouw de maatschappij opzadelt met onnodig hoge kosten. Aan het uitgangspunt dat in beginsel iedere binnen de grenzen van het recht gemaakte keuze ten aanzien van een ongeboren kind even goed is, wordt dan geknaagd. Sluipenderwijs zal een verandering in maatschappelijke opvattingen de gevolgen van de te nemen keuzes beïnvloeden. In verband daarmee kan een verzekeraar ook anders aankijken tegen de keuze van de vrouw. Hij kan bijvoorbeeld in zijn polis aangeven dat de nadelige gevolgen van maatschappelijk duidelijk afwijkende keuzes niet zijn verzekerd. De vrouw kan dan nog dezelfde keuze maken, maar als zij een kind met een aangeboren afwijking zou krijgen, moet ze de daarmee gepaard gaande kosten zelf betalen.

Een dergelijke ontwikkeling kan worden geblokkeerd, door verzekeraars zelf of door de wetgever. Bedacht moet echter worden dat op de lange termijn de wetgever, die de mening van de meerderheid in zijn wetgevende activiteiten door laat klinken, niet noodzakelijk oog houdt voor de waarde van minderheidsopvattingen.

De toekomst van de vrije keuze

Mogelijkheden die bestaan om op de gezondheidstoestand van een kind vooruit te lopen of om hem te beïnvloeden, zoals prenatale diagnostiek en het preventief laten verrichten van inentingen, werken door in de 'meerderheids'-mening over wat in bepaalde omstandigheden de geëigende keuze is. Hoe meer er mogelijk wordt, vooral in de medische sfeer, hoe sterker mensen meestal vinden dat je van die mogelijkheden gebruik zou moeten maken omdat je anders kansen laat liggen. Vooralsnog wordt in het aansprakelijkheidsrecht aan dergelijke tendensen het hoofd geboden door de onaantastbaarheid van de door levensvisie en andere overtuigingen gemaakte keuze omtrent het bestaan en de gezondheidstoestand van het kind tot uitgangspunt te nemen. Het is echter niet gezegd dat dit uitgangspunt het eeuwige leven heeft.

De druk waaronder de vrije keuze van ouders komt te staan, heeft zijn weerslag op het recht. De civielrechtelijke vertaling van die druk is de vraag: zijn ouders jegens hun kinderen verplicht om schade te vergoeden die de kinderen ondervinden van medische keuzes die hun ouders tijdens en vlak na de zwangerschap maken? Zo gesteld is deze vraag in het aansprakelijkheidsrecht tot nu toe met nee beantwoord. Het lijkt erop dat dit antwoord zo evident wordt gevonden dat er weinig aandacht is besteed aan de wijzen waarop op meer of minder zinnige wijze aan dit uitgangspunt kan worden geknaagd. Is het nu echt zo vreemd om iemand die uitdrukkelijk kiest voor een kind van wie het zeer waarschijnlijk is dat het met ernstige handicaps geboren zal worden, ook de kosten te laten dragen die met die handicaps gepaard gaan? Waarom zou een verzekeraar die kosten moeten (blijven) vergoeden om op die manier die kosten als het ware te herverdelen over een grotere groep mensen?

Tegenover deze heiligverklaring van de vrije keuze die betrekking heeft op medisch handelen tijdens en vlak na de zwangerschap, staat de volgende redenering, die aan onze cultuur geenszins vreemd is: nu we meer weten, hebben we meer te kiezen en kunnen we dus ook bewust ervoor kiezen bepaalde risico's te verkleinen. Als we desondanks bewust het risico voor lief nemen, dan moeten we zelf voor de kosten opdraaien als het risico zich verwezenlijkt.

De gedachte dat je welbewust een risico neemt en vervolgens de kosten die daarvan het gevolg zijn bij de verzekeraar declareert, is overigens niet ongebruikelijk. Iedere automobilist neemt louter door auto te rijden het risico dat hem iets overkomt voor lief. Als hij – buiten opzet of bewuste roekeloosheid – een ongeluk veroorzaakt en letselschade oploopt, krijgt hij de schade van zijn ziektekostenverzekeraar vergoed. De ziektekostenverzekeraar zegt niet dat autorijden het welbewust nemen van een risico is, dat het veroorzaken van een ongeluk bovendien een fout is en dat daarom de verzekerde zijn ziektekosten maar zelf moet betalen.

Welbeschouwd gaat het er dus om of het verwezenlijkte risico maatschappelijk wordt beschouwd als iets 'van ons allen' of als iets 'van die persoon die zo nodig een merkwaardige keuze moest maken'. In dat laatste geval zijn we eerder geneigd om 'die persoon' de eigen schade te laten dragen of de door een ander, zoals het kind, geleden schade te laten vergoeden. Maar schade wordt tussen burgers onderling alleen vergoed als er een fout is gemaakt. En over de op grond van levensvisie en andere overtuigingen gemaakte keuze omtrent het bestaan en de gezondheidstoestand van het kind mag geen waardeoordeel worden gegeven. De ene keuze is niet beter dan de andere. Dus die ene keuze kan niet een fout zijn terwijl de andere dat niet is.

Pas als de 'heiligheid' van de door de ouders gemaakte keuze vervalt, ontstaat een mogelijkheid om ouders aan te spreken op hun keuze. Die aanspraak kan van een kind uitgaan, maar ook van een verzekeraar. Of het zover komt, hangt af van de waarde die door de maatschappij als geheel wordt gehecht aan de mogelijkheid om een keuze te kunnen maken die van de meerderheidsopvattingen afwijkt.

Zoals ik al aanstipte, is het curieus dat als onomstotelijk uitgangspunt wordt gekozen dat ouders niet aansprakelijk zijn voor hun keuzes ten aanzien van hun ongeboren of pasgeboren kind. Er worden voor deze pertinente opvatting dat aansprakelijkheid niet moet kunnen, geen pertinente argumenten gegeven. Aansprakelijkheid voor het niet-geven van een beugel lijkt niet op veel weerstand te stuiten – aansprakelijkheid voor het niet-geven van een inenting wel. Gaandeweg mijn onderzoek aan dit essay kan ik dit niet anders verklaren dan door het feit dat de keuzes tijdens en vlak na de zwangerschap veelal te maken hebben met (religieuze) levensovertuiging. Het wel of niet laten aanmeten van een beugel is in dat opzicht waardevrij. We kunnen dan ook snel oordelen dat het jegens het kind onrechtmatig is om geen beugel te geven wanneer er medisch aanleiding is dat wel te doen. Het oordeel dat het jegens het kind fout is hem geen inenting te geven, wordt wellicht in stilte gedacht, maar nooit met de mond beleden. Dat veronderstelt immers een uitspraak over de onderliggende, op levensovertuiging teruggaande motieven, waarover geen oordeel gegeven mag worden. Wellicht staat dus het feit dat wij geloofsovertuigingen en daarop gebaseerde keuzes met fluwelen handschoenen plegen aan te pakken, vooralsnog garant voor een van aansprakelijkheid gevrijwaarde, vrije keuze van de ouders.

Zelfs als de ruimte om afwijkende keuzes te maken formeel behouden blijft (een binnen de grenzen van het recht gemaakte keuze is geen fout en leidt niet tot aansprakelijkheid van de ouder), zullen de mogelijkheden van maakbaarheid en de daardoor beïnvloede maatschappelijke opvattingen de keuze van ouders mede bepalen. Dat is onvermijdelijk en normaal. Toen het vaccineren van kinderen werd geïntroduceerd, moest een bewuste keuze worden gemaakt voor vaccinatie. Gedurende de afgelopen decennia veranderde dat. De keuze om een kind niet te laten vaccineren werd een bewuste. De onuitgesproken norm was dat een kind volgens het door de overheid aangeboden vaccinatieprogramma wordt ingeënt. De gedachte om een kind niet te laten vaccineren leek voorbehouden aan inwoners van dorpjes als Staphorst. Inmiddels is het beeld diffuser. De onuitgesproken norm is nog steeds dat kinderen worden gevaccineerd en dat het een bewuste keuze is om van vaccinatie af te zien of een ander tijdschema voor vaccinaties te kiezen. De redenen om af te zien van vaccinatie zijn echter gevarieerder geworden en worden ook breder gedragen. Naast redenen die zijn gelegen in het geloof, staan redenen die samenhangen met inzichten over bijvoorbeeld de ideale ontwikkeling van de weerstand van het kind en de risico's die vaccinaties hebben voor de ontwikkeling van het kind. Daarmee is de aard van de individuele keuze om een kind wel of juist niet te laten vaccineren in de jaren veertig van de twintigste eeuw een heel andere dan die van dit moment. Maar tegelijkertijd wordt het als waardevol gezien dat zowel de keuze om te vaccineren als om dat na te laten mogelijk is en dat daaraan geen nadere (juridische) consequenties zijn verbonden.

Afronding

Ik keer terug naar Paul, Evelien en hun in 2006 geboren zoontje Taeke. Paul en Evelien kozen ervoor om Taeke een jaar later dan gebruikelijk tegen bacteriële meningitis te laten vaccineren. In de tussentijd echter heeft Taeke de ziekte gekregen en het is duidelijk dat dit niet zonder gevolgen blijft voor zijn geestelijke en lichamelijke ontwikkeling. Wie krijgt hiervan 'de rekening' gepresenteerd?

> Antwoord 1: maar we gingen er toch van uit dat Paul en Evelien in vrijheid konden kiezen? Bovendien hebben zij niet een blinde gok gewaagd. Zij hebben zich terdege laten voorlichten en zijn zo tot hun keuze gekomen. Zij zijn natuurlijk niet aansprakelijk jegens hun kind.
> Antwoord 2: het is prima dat Paul en Evelien in vrijheid kunnen kiezen. Dat laat onverlet dat zij in beginsel de schadelijke gevolgen van hun keuze moeten dragen. Het is dan ook goed mogelijk dat hun kind hen aansprakelijk stelt voor de schade.

Het gangbaarste beeld is dat de ouders de schade dragen voor zover het de niet-verzekerde extra materiële kosten betreft die het leven van Taeke met zich meebrengt, terwijl Taeke zelf de immateriële schade draagt die bestaat uit bijvoorbeeld pijn, verdriet en moeizaamheid waarmee een handicap gepaard kan gaan. Bepaalde concrete kosten zullen door de ziektekostenverzekeraar worden vergoed of via de regeling voor bijzondere ziektekosten voor vergoeding in aanmerking komen. In geen geval kan Taeke zijn ouders aanspreken. Maar hoe houdbaar is dit?

De bewegingen die in de huidige maatschappij zijn te onderscheiden en die ik hierboven heb beschreven, wijzen niet allemaal in dezelfde richting. De in de maatschappij levende gedachte dat ouders niet aansprakelijk moeten zijn voor keuzes tijdens en vlak na de zwangerschap, volgt niet dwingend uit de uitgangspunten van het aansprakelijkheidsrecht. Het garanderen van een vrije, individuele keuze staat hoog in ons vaandel. Kiezen behoort tot het privédomein van mensen. Medeburgers noch overheid mogen daarin treden. Echter, zodra het niet onze hoogsteigen persoon betreft, zijn we ook snel met het vellen van het oordeel dat iemand de kwade en de goede kansen van de eigen keuze zelf moet dragen; ook vinden we meer impliciet dat dan een afwijkende vrije keuze weliswaar mag, maar dat het optreden van schade aangeeft dat de keuze eigenlijk toch verkeerd was. Dat kan leiden tot een verantwoordelijkheid voor de negatieve gevolgen van zo'n keuze die verder strekt dan nu het geval is. Maar indien de kwade kans op ons eigen bord wordt gelegd, is onze redenering totaal omgekeerd en worden alle zeilen bijgezet om de concrete schade door een ander te laten dragen.

Waar precies binnen dit spanningsveld het 'antwoord' in het geval van Taeke kan worden gevonden, is niet te voorspellen. Wel wordt duidelijk dat de situatie zoals die nu is, niet een natuurlijk gegeven is. De verschillende uitgangspunten

– vrije keuze, een vrije keuze is niet verkeerd, verantwoordelijkheid voor de eigen keuze, vergoeden van schade alleen als er iets verkeerd is gedaan – zijn bovendien voor meer dan één uitleg vatbaar. Om de uitwerking daarvan wordt angstvallig heen geschuifeld. Ik vermoed dat dit samenhangt met het feit dat de door mij onderzochte keuzes veelal verankerd zijn in geloof of andere sterk verankerde levensovertuigingen. Het doen van een uitspraak over dergelijke geloofsgebonden keuzes is vooralsnog taboe. Tegen de tijd dat dit verandert, zal ook de benadering van aansprakelijkheid voor deze keuzes veranderen. Dan zal de belangrijkste wissel worden getrokken op de ruimte waarbinnen vrijelijk kan worden gekozen, in die zin dat zo'n keuze niet als een juridische fout wordt aangeduid. Druk uit de maatschappij is hierbij de belangrijkste factor. Het is niet gezegd dat kiezen altijd zo vrij blijft dat de gemaakte keuze gevrijwaard is van een waardeoordeel en in het verlengde daarvan van verregaande aansprakelijkstelling.

Hoe meer middelen tot maakbaarheid, des te meer keuzemogelijkheden er ontstaan en des te groter de noodzaak wordt tot het maken van keuzes. En daarnaast: hoe meer maakbaarheid, des te aannemelijker is het dat een van de daardoor ontstane keuzes zich tot algemene standaard ontwikkelt. Bescherming van alle keuzemogelijkheden die niet worden aangemerkt als de algemene standaard, vereist aandacht en bewustzijn. De stap van het optreden van schade naar het vaststellen van een civielrechtelijke fout is sneller gezet dan wij zouden willen toegeven. Zeker als de verankering van dergelijke keuzes in geloofs- of daarmee vergelijkbare levensovertuiging de keuze niet langer van een extern oordeel vrijwaart. De ouders die ervoor kiezen om hun kind niet of pas later dan gebruikelijk te laten inenten worden door velen gezien als vreemde eend in de bijt. Alleen als we collectief besluiten – en ook dat is een keuze – om dergelijke bijzondere diersoorten inclusief hun eigenaardigheden te beschermen, hebben zij de kans te overleven. Dat is van alle tijden. Evenals de noodzaak om ons daarvan wezenlijk bewust te zijn. Dat lukt het best als we bedenken dat we zelf degene kunnen zijn die morgen de sprong waagt in het ongekende diepe van de niet-gangbare keuze.

Literatuur

Buijsen, M. (red.) (2006), *Onrechtmatig leven?*, Nijmegen: Valkhof Pers.
Kortmann, S.C.J.J. en Hamel, B.C.J. (red.) (2004), *Wrongful birth en wrongful life*, Deventer: Kluwer.
Sieburgh, C.H. (2005), 'Schadevergoeding én leven. Compositie met rood, geel en blauw', *WPNR* 6637, p. 755-762.

12

Over 'mensen' en 'mensen'-rechten. De maakbare mens bezien vanuit het perspectief van grondrechten

Bert-Jaap Koops

Amsterdam, 28 juni 2079, van onze redacteur

De massale demonstratie van andersmensigen op de Dam is gisteren naar omstandigheden rustig verlopen. Tegen de 800.000 robots en androïden hadden de oproep van het Maakbaar Verbond gevolgd om te demonstreren voor de erkenning van grondrechten voor hun soort. 'Want robots zijn precies als mensen/Met dezelfde mensenwensen' persifleerde een spandoek een aloude spreuk. 'We willen eindelijk erkenning van onze rechten. Ook wij hebben recht op leven,' zegt Andy02593, een derdegeneratieandroïde. 'Mijn ingebouwde aan/uitknop is ontzettend vernederend, ik voel me belemmerd in mijn vrijheid om mijzelf te ontplooien.'
De uitgelaten stemming en sfeer van verbondenheid werden getemperd door een aanzienlijke tegendemonstratie van mensen, aangevoerd door het Appel voor Menselijke Waardigheid. De voormens van het AMW, Christiaan Platvoet, verwoordde veler gevoelens in zijn toespraak: 'Andersmensigen zijn anders dan mensen. Ze zijn heel nuttig voor de mensheid en de wereld, maar dat betekent nog niet dat ze zomaar allerlei rechten moeten krijgen. Stel je voor dat androïden passief kiesrecht zouden krijgen en het land gaan regeren. Voor je het weet fuseren ze het Verenigd Europa met de Aziatische Unie en gaan ze ons mensen lang-

zaam uitfaseren. Het is absoluut noodzakelijk dat andersmensigen ondergeschikt blijven aan ons, voor het behoud van de mensheid.'

Hoewel het AMW een stevige basis heeft, wordt verwacht dat de toenemende maatschappelijke roep om rechten voor andersmensigen gehoor krijgt in de regering. Minister van Justitie Plasterk (kloonzoon van de spraakmakende vroegere minister van Wetenschap) bereidt naar verluidt een wetsvoorstel voor om rechten voor andersmensigen op te nemen in de Grondwet.

Voor veel menselijke lezers anno 2009 zal dit webbericht absurdistisch overkomen. Het thema van cyborgs en robots als nieuwe maatschappelijke klasse is bekend uit de literatuur van de wetenschapsfictie, maar heeft meer te maken met fictie dan met wetenschap. Toch is het idee niet onzinnig. Als iemand driehonderd jaar geleden een essay had geschreven dat begon met een krantenbericht uit 1948 over een demonstratie van slaven, vrouwen en kinderen die hun mensenrechten opeisen, zou zij destijds door velen ook voor gek zijn versleten. Inmiddels vinden wij het vanzelfsprekend dat zwarten, vrouwen en kinderen net als blanke mannen mensen zijn en dus mensenrechten hebben. Waarom zouden dan in de wat verdere toekomst cyborgs en androïden niet ook als mensen gezien kunnen worden?

Over die vraag valt veel te zeggen. Het is een van de meest fundamentele vragen die opkomen door de ontwikkeling van de 'maakbare mens'. De 'maakbare mens' omvat veel verschijningsvormen, van ivf-baby's tot cyborgs en verder, die allerlei juridische en reguleringsvragen oproepen. In deze bijdrage kijk ik vanuit een grondrechtelijk perspectief naar de verregaande vormen van maakbaarheid van de mens die op de langere termijn – wellicht – mogelijk zijn. Mijn centrale vraag is: hoe verhouden zich op de langere termijn de toenemende maakbaarheid van de mens en de grondrechten tot elkaar?

Ter uitwerking van deze centrale vraag kunnen twee typen vragen worden gesteld. Ten eerste, hoe kunnen of moeten we de huidige grondrechten toepassen op gemaakte mensen, en zijn nieuwe grondrechten nodig ter bescherming van gemaakte of niet-gemaakte mensen? En ten tweede, als de toepassing of toepasbaarheid problematisch is, moeten we dan de grondrechten aanpassen aan de maakbare mens en/of moeten we de maakbare mens aanpassen aan de grondrechten?

Tussen deze twee typen vragen bestaat een zekere tijdsvolgorde. Naarmate gemaakte mensen evolueren en de toepassing van een grondrecht daarop meer gaat wringen, wordt de vraag naar aanpassingen van grondrechten en/of van de maakbare mens prangender. Ook binnen het tweede type vraag bestaat een zekere volgorde in de tijd. In eerste instantie zullen grondrechten vooral sturend optreden ten opzichte van gemaakte mensen, maar op een gegeven moment – naarmate gemaakte mensen verder evolueren – zullen grondrechten ook met de tijd meegaan en zelf aangepast worden. Waar het omslagpunt zal liggen, hangt af van veel factoren – niet alleen van de techniek, maar ook van de visie op grondrechten (visionair en toekomstgericht, of sober en consoliderend) en van ethische, culturele en religieuze opvattingen.

Aangezien mijn bedoeling in deze bijdrage niet is om de Grondwet van 2079 te voorspellen of te ontwerpen, maar om in het hier en nu na te denken over de grondrechtelijke implicaties van de maakbare mens in de komende decennia, zal er relatief veel nadruk liggen op het eerste type vraag, dus op de toepasbaarheid van grondrechten op de maakbare mens, en iets minder op de implicaties van de maakbare mens voor grondrechten. Tussendoor betrek ik echter wel het laatste type vraag, om aan te geven dat grondrechten en de onderliggende waarden die zij weerspiegelen niet vastliggen, maar in wisselwerking met maatschappelijke ontwikkelingen vorm krijgen.

Na korte achtergrondschetsen van de maakbare mens en van grondrechten behandel ik drie deelaspecten van de centrale vraag. Ik begin met een overzicht van bestaande grondrechten en kijk hoe deze zich verhouden tot de maakbare mens. Vervolgens rijst de vraag of de maakbare mens noopt tot het ontwikkelen van nieuwe grondrechten, zoals een recht op ouder worden. Daarna snijd ik de meest fundamentele vraag aan die hierboven al is aangestipt: wie zijn op lange termijn de dragers van grondrechten, die ook wel worden aangeduid als mensenrechten?

De maakbare mens

De 'maakbare mens' is een term die voor allerlei processen of producten van die processen wordt gebruikt. Deze hebben grofweg gemeen dat zij beogen om de mens – een individu of 'de mensheid' – blijvend te veranderen of verbeteren, door een niet-'natuurlijke' toevoeging of aanpassing van haar (wezens)kenmerken. Er vallen de nodige kanttekeningen te plaatsen bij elementen als 'verbeteren' en 'natuurlijk' in deze omschrijving, maar daar gaat het mij hier niet om; zie daarover de bijdragen van Christoph Lüthy. Ik gebruik verder de term 'maakbare mens' als koepelterm voor dit fenomeen, en ik reserveer de term 'gemaakte mens' voor concrete producten van het fenomeen.

De maakbare mens gebruikt processen variërend van plastische chirurgie en weefselkweek, via selectie van (on)wenselijke genetische kenmerken, genetische manipulatie en het inbouwen van (neuro)implantaten, tot mens-machinecombinaties en cyborgs. Ik richt mij vooral op de wat verder in de toekomst liggende 'maakbare mens', namelijk die vormen waarbij het 'menselijke' karakter onder druk komt te staan. Die vormen zijn immers het spannendst wanneer we kijken naar mensenrechten. In deze bijdrage komen de volgende (overlappende) personages aan de orde:

- mens: diersoort die zichzelf 'mens' noemt en nog niet in staat is gebleken daarvan een algemeen geaccepteerde definitie te geven;
- quasimens: op mens gelijkend individu die niet voldoet aan de (in de desbetreffende context te hanteren) definitie van mens;
- gemaakte mens: een mens of quasimens die het product is van een 'maakbaar mens'-proces, zoals daar zijn:
    * androïde: een robot met ingebouwde menselijke trekken;
    * chimaera: een combinatie van mens en dier;
    * cyborg: half mens, half machine, ontstaan uit een mens in wie steeds meer techniek is ingebouwd;
    * kloon: een mens gemaakt met behulp van reproductief klonen;
- juridische persoon:
    * natuurlijk persoon: juridische aanduiding van een menselijk individu, ter onderscheiding van een rechtspersoon;
    * rechtspersoon: juridische aanduiding van een entiteit die, niet zijnde een natuurlijke persoon, kan optreden als persoon in het rechtsverkeer.

Grondrechten

Mensenrechten zijn de meest fundamentele rechten die mensen hebben; ze worden dan ook vaak aangeduid als fundamentele rechten of grondrechten. Omdat ook rechtspersonen aanspraak kunnen maken op mensenrechten, en het wat geforceerd is om de definitie van 'mens' uit te breiden met rechtspersonen, ligt het meer voor de hand om in plaats van 'mensenrechten' te spreken van 'fundamentele rechten' of, zoals ik in deze bijdrage grotendeels doe, 'grondrechten'. Het zijn de rechten die in een democratische rechtsstaat nodig zijn om individuen te beschermen, van oudsher tegen de overheid, maar sinds decennia ook meer en meer tegen andere individuen of bedrijven; het zijn ook de rechten die essentieel zijn om zichzelf te kunnen ontplooien in de maatschappij.

Grondrechten zijn gecodificeerd in grondwetten en in diverse internationale verdragen. Voor de Nederlandse rechtsorde zijn vooral van belang de mensenrechten vastgelegd in hoofdstuk 1 van de Grondwet, het Europees Verdrag van de Rechten van de Mens, het Handvest van de Grondrechten van de Europese Unie (dat pas formele status krijgt als het Verdrag van Lissabon in werking treedt, maar in de praktijk van de rechtspraak al wel wordt gehanteerd), het Internationaal Verdrag inzake Burgerrechten en Politieke Rechten en het Internationaal Verdrag inzake Economische, Sociale en Culturele Rechten. In de opsommingen en formuleringen van de grondrechten in al deze codificaties zitten veel overeenkomsten maar ook verschillen. Voor deze bijdrage beperk ik mij gemakshalve tot de Nederlandse Grondwet; ik heb niet de pretentie een uitputtende analyse te geven van alle grondrechten, en de Grondwet biedt een representatief overzicht van grondrechten waaruit relevante voorbeelden kunnen worden geput.

De maakbare mens en de huidige grondrechten

Wat kunnen we in de komende decennia verwachten aan vragen over de maakbare mens in het licht van de huidige grondrechten? Ik loop kort door hoofdstuk 1 van de Grondwet en licht er een aantal grondrechten uit ter illustratie. Het eerste artikel is meteen raak:

> Allen die zich in Nederland bevinden, worden in gelijke gevallen gelijk behandeld. Discriminatie wegens godsdienst, levensovertuiging, politieke gezindheid, ras, geslacht of op welke grond dan ook, is niet toegestaan.

Er is niets mis met het maken van onderscheid; we komen elke dag ongelijke gevallen tegen die verschillend kunnen worden behandeld. Wanneer het onderscheid echter ongerechtvaardigd is, is er sprake van discriminatie. Cruciaal is nu de vraag wie worden verstaan onder 'allen'. Daar vallen alle (levende) ingezeten mensen van Nederland onder, maar geen dieren of rechtspersonen. Zolang de gemaakte mens gezien wordt als mens en in Nederland woont, zal zij aanspraak kunnen maken op dit discriminatieverbod. Op de vraag wanneer een gemaakte mens een 'mens' is, ga ik verderop in. Duidelijk is al wel dat artikel 1 fundamenteel is voor de omgang van de toekomstige samenleving met gemaakte mensen. Zodra een type gemaakte mens níet als mens gekwalificeerd wordt, ontstaat er een tweedeling in de maatschappij, tussen mensen en quasimensen.

Discriminatie van quasimensen is dan toegestaan. Dat hoeft niet erg te zijn. We kennen nu bijvoorbeeld ook een tweedeling tussen mensen en dieren, en niemand – wellicht op een enkele parlementariër na – breekt zich het hoofd over de vraag of dieren wel mogen worden gediscrimineerd. Maar naarmate de quasimens meer lijkt op de mens, zonder aan de definitie van 'mens' te voldoen, zal de tweedeling meer spanningen oproepen, en op termijn tot demonstraties op de Dam kunnen leiden. Die discussie behandel ik verderop. Voor de rest van deze paragraaf ga ik uit van gemaakte mensen die 'mens' zijn en dus drager van grondrechten, zodat we kunnen kijken wat deze rechten voor hen betekenen.

Voor de kortere termijn is de vraag relevant of discriminatie op grond van maakbaarheid is toegestaan. We praten dan over gemaakte mensen die wel aan de definitie van 'mens' voldoen, maar toch anders zijn: vanwege genetische manipulatie in de geslachtscellijn, gekloondheid, een bionische arm, een herseninplantaat met Internetverbinding, een veel langere levensduur, enzovoort. Aangezien het discriminatieverbod gaat over 'welke grond dan ook', zal ook maakbaarheid hieronder moeten vallen. Dat lijkt mij vooral van belang in de medische en verzekeringssfeer, waarbij de inschattingen van de ziekterisico's van mensen en gemaakte mensen substantieel kunnen verschillen. Toch zal ook daar wel degelijk onderscheid mogelijk zijn. Het is niet per se onredelijk om iemand met een bionische arm een hogere WA-premie te laten betalen, wanneer hij meer risico loopt om dingen stuk te maken. In sommige opzichten zullen gemaakte mensen dus achtergesteld kunnen worden, maar zolang dit op basis van een relevant verschil gebeurt, hoeven we niet bang te zijn voor discriminatie van gemaakte mensen.

De omgekeerde vorm van onderscheid lijkt mij waarschijnlijker en potentieel bedreigender. Als gemaakte mensen beter functioneren, mooier en slimmer zijn – dat is toch vaak de bedoeling – dan zullen niet-gemaakte mensen snel het nakijken hebben. Het discriminatieverbod zal een belangrijke rol spelen in het voorkomen dat 'gewone' mensen een onderklasse worden van gemaakte mensen. Dat spreekt niet vanzelf. Ook hier geldt dat onderscheid gerechtvaardigd kan zijn. Als een werkgever bij invulling van een kennisbaan kan kiezen tussen een mens met een IQ van 130 en een gemaakte mens met een IQ van 210, waarom zou hij dan niet mogen kiezen voor de geschiktere kandidaat? Met andere woorden, is het gerechtvaardigd dat hij onderscheid maakt op grond van een eigenschap die het gevolg is van het níet-gemaakt zijn van een mens?

Juist omdat deze vraag niet makkelijk te beantwoorden is, zal het discriminatieverbod ook richtinggevend moeten werken bij de ontwikkeling van de maakbare mens. Als we willen voorkomen dat mensen die ervoor kiezen – als ze al de keuze hebben – om niet mee te gaan in de maakbaarheidsstroom, een onderklasse worden, dan zal de samenleving grenzen moeten stellen aan de manieren waarop de mens zich mag verbeteren. Als breinverbetering tot structureel onderscheid tussen 'ultraslimmen' en 'simple minds' kan leiden, kan dat een reden zijn om breinverbetering vooralsnog niet toe te staan, in elk geval totdat het laagdrempelig genoeg is voor iedereen om van te profiteren. Aan de andere kant: breinverbetering kan grote voordelen hebben voor de maatschappij, en wanneer er niet op kleine schaal kan worden begonnen, komt het misschien nooit van de grond. Er zal dus een politieke afweging gemaakt moeten worden tussen economische vooruitgang en zelfontplooiing enerzijds, en gelijkheid en solidariteit anderzijds.

We moeten overigens onder ogen zien dat onderscheid lang niet altijd expliciet wordt gemaakt. Jonge, aantrekkelijke autochtonen krijgen soms makkelijker een baan dan oude, lelijke allochtonen, ook als hun kwalificaties objectief minder zijn – psychologische en culturele factoren spelen ontegenzeglijk een rol in beslissingen die worden genomen over mensen, ook al is die rol vaak onbewust en onzichtbaar. Een juridisch discriminatieverbod heeft in dat licht maar beperkte effectiviteit. Zeker als maakbaarheid wordt ingezet om favoriete culturele kenmerken te verbeteren – symmetrischer, langer, dikker, androgyner, net wat op dat moment op die plaats aantrekkelijk wordt gevonden – dan zullen ook andere dan juridische mechanismen moeten worden ontwikkeld om ervoor te zorgen dat niet-gemaakte mensen rechtvaardig worden behandeld.

Een volgend tweetal grondrechten roept vergelijkbare vragen op: het recht 'op gelijke voet' in openbare dienst benoembaar te zijn, dus het recht om ambtenaar te worden (artikel 3 van de Grondwet), en het actieve en passieve kiesrecht (artikel 4). Deze rechten komen toe aan 'iedere Nederlander'. Willen gemaakte mensen hierop aanspraak kunnen maken, dan zullen ze dus niet alleen mens, maar ook Nederlander moeten zijn. Daar voorzie ik weinig problemen. Het ligt immers in de rede dat gemaakte mensen die de samenleving als mens beschouwt, gewoon onder de Rijkswet op het Nederlanderschap vallen.

Vergelijkbare vragen als bij het discriminatieverbod rijzen wel over gemaakte mensen die, hoewel nog steeds mens, toch behoorlijk anders – en vooral 'beter' – zijn dan niet-gemaakte mensen: zijn deze wel 'op gelijke voet' benoembaar, als gemaakte mensen structureel sneller gekozen zullen worden om ambtenaar te worden? Wat stelt het passieve kiesrecht voor als gemaakte politici door hun verbeterde schoonheid, intelligentie en genetisch ingebouwde charisma een structurele voorsprong hebben op niet-gemaakte politici die achterblijven? Aan de andere kant: verschilt de gemaakte mens eigenlijk wel van de huidige 'gemaakte politicus', die zich laat bijstaan door mannetjesmakers, mediatrainers en plastisch chirurgen? Dat zal afhangen van de mate van gemaaktheid en vooral ook van de keuzevrijheid van individuen om mee te gaan in de maakbaarheid tot *homo politicus perfectus*. De gelijke benoembaarheid houdt op wanneer een klasse rasbestuurders al in de reageerbuis wordt gekweekt.

Een van de belangrijkste grondrechten in relatie tot de maakbare mens is het recht op lichamelijke integriteit (artikel 11 van de Grondwet):

> Ieder heeft, behoudens bij of krachtens de wet te stellen beperkingen, recht op onaantastbaarheid van zijn lichaam.

Dit grondrecht is in 1983 opgenomen in de Grondwet, als verbijzondering van het recht op privacy (artikel 10). Het is een recht op afweer van handelingen die zijn gericht op een inbreuk op de vertrouwdheid en integriteit van het eigen lichaam. Het geldt met name voor handelingen door de overheid, zoals afname van wangslijmvlies om een DNA-profiel te maken, fouilleren in of op het lichaam, en een baard afscheren voor een getuigenconfrontatie. Voor de maakbare mens betekent dit dat de overheid niet zomaar kan afdwingen dat mensen gemaakt worden, bijvoorbeeld door een chipimplantaat of psychopillen verplicht te stellen.

'Niet zomaar' wil zeggen dat de overheid dit wel zou kunnen doen door een specifieke wet aan te nemen. De overheid kan bij wet allerlei inbreuken op de lichamelijke integriteit regelen. Als de biotechnologie zich bijvoorbeeld dusdanig ontwikkelt dat het verouderingsproces van cellen via een vrij eenvoudige ingreep kan worden vertraagd of stopgezet, dan zou de overheid deze ingreep verplicht kunnen stellen, zodat de pensioenleeftijd omhoog kan en de arbeidsproductiviteit enorm groeit. Zo'n verplichting zou echter wel moeten voldoen aan artikel 8 van het Europees Verdrag van de Rechten van de Mens: een inbreuk op de privacy mag alleen als dat bij wet gebeurt en noodzakelijk is in een democratische samenleving en 'in het belang [is] van de nationale veiligheid, de openbare veiligheid of het economisch welzijn van het land, het voorkomen van wanordelijkheden en strafbare feiten, de bescherming van de gezondheid of de goede zeden of voor de bescherming van de rechten en vrijheden van anderen'.

Verplicht jong blijven komt zowel de gezondheid als de economie ten goede, maar of het noodzakelijk is voor de samenleving dit verplicht te stellen, is natuurlijk de vraag. Dat is uiteindelijk een politieke afweging, die het Europees Hof voor de Rechten van de Mens zou moeten toetsen. Daarbij zal ook de internationale context meespelen. Als andere delen van de wereld de maakbare mens snel verder ontwikkelen, waardoor Europa economisch in de afgrond stort, zal maakbaarheidswetgeving eerder gerechtvaardigd kunnen zijn. In zo'n toekomstscenario zullen er overigens al lang discussies hebben plaatsgevonden binnen de VN, WTO en andere internationale gremia over de post-humane economische wereldorde in relatie tot mensenrechten, die Europa mede kan beïnvloeden. Vooralsnog lijkt het mij onwaarschijnlijk dat de overheid maakbaarheid in welke vorm dan ook verplicht zou willen stellen, al valt het niet uit te sluiten als ooit een Transhumanistische Partij (vergelijk de inleiding van dit boek over de transhumanistische beweging) in de regering zou komen.

Naast een afweerrecht – het recht om te worden gevrijwaard van schendingen van inbreuken op het lichaam door anderen – is artikel 11 van de Grondwet ook een zelfbeschikkingsrecht: het recht om zelf over het lichaam te beschikken. Dat is interessant, ook voor de korte termijn, omdat het in zeker opzicht een recht op maakbaarheid, in elk geval van het lichaam, suggereert. Wie zijn huid wil doorboren met een huidsieraad moet dat kunnen doen; een verbod op piercings zou de toets van het Europees Hof vermoedelijk niet doorstaan. Dat betekent ook dat burgers in principe het recht hebben om hun lichaam te verbeteren, van plastische chirurgie via bionische armen tot breinimplantaten toe. Juridisch dit recht hebben wil natuurlijk niet zeggen dat het ook technisch mogelijk, goedkoop en zonder risico's moet zijn; het recht op lichamelijke integriteit betekent geen inspanningsverplichting voor de overheid om het lichaam van burgers zo goed mogelijk te maken. Maar wie een cyborg wíl worden, zoals Kevin Warwick (auteur van *I, Cyborg*, zie de bijdrage 'Mensen als machines; machines als mensen'), mág een cyborg worden. Althans, totdat de wetgever besluit dat de maakbaarheid grenzen heeft en dat bepaalde vormen verboden moeten worden.

Momenteel is reproductief klonen bijvoorbeeld verboden (zie de bijdrage 'Een unieke kopie'), en het is niet denkbeeldig dat bij het voortschrijden van de techniek andere typen maakbaarheid worden verboden die men onethisch of anderszins onwenselijk acht. Zo'n verbod is waarschijnlijk toelaatbaar omdat het in het belang is van 'de bescherming van de gezondheid of de goede zeden'. Zeker wanneer (de perceptie ontstaat dat) wordt ingegrepen in het 'mens'-zijn van de mens, zal het Europees Hof een verbod op maakbaarheid toelaten, en het kan – vanwege de ruime beoordelingsmarge die het Hof laat aan nationale staten – lang duren voordat het individuele beschikkingsrecht op het lichaam zwaarder zou gaan wegen dan het nationale belang van een bepaald type maakbaarheidsverbod.

Diverse specifieke vragen zijn interessant bij het grondrecht op lichamelijke integriteit en de ontwikkeling van cyborgs. Wanneer in de niet al te verre toekomst bepaalde vormen van hersensignalen zullen worden gebruikt om lichaamsexterne functies te verrichten, zoals het aansturen van protheses of een cursor op een beeldscherm door verlamde personen, dan is het de vraag of de politie dergelijke chipgestuurde hersensignalen zou mogen onderscheppen. Deze vraag wordt nog spannender wanneer op de langere termijn het beeld van Kevin Warwick uitkomt dat in de toekomst (cyborg)mensen primair via gedachten zullen communiceren in plaats van via spraak. Het aftappen van communicatie maakt dan niet alleen inbreuk op het communicatiegeheim (artikel 13 van de Grondwet), maar ook – en des te indringender – op de lichamelijke integriteit. En zou de politie een computernetwerkzoeking (art. 125j Wetboek van Strafvordering) mogen uitvoeren tot in het brein van een cyborg dat onlosmakelijk verbonden is met het Internet?

Een laatste vraag betreft het einde van het grondrecht: de dood. Alleen levende mensen zijn dragers van grondrechten.

Het zelfbeschikkingsrecht van artikel 11 vervalt dus wanneer men doodgaat. Maar er zijn al bedrijven die aanbieden mensen direct na hun dood in te vriezen, om hen weer tot leven te wekken zodra dat technisch mogelijk zou worden. Bij het bedrijf Alcor bijvoorbeeld kan men zich voor een slordige 150.000 dollar laten 'cryopreserveren'; het bedrijf omschrijft dit als 'the science of using ultra-cold temperature to preserve human life with the intent of restoring good health when technology becomes available to do so' (www.alcor.org). Begin 2009 had Alcor 85 'cryopatiënten' ingevroren.

Het is een interessante juridisch-theoretische vraag wat de grondrechtelijke status is van een ingevroren mens of van lichaamsmateriaal in de periode na het eerste leven en voor het tweede leven. Aangezien er naar huidig recht geen zelfbeschikkingsrecht bestaat, kan het ingevroren lichaam worden vernietigd, bijvoorbeeld als het bedrijf failliet gaat, zonder inbreuk op een grondrecht. Ook zou het lichaam mogen worden aangepast zonder toestemming – de persoon is immers dood. Maar dat zou betekenen dat na ontdooiing en herleving de persoon een verandering heeft ondergaan waarover hij geen zeggenschap gehad heeft, en zijn zelfbeschikkingsrecht in zijn tweede leven is daardoor mogelijk ingrijpend aangetast. Omdat het technisch bijzonder hypothetisch is, hoeven we ons hoofd nu niet te breken over de grondrechtelijke status van ingevroren lichamen, maar het toont wel aan dat de maakbare mens voor de theorie van grondrechten interessante problemen opwerpt.

Tot slot valt mijn blik nog op de sociale grondrechten in hoofdstuk 1 van de Grondwet: de werkgelegenheid, sociale zekerheid, milieu, volksgezondheid, woongelegenheid en culturele ontplooiing, en onderwijs (artikel 19-23). De overheid draagt zorg voor deze collectieve goederen. Hoewel het om zorgplichten gaat en er dus geen harde resultaten vereist zijn, is wel duidelijk dat de sociale grondrechten eisen stellen aan wat de overheid moet doen en grenzen stellen aan wat zij mag laten gebeuren. Als bijvoorbeeld gemaakte mensen zo efficiënt werken dat het overgrote deel van de mensen werkloos wordt, dan moet de overheid ingrijpen. Het inbouwen van techniek in de mensheid mag geen al te grote milieubelasting opleveren. En wellicht zou de overheid bepaalde vormen van maakbaarheid kunnen aangrijpen om de maatschappelijke en culturele ontplooiing van mensen te bevorderen, bijvoorbeeld door onderzoek naar altruïstische genen en kunstgevoeligheidsgenen te bevorderen.

Het belangrijkste artikel lijkt mij hier echter artikel 22 lid 1: 'De overheid treft maatregelen ter bevordering van de volksgezondheid.' Hier stuiten we op de onscherpe scheidslijn tussen gezondheid en verbetering (enhancement). De overheid moet wel de volksgezondheid – het weer beter, dat wil zeggen 'normaal', maken van 'zieke' mensen – stimuleren, maar niet verbetering – het verbeteren van 'normale' mensen door hun 'normale' (positieve) eigenschappen te versterken. Veel typen van maakbaarheid vallen in de tweede categorie, maar sommige vormen van maakbaarheid zijn gericht op de volksgezondheid. Het valt te beargumenteren dat bijvoorbeeld het vertragen of stopzetten van veroudering onder gezondheid valt; oud-zijn is niet een ziekte, maar gaat vaak wel gepaard met ziekte en gebreken. Jong-blijven betekent dus over het algemeen de afwezigheid van ziekte (of dat feitelijk zo is na genetische antiouderdomsingrepen laat ik hier even buiten beschouwing). In dat licht zou artikel 22 gelezen kunnen worden als een oproep om dit soort vormen van maakbaarheid te bevorderen, met name via stimulering van wetenschappelijk onderzoek.

De maakbare mens en nieuwe grondrechten

Nieuwe grondrechten ontstaan niet snel. Ze zijn het resultaat van een gerijpte en vaak langdurige maatschappelijke, culturele en politieke ontwikkeling. Het grondrecht op bescherming van persoonsgegevens (artikel 10 lid 2 en 3) is een voorbeeld van zo'n nieuw grondrecht, dat na uitvoerige discussie en rijping in een aantal internationale juridische instrumenten in 1983 is opgenomen in de Nederlandse Grondwet, onder invloed van de opkomst van computers en de snel toenemende omvang van geautomatiseerde gegevensverwerking.

Het is zinvol om nu ook te beginnen met denken over eventuele nieuwe grondrechten die de opkomst van de maakbare mens wenselijk of nodig zou maken. De bestaande grondrechten, zoals beschreven in de vorige paragraaf, leveren enkele problemen en vragen op bij toepassing ervan op gemaakte mensen, maar zijn grosso modo wel toekomstvast. Dat betekent echter niet dat ze ook volledig zijn voor een samenleving waarin de maakbare mens floreert. Op diverse punten kan een nieuwe behoefte ontstaan aan rechtsbescherming.

In de eerste plaats kan men denken aan rechten van de gemaakte mens zelf. Hoewel zij al een voorsprong heeft op de niet-gemaakte mens – de maakbaarheid maakt haar als het goed is eerder minder dan meer kwetsbaar in de maatschappij – is het denkbaar dat er nieuwe behoeften aan rechtsbescherming ontstaan. Zo is het voorstelbaar dat klonen in het maatschappelijk verkeer worden behandeld als een 'kopie' van hun 'origineel' en daardoor belemmerd worden zichzelf goed te ontplooien (vergelijk de bijdrage 'Een unieke kopie'). Een grondrecht op identiteit, in de zin van een recht om zichzelf te kunnen ontwikkelen en het zelfbeeld te vrijwaren van onnodige inmenging van buitenaf, zou daartegen weerstand kunnen bieden. Hiermee bedoel ik, in de termen van Paul Ricoeur, niet een recht op idem-identiteit: het hetzelfde-zijn

– wat als recht op een naam en nationaliteit al in bijvoorbeeld artikel 8 van het internationale kinderrechtenverdrag is vastgelegd – maar een recht op ipse-identiteit: het zichzelf-zijn, wat belangrijk is voor zelfontplooiing.

Op de lange termijn krijgen androïden misschien, zeker als ze zelf menselijker willen overkomen omdat de mensen hen dan nog serieuzer nemen (zie de bijdrage 'Mensen als machines; machines als mensen'), behoefte aan een mogelijkheid om te lachen, te huilen of pijn te lijden, en zou een grondrecht op emoties hun daarvan kunnen voorzien. Zo'n grondrecht is wellicht ook relevant voor mensen wier vermogen tot negatieve gevoelens genetisch is weggemanipuleerd (waarbij en passant ook positieve gevoelens worden afgevlakt?); ook negatieve gevoelens dragen immers bij tot de rijkdom van de menselijke ervaring.

Op de kortere termijn al kan een recht op geestelijke integriteit nuttig zijn, als het brein van een gemaakte mens op allerlei manieren in verbinding zou kunnen staan met de buitenwereld zonder fysieke component. Het grondrecht op lichamelijke integriteit is, vanuit de wetsgeschiedenis bezien, alleen van toepassing op handelingen die het lichaam fysiek raken; geestelijke integriteit valt alleen onder artikel 11 als deze geraakt wordt door een lichamelijke handeling. De gedachte daarachter is dat het recht op privacy (artikel 10) de geest ook beschermt en dat de geest daarom geen aparte bescherming nodig heeft. Met draadloze breincommunicatie zou dat wellicht anders worden. Het recht op privacy biedt dan misschien onvoldoende expliciete bescherming aan cyborgs om niet gestoord te worden in hun gedachten.

Daarnaast moet ook worden nagedacht over een recht op vergeten en op vergeten te worden. Dat is nu niet aan de orde, omdat vergeten menselijk is en iedereen daar last van heeft. Maar niet alleen last; het is ook een lust om te kunnen vergeten en vergeten te kunnen worden. In een maatschappij waarin hersenfuncties worden uitgebreid door het geheugen te verbeteren, geholpen door opslag van gegevens op externe maar met het brein verbonden geheugendragers, wordt vergeten een stuk moeilijker. Dat kan consequenties hebben voor bijvoorbeeld de mogelijkheid om traumatische ervaringen te verwerken.

Belangrijker evenwel lijkt mij een eventueel recht om te worden vergeten. De maatschappij legt steeds meer gegevens vast, in allerlei bestanden en gekoppelde netwerken. Kinderen van de beeldschermgeneratie hebben hun hele leven digitale sporen nagelaten op het Internet, in nieuwsgroepen, op webpagina's, blogs, babbelhokken en virtuele gemeenschappen. Zij kunnen hun hele leven dus worden geconfronteerd met iets wat ze ooit, als jeugdzonde, gedaan, getoond of gezegd hebben. Zeker wanneer een gemaakte mens directe en continue toegang krijgt tot het Internet, bijvoorbeeld door een bril met gezichtsherkenning die een profiel opzoekt op het Internet en de resultaten toont in een hoek van de bril (naam, leeftijd, beroep) of door een Internethandpalmcomputer die met het brein is verbonden, zal zij de digitale sporen van iemand die zij tegenkomt direct kunnen nagaan en gebruiken in haar interactie met die persoon. Het onverbiddelijke digitale geheugen pint de mens dan vast op wat zij ooit is geweest of wat zij ooit heeft gezegd, terwijl de persoon zelf inmiddels radicaal veranderd kan zijn. Het discriminatieverbod is niet geschikt om personen te beschermen tegen het digitale olifantengeheugen. Het risico hier is niet zozeer ongerechtvaardigd onderscheid in het maatschappelijk verkeer, als wel het bevriezen van iemands identiteit in haar verleden. Een recht om te worden vergeten – al dan niet in de vorm van een verbod voor cyborgs om iemands levensgeschiedenis ongevraagd op te roepen – zou dit risico kunnen indammen.

In de tweede plaats, en volgens mij veel relevanter, zijn er de rechten van de niet-gemaakte mens. Het recht op lichamelijke integriteit biedt, als zelfbeschikkingsrecht, in principe een mogelijkheid aan mensen om te weigeren mee te gaan in de maakbaarheidsgolf. Iedereen die dat wil, moet in principe niet-gemaakt mens kunnen blijven. Maar de sociale werkelijkheid zal vaak anders zijn. Aan bepaalde vormen van maakbaarheid zullen zo veel voordelen zitten, zoals interessant werk, betere gezondheid, aangename vrijetijdsbestedingen, en daardoor meer economische en maatschappelijke vooruitgang, dat mensen indirect gedwongen zullen worden mee te doen aan maakbaarheid. Als de meerderheid van de bevolking een hogere leeftijd bereikt en jeugdig blijft door antiverouderingsmethoden, zal de pensioenleeftijd vroeg of laat omhooggaan en zal de mens langer moeten doorwerken, met alle ongemakken van dien.

Het is ook de vraag of mensen die vrijwillig kiezen voor een lang en gezond leven daar zoveel gelukkiger van worden. Met een levensverwachting van 165 en een pensioenleeftijd van 120, ben je misschien op je negentigste wel een keer moe om aan je zoveelste nieuwe baan te beginnen na het zoveelste uitplaatsingstraject. Het vooruitzicht om nog dertig jaar door te moeten gaan, is dan wellicht weinig aantrekkelijk. Om te voorkomen dat de maatschappij om economische en sociale voordelen van een veel langer en jeugdig leven iedereen meesleurt in een semiverplichte verjongingskuur, valt het te overwegen om een recht op ouder worden in te voeren. Wie lang jong wil blijven, kan daarvoor kiezen, maar wie rustig oud wil worden en zijn leven wil afbouwen, moet daarvoor ook de ruimte krijgen.

In het verlengde hiervan, of als alternatief, kan ook een grondrecht op onvolmaaktheid worden overwogen. De gemaakte mens zal mogelijk evolueren in de richting van een perfect mensbeeld, en wanneer maakbaarheid laagdrempelig en goedkoop is, zal er een grote sociale en misschien ook economische druk ontstaan om schoonheidsfoutjes weg te werken. Tegenwoordig is het standaardbeleid om tanden recht te zetten, maar enkele decennia geleden was het nog heel gebruikelijk om scheve maar gezonde gebitten ongemoeid te laten. De maakbaarheid in de toekomst zal ingrijpender zijn. Via embryoselectie, genetische manipulatie en andere vormen van ingrijpen in de basis van de mens kunnen 'onwenselijke' eigenschappen worden weggewerkt. Voor de ziekte van Huntington zal niemand dat erg vinden, en voor andere ernstige aandoeningen evenmin. Maar wat te doen met genetisch beïnvloede doofheid, albinisme, kleurenblindheid, obesitas, ADHD, linkshandigheid, roodharigheid of homoseksualiteit? Dit spectrum van vrij algemeen als aandoening beschouwde persoonskenmerken tot vrij algemeen als normaal beschouwde persoonskenmerken geeft aan dat de scheidslijn tussen ziekte, aandoening, gebrek en normaliteit vloeiend is. Het beginnen met wegselecteren bij het ene uiterste (huntington) kan op de lange termijn leiden tot het wegselecteren van normale maar soms maatschappelijk niet even handige eigenschappen, totdat we een 'perfect' type eenheidsworstmens overhouden. Het afglijden langs dit hellende vlak zou tegengehouden kunnen worden door een recht op onvolmaaktheid of afwijkendheid. Individuen hebben dan het recht te kiezen om doof te blijven, nichterig of lelijk te zijn, een afgezette arm niet te moeten vervangen door een net echt lijkende bionische arm, en andere vormen van onvolmaaktheid. Andere mensen hebben daarbij de spiegelplicht om dit anders-zijn te respecteren, wat met rechtshandhaving in de praktijk ook afgedwongen moet worden. Dan zullen mensen de druk om mee te gaan in de perfectioneringsdrang beter kunnen weerstaan.

Na de ouderdom en ziekte komt de nog fundamentelere vraag naar de dood. Stel dat het technisch mogelijk wordt de dood steeds verder uit te stellen (vergelijk de bijdrage van Simon Verhulst), wordt dan niet een wezenskenmerk van de mens – de sterfelijkheid – aangetast? Robbert Dijkgraaf heeft berekend dat als de mens onsterfelijk wordt, de levensverwachting ongeveer tweeduizend jaar is, althans in de huidige samenleving. Hij sterft dan niet meer een natuurlijke dood, maar vroeg of laat zal een ongeluk of misdrijf toch een eind aan het leven maken. Het vooruitzicht tweeduizend jaar te worden – dat is ruim twee keer zo oud als Methusalem – is voor sommigen wellicht aantrekkelijk, maar het roept toch ook wel een beeld op van eindeloze verveling en, zoals in de film *Groundhog Day*, van gekkigheid niet meer te weten wat je doen moet als je alles al veelvuldig gezien en gedaan hebt. Het recht om dood te gaan, bijvoorbeeld in de vorm van een grondrecht op euthanasie of zelfmoord, is volgens mij een belangrijk grondrecht wanneer de maakbare mens steeds langer gaat leven. Zo'n grondrecht bestaat momenteel echter niet, zoals het Europees Hof voor de Rechten van de Mens onder andere besliste in de zaak-Pretty tegen het Verenigd Koninkrijk uit 2002.

Ten derde zou men nog kunnen denken aan meer collectieve grondrechten die de maatschappij als geheel ten goede komen. De sociale grondrechten behoeven misschien uitbreiding. Het recht op gezondheid geeft enig aanknopingspunt om de maakbare mens te stimuleren, maar mogelijk is er meer nodig. Waar sommigen voor terughoudendheid pleiten om te voorkomen dat de mensheid zich ondoordacht stort in een onbekende, maar wellicht niet-menselijke toekomst, betogen anderen juist dat er een recht is op voortvarendheid. Geen nadruk op voorzorg, maar juist op proactiviteit:

> If the precautionary principle had been widely applied in the past, technological and cultural progress would have ground to a halt. Human suffering would have persisted without relief, and life would have remained poor, nasty,

brutish, and short [...]. Most activities involving technology will have undesired effects as well as desirable ones. Whereas the precautionary principle is often used to take an absolutist stand against an activity, the Proactionary Principle allows for handling mixed effects through compensation and remediation instead of prohibition. The Proactionary Principle recognizes that nature is not always kind, that improving our world is both natural and essential for humanity, and that stagnation is not a realistic or worthy option. The Proactionary Principle stands for the proactive pursuit of progress. (www.maxmore.com/proactionary.htm)

Met andere woorden: sommigen bepleiten een recht op technologische vooruitgang of innovatie, waarbij experimenteren is toegelaten en wordt gestimuleerd en waarbij risico's worden genomen die proportioneel zijn met zowel de potentieel negatieve als de potentieel positieve gevolgen. Een sociaal grondrecht op innovatie en (bio)technologische vooruitgang is in de huidige politieke constellatie niet aan de orde. Toch is het wel belangrijk om zoiets in het debat te overwegen, omdat de maakbare mens onmiskenbare voordelen heeft voor de maatschappij, die door een al te grote voorzichtigheid wellicht ten onrechte niet tot bloei zouden kunnen komen.

Het goede stimuleren betekent niet dat het slechte moet worden uitgebannen. Naast of in plaats van een individueel recht op onvolmaaktheid, is het misschien ook nodig om een zorgplicht voor pluriformiteit van de mensheid in te voeren. Zoals er bij de vrijheid van meningsuiting veel waarde wordt gehecht aan de pluriformiteit van de informatievoorziening, zodat het maatschappelijk debat voldoende wordt gevoed door verschillende standpunten, zo heeft de maatschappij ook behoefte aan pluriformiteit van mensen. Iets anders geformuleerd: men zou moeten denken aan een sociaal grondrecht op variatie of imperfectie. Een van de redenen waarom Fukuyama zich bezorgd toont over de biotechnologische revolutie, is het effect van perfectie op het mens-zijn. Wanneer maakbaarheid alle negatieve kanten van de mens opheft, blijft er ook geen positieve kant meer over:

> [...] what we consider to be the highest and most admirable human qualities, both in ourselves and in others, are often related to the way that we react to, confront, overcome, and frequently succumb to pain, suffering, and death. In the absence of these human evils there would be no sympathy, compassion, courage, heroism, solidarity, or strength of character. A person who has not confronted suffering or death has no depth. (Fukuyama 2002, p. 172-173)

Pluriformiteit van menselijke eigenschappen en het koesteren van onvolmaaktheid kunnen in de toekomst belangrijke zorgplichten worden om een essentieel element van ons menselijk bestaan – diepgang, rijkdom van de menselijke ervaring – te behouden.

Rechtspersonen en dieren als dragers van grondrechten

Na de bestaande en nieuwe grondrechten wil ik nog een korte blik werpen op het derde aspect van mijn vraag: wie zijn op langere termijn de dragers van grondrechten? Niet alleen mensen zijn dragers van mensenrechten; ook rechtspersonen kunnen, tot op zekere hoogte, aanspraak maken op deze rechten. Een rechtspersoon is een juridische constructie die het mogelijk maakt een entiteit rechtshandelingen te laten verrichten. Denk bijvoorbeeld aan een gemeente, een besloten vennootschap, een kerkgenootschap of een vereniging.

Zo'n entiteit wordt in het maatschappelijk verkeer in het algemeen vertegenwoordigd door natuurlijke personen (mensen), maar deze natuurlijke personen zijn niet altijd in persoon aanspreekbaar voor de handelingen die zij namens de rechtspersoon verrichten. Deze juridische constructie versoepelt het maatschappelijk verkeer en bestuur.

Zoals gezegd hebben rechtspersonen ook tot op zekere hoogte mensenrechten. De grondwetgever heeft bij de totstandkoming van de Grondwet van 1983 gezegd dat de mensenrechten uit hoofdstuk 1 ook gelden voor rechtspersonen, en ook voor groepen en organisaties zonder rechtspersoonlijkheid, voor zover dat naar de aard van het desbetreffende grondrecht zin kan hebben. Het heeft bijvoorbeeld niet zo veel zin om te praten over de lichamelijke onschendbaarheid van een gemeente, maar een bedrijf dat strafrechtelijk wordt vervolgd, heeft wel recht op een eerlijk proces. Vaak is de reikwijdte van de rechtsbescherming wat lager dan bij natuurlijke personen. Een bedrijf of stichting kan wel aanspraak maken op het huisrecht, als waarborg tegen willekeurige of disproportionele doorzoeking van het pand, maar omdat een bedrijfs- of stichtingspand minder privacygevoelig is dan de woning van een natuurlijk persoon, is sneller een inbreuk op het huisrecht gerechtvaardigd dan bij een woning.

Ook al gaan er soms stemmen op om dieren fundamentele rechten toe te kennen in de Grondwet, tot nu toe zijn dieren, althans de niet-menselijke dieren, geen dragers van grondrechten. Dieren hebben wel rechtsbescherming (zie bijvoorbeeld de Nederlandse Gezondheids- en welzijnswet voor dieren, of de Amerikaanse Endangered Species Act), maar alleen als object en niet als rechtssubject. Dieren kunnen bijvoorbeeld niet, bij schending van een recht, zelfstandig naar een rechter stappen om te klagen. Mensen of organisaties kunnen dat ook niet *namens* dieren doen. Zij kunnen alleen namens zichzelf bescherming van dieren voor de rechter inroepen.

Het feit dat rechtspersonen wel, tot op zekere hoogte, en dieren (vooralsnog) geen aanspraak kunnen maken op grondrechten, is interessant om in het achterhoofd te houden bij de beantwoording van de vraag wat grondrechten betekenen voor de maakbare mens. Voor sommige toepassingen is het kennelijk maatschappelijk nuttig om grondrechten toe te kennen aan niet-menselijke entiteiten. Er is echter kennelijk evenzeer een drempel om grondrechten te geven aan entiteiten die in bepaalde opzichten sterk lijken op mensen. Dit zal iets te maken hebben met de wijze waarop de entiteiten fungeren in het maatschappelijk verkeer. Dieren zijn weliswaar volop aanwezig in de maatschappij, maar ze worden – anders dan rechtspersonen – niet geacht om zelfstandig deel te nemen aan het maatschappelijk verkeer.

Gemaakte mensen en 'mensen'-rechten

Welke invloed zal de maakbare mens hebben op het dragerschap van grondrechten? Kunnen we het nog volhouden om 'mensenrechten' als synoniem voor grondrechten te blijven hanteren, of zal deze term geleidelijk aan verdwijnen naarmate we het eerste deel tussen steeds grotere aanhalingstekens moeten plaatsen: 'mensen'-rechten? Om deze vraag te beantwoorden ga ik even voorbij aan de vraag wat een mens tot mens maakt. Talloze kenmerken worden wel genoemd als onderscheidend voor de mensheid, zoals intelligentie, zelfbewustzijn, op vakantie gaan, het vermogen tot zelfreflectie en pizza's bakken, en vermoedelijk zijn er weinig wezens in het heelal die de combinatie van dit alles met de mens delen.

Voor de discussie over grondrechten is het 'wezenskenmerk' van de mens echter minder relevant dan de functie van grondrechten in de maatschappij: het beschermen van individuen tegen machtsmisbruik en het waarborgen van het leven en de ontplooiingsmogelijkheden van individuen. Die functie is ook – zij het soms in mindere mate – van belang voor niet-natuurlijke personen die zelfstandig deelnemen aan het maatschappelijk verkeer, zodat ook rechtspersonen drager kunnen zijn van grondrechten.

In deze functionele benadering ligt het voor de hand bevestigend te antwoorden op de vraag of ook gemaakte mensen drager kunnen zijn van grondrechten. Althans, voor zover zij zelfstandig deelnemen aan het maatschappelijk verkeer en voor zover zij bescherming nodig hebben tegen machtsmisbruik en ten behoeve van zelfontplooiing. Voor alle gemaakte mensen die voortkomen uit de homo sapiens, zoals genetisch gemanipuleerde mensen, klonen, cyborgs en van de mens gemaakte chimaeren, zal er in dit opzicht geen fundamenteel verschil bestaan met niet-gemaakte mensen. Ze zitten wellicht wat anders in elkaar, maar zullen over het algemeen dezelfde soorten functies en typen handelingen verrichten in de maatschappij. Het is goed denkbaar dat de grondrechten, samen met het 'mens'-beeld, geleidelijk aan mee-evolueren met de gemaakte mens, en dat het over honderd jaar, achteraf bekeken, een curieuze vraag is geweest of gemaakte mensen wel aanspraak kunnen maken op grondrechten. Het zijn toch gewoon mensen (in de opvatting van 'mensheid' zoals die dan zal worden beleefd)?

Voor gemaakte mensen die níet voortkomen uit de homo sapiens echter, zoals androïden en andere robots, is de vraag moeilijker te beantwoorden. Mijn verwachting is dat er ergens in de toekomst – maar dat zal nog de nodige decennia duren – een omslagpunt ligt waarin het niet meer vol te houden valt dat robots en androïden geen grondrechten hebben. Ze zullen immers steeds actiever en zelfstandiger gaan deelnemen aan het maatschappelijk verkeer – een tendens die nu langzaam zichtbaar wordt met bijvoorbeeld glazenwas- en verkeersregelrobots – en steeds meer taken en functies van mensen gaan vervullen. Vroeg of laat zal het wenselijk zijn om ook de androïde te erkennen als een entiteit die dusdanig functioneert in de maatschappij dat zij rechtsbescherming behoeft. Dat hoeft niet meteen op grondrechtelijk niveau te zijn, maar er zal wel een reflexwerking uitgaan van bepaalde grondrechten op de rechtsbescherming van androïden, en het zal, zoals bij rechtspersonen gebeurd is, geleidelijk aan geaccepteerd worden dat ook androïden en bepaalde typen zelfstandig opererende robots aanspraak kunnen maken op grondrechten, voor zover dat naar de aard van het desbetreffende grondrecht zin kan hebben. *Hoe* precies *welke* grondrechten worden toegepast, zal natuurlijk afhangen van de manier waarop de androïden functioneren. Een dolgedraaide androïde zal vermoedelijk sneller verplicht worden geherprogrammeerd dan een dolgedraaid mens verplicht zal worden gehersenspoeld, maar een intelligente en charismatische androïde zal in principe evenzeer als een kloonzoon van Plasterk benoembaar zijn in openbare dienst.

Kortom, grondrechten zullen in de toekomst ook toegekend worden aan gemaakte mensen die uit de mens voortkomen, en – op de langere termijn en tot op zekere hoogte – aan androïden en robots die op vergelijkbare wijze als natuurlijke of rechtspersonen functioneren in het maatschappelijk verkeer. De inhoud en reikwijdte van die grondrechten zal kunnen verschillen per type – al dan niet gemaakte – mens, maar hun dragerschap van grondrechten als zodanig staat niet ter discussie.

Conclusie

Deze langetermijnverkenning van grondrechten in het licht van de maakbare mens geeft aan dat er, naarmate de maakbare mens zich verder ontwikkelt, het nodige te discussiëren en te beslissen valt. Dat lijkt nu nog ver van ons bed, maar het zal hoe dan ook dichterbij komen.

Ten eerste heeft de ontwikkeling van de maakbare mens gevolgen voor de grondrechten. Deze zullen moeten worden toegepast op gemaakte mensen, althans op die typen gemaakte mens die evolueren uit de mens, zoals genetisch gemanipuleerde mensen, klonen, cyborgs en bepaalde typen chimaeren, zoals mensen met getransplanteerd dierlijk materiaal of dierlijke genen. Dat zal over het algemeen niets afdoen aan de huidige catalogus van de grondrechten. Het discriminatieverbod en het kiesrecht kunnen bijvoorbeeld gewoon worden toegepast. Dat betekent niet dat het altijd makkelijk zal zijn te bepalen wanneer onderscheid tussen gemaakte en niet-gemaakte mensen gerechtvaardigd is, maar dat is geen nieuw probleem. Het discriminatieverbod vraagt immers vaak om complexe en gevoelige afwegingen. Wellicht zullen er wel, naast de huidige grondrechten, nieuwe grondrechten in het leven moeten worden geroepen, zoals een recht op identiteit voor klonen (en andere mensen), een recht op geestelijke integriteit van cyborgs en een recht om te vergeten of te worden vergeten.

De maakbare mens betekent voorts dat er, vanuit juridisch-theoretisch perspectief, op de lange termijn discussie nodig is over de vraag wie dragers zijn van grondrechten. Dat geldt niet voor gemaakte mensen die evolueren uit de homo sapiens, want dat zijn uiteindelijk 'gewoon' mensen, maar wel voor androïden en andere robots. Wanneer die in de toekomst op een vergelijkbare manier als natuurlijke of rechtspersonen gaan functioneren in het maatschappelijk verkeer, zullen ook zij, al dan niet na demonstraties op de Dam, aanspraak kunnen maken op de rechtsbescherming van grondrechten, voor zover dat naar de aard van het grondrecht zinvol is. Een open vraag is wat de grondrechtelijke status is van ingevroren mensen of lichaamsmateriaal, zolang er een (theoretische) mogelijkheid bestaat dat deze in de toekomst weer ontdooid en tot (tweede) leven gebracht zouden kunnen worden.

Ten tweede hebben de grondrechten ook gevolgen voor de ontwikkeling van de maakbare mens, en dit is volgens mij het relevantste deel van de onderzoeksvraag. Uit de grondrechten volgt een zeker recht op maakbaarheid. De lichamelijke integriteit impliceert dat burgers in principe het recht hebben om hun lichaam te verbeteren, van plastische chirurgie via bionische armen tot breinimplantaten toe. Met enige overdrijving valt zelfs te beweren dat de overheid een plicht heeft om bepaalde vormen van maakbaarheid te bevorderen, zoals het stimuleren van wetenschappelijk onderzoek naar het vertragen of stoppen van veroudering (bevordering van de volksgezondheid) of zelfs naar genen voor altruïstische eigenschappen of gevoeligheid voor kunst (maatschappelijke en culturele ontplooiing). Ook zonder het proactiviteitsbeginsel van de transhumanisten te omarmen is er genoeg reden om sommige aspecten van de maakbare mens – met name die de diversiteit en rijkdom van het menselijk leven bevorderen – te koesteren en te stimuleren.

Daarnaast echter bestaat er ook reden tot zorg en terughoudendheid. Maakbaarheid kan positief en aantrekkelijk zijn, maar kan ook leiden tot druk op burgers om mee te gaan in een sociaal of politiek wenselijke maakbaarheidsstroom. Burgers hebben volgens mij ook recht op níet-maakbaarheid. Iedereen die dat wil, moet mens kunnen blijven, met alle goede en slechte eigenschappen die de mens eigen zijn. Als bijvoorbeeld het verouderingsproces vertraagd kan worden, is het maar de vraag of de politiek het om sociaal-economische redenen verplicht zou kunnen stellen voor burgers om niet ouder te worden. Het valt in dat licht ook te overwegen om, als tegenwicht tegen maatschappelijke en politieke druk, een grondrecht op onvolmaaktheid in te voeren, een recht op ouder worden en zelfs een grondrecht op doodgaan. Misschien is het ook wenselijk om een zorgplicht voor de overheid op pluriformiteit van de mensheid in te voeren, om op macroniveau te verzekeren dat er geen eenheidsworst van gemaakte mensen ontstaat, die de rijkdom van de menselijke ervaring tenietdoet.

En op grond van de conclusie dat maakbaarheid een recht maar nooit een plicht kan zijn, is volgens mij het belangrijkste aandachtspunt voor de toekomst het voorkomen dat nietgemaakte mensen fundamenteel worden achtergesteld omdat ze niet voldoen aan een of andere maakbaarheidsnorm. De grondrechten zullen een belangrijke rol moeten spelen in het voorkomen dat 'gewone' mensen een onderklasse worden van gemaakte mensen.

Amsterdam, 28 juni 2079, van onze redacteur

De demonstratie van menselijk-orthodoxen op de Dam is gisteren naar omstandigheden rustig verlopen. Rond de 20.000 mensen die, om uiteenlopende redenen, weigeren de reguliere maakbaarheidsprocedures te volgen, hadden de oproep van het Humaan Verbond gevolgd om te demonstreren tegen hun achtergestelde maatschappelijke positie. 'De discriminatie van ons gewone mensen moet stoppen,' zegt Andy, een 36-jarige paleoman uit Rotterdam. 'Wij hebben recht op een baan, maar niemand geeft ons werk. De meesten van ons zijn kerngezond, maar we moeten drie keer zoveel premie betalen als genetisch aangepaste mensen. Er is nauwelijks actueel lesmateriaal meer waaruit onze kinderen kunnen leren, alles gaat tegenwoordig uit van beterbreineducatie.'
Ondanks de sfeer van verbondenheid was de stemming gelaten. De opkomst viel tegen, omdat veel HV-aanhangers

de reis naar Amsterdam niet konden betalen, en de demonstranten werden vrijwel compleet genegeerd door de voorbijrazende neomensen. De politie deelde wel enkele boetes uit voor openbare belediging aan de paar cyborgs die stil bleven staan bij de demonstratie en – met een paleogevoel voor humor – 'Hé, neanderthaler!' naar de demonstranten riepen.

Een lichtpuntje voor de paleomensen was de toespraak van minister van Justitie Plasterk (kloonzoon van de spraakmakende vroegere minister van Wetenschap). Hij benadrukte dat de maatschappij ethische standpunten van minderheidsgroepen moet respecteren en dat ook paleomensen nog een nuttige functie kunnen vervullen in de maatschappij. Hij wilde niet het tienpuntenplan van het HV overnemen, omdat hij positieve discriminatie bij overheidsfuncties een brug te ver vond, en een recht op vergoeding voor paleomedische voorzieningen en het stimuleringsplan voor niet-breininteractieve cultuurvoorstellingen te kostbaar. Hij zegde echter wel toe mogelijkheden te onderzoeken om de werkgelegenheid onder paleomensen te bevorderen en in het kabinet te pleiten voor bekostiging van lesmateriaal afgestemd op paleokinderen.

Literatuur

Atwood, M. (2003), *Oryx en Crake*, Amsterdam: Bert Bakker.
Bovens, M. (1998), 'Hebben rechtspersonen morele plichten en fundamentele rechten?', *Ars Aequi* 47, nr. 7-8, p. 651-659.
Calverley, D.J. (2005), 'Toward A Method for Determining the Legal Status of a Conscious Machine', *Proceedings of the Symposium on Next Generation approaches to Machine Consciousness*, 12-15 april 2005, University of Hertfordshire, Hatfield, UK, AISB, p. 75-84.

Fukuyama, F. (2002), *Our Posthuman Future. Consequence of the Biotechnology Revolution*, New York: Farrar, Straus and Giroux.

Harris, J. (2007), *Enhancing Evolution*, Princeton, NJ: Princeton University Press.

Koops, B.J., en D.-O. Jaquet-Chiffelle (red.) (2008), *D17.2: New (Id)entities and the Law: Perspectives on Legal Personhood for Non-Humans*, Frankfurt: FIDIS, www.fidis.net/resources/deliverables/.

Matthias, A. (2007), *Automaten als Träger von Rechten. Plädoyer für eine Gesetzänderung*, diss. Berlijn (Humboldt Universität), Berlijn: Logos.

Prins, J.E.J. (2007), 'Een recht op identiteit', *Nederlands Juristenblad* 82, nr. 14, p. 692.

Solum, L.B. (1992), 'Legal Personhood for Artificial Intelligences', *North Carolina Law Review* 70, p. 1231-1287.

Teubner, G. (2007), *Rights of Non-humans? Electronic Agents and Animals as New Actors in Politics and Law*, Florence: European University Institute. Max Weber Lecture nr. 2007/04.

Deze bijdrage werd mede geschreven in het kader van een NWO-Pionier-project rond regulering van biotechnologie, dat onder leiding staat van Han Somsen.

13

Conclusie. Het debat over de maakbare mens

Bert-Jaap Koops

In dit boek is de maakbare mens in al zijn facetten belicht en bestudeerd. Wat is feit en wat is fictie? Waarom zijn we zo gefascineerd door de maakbare mens, en hoe moeten we met alle huidige en toekomstige dilemma's omgaan? Uit de waaier van perspectieven die dit boek heeft laten zien, probeer ik hier enkele rode draden te ontwaren, als aanzet tot nadere reflectie en discussie over deze vragen. Ik doe dit aan de hand van het maatschappelijke debat dat over de maakbare mens wordt gevoerd, en dat net als dit boek wordt gevoed door fictie, feit en fascinatie. Waarover gaat het debat nu eigenlijk, en wat zijn de hete hangijzers? Hoe kunnen de inzichten uit verschillende wetenschappen bijdragen aan dat debat? En op welke manier kan het debat over de maakbare mens een stap verder komen?

Een schets van het maatschappelijke debat

Over de maakbare mens wordt op allerlei plaatsen en niveaus gesproken: in de krant, op tv, in de bioscoop, in congrescentra, in wetenschappelijke tijdschriften en boeken, en niet te vergeten in de politiek. De maakbaarheid van de mens kent in deze debatten vele verschijningsvormen, variërend van slimme pillen, plastische chirurgie, genetische selectie, computerbreinen, klonen en chimaeren tot volledig computergestuurde robots. Dit boek draagt zelf bij aan het maatschappelijke debat, door vele auteurs vanuit verschillende wetenschappelijke disciplines en invalshoeken te laten reflecteren over de maakbare mens. Tegelijk biedt dit boek een beschouwing over het debat, doordat het vele doorkijkjes biedt in de verschillende hoofdstukken op allerlei elementen uit het maatschappelijke debat. Dat debat is levendig, divers en rijk aan inzichten, maar ook heftig, vertekenend en gepolariseerd. Niet alleen de maakbare mens zelf is een veelkoppig wezen, ook het maatschappelijke debat erover kent vele gezichten. Dat blijkt als we – mede op basis van de vorige hoofdstukken – het debat op hoofdlijnen proberen te schetsen.

Dat debat lijkt zich in de eerste plaats te concentreren op het intrinsieke spanningsveld tussen beide elementen in de term 'maakbare mens'. We hebben het gevoel dat de maakbare mens niet goed past in ons bestaande mensbeeld, omdat er iets 'kunstmatigs' gebeurt – het maken – wat het 'natuurlijke' in ons – de mens – geweld aandoet. In het maatschappelijke debat worden dan ook vaak 'gewone' mensen tegenover 'kunstmatige' wezens geplaatst. Cyborgs en androïden, genetisch gemanipuleerde embryo's en klonen, sporters met wonderprotheses en kunstenaars die vrijwillig een megamorfose ondergaan – het zijn allemaal vreemde wezens die ons dwingen onder ogen te zien dat 'de mens' aan het veranderen is. En dat terwijl we zo graag mens willen blijven. Ziedaar – althans als dominante toon in het debat – het spanningsveld: vooruitgang prima, zolang ons 'mens-zijn' maar niet in de kern wordt aangetast.

Maar dan blijkt vervolgens dat beide polen van het spanningsveld niet zo eenduidig zijn als ze lijken. Wat is precies een mens? De auteurs in dit boek kunnen het niet uitleggen. Integendeel, velen benadrukken dat mensbeelden veranderlijk zijn, in tijd en in plaats. In de achttiende eeuw kon Linnaeus Chinezen en Hottentotten rustig scharen onder de *homo monstrosus*, terwijl de orang-oetan – letterlijk 'bosmens' – bij de homo sapiens werd ingedeeld (hfst. 2). Tegenwoordig zien we dat toch anders.

Evenzeer wisselen beelden van wie als 'ideale' mensen worden gezien. Eind negentiende eeuw kon een adverteerder dames verleiden met '"Fat-ten-U" Food to Get Plump', waar tegenwoordig de in die advertentie afgebeelde dames (hfst. 3) ons als zorgwekkende obesitaspatiënten worden voorgeschoteld. De scheidslijn tussen mooi en gewoontjes, tussen ziekte en persoonskenmerk, tussen genezing en verbetering (enhancement), zo merken verscheidene auteurs op, is flinterdun en veranderlijk.

Iets soortgelijks geldt voor het begrip 'maakbaar'. Het kunstmatige waarmee dit begrip in het debat vaak wordt geassocieerd, hangt samen met de stand van de techniek en is dus evenzeer veranderlijk in tijd en plaats. Gewenning en verspreiding van nieuwe technologieën spelen een cruciale rol in de beleving van kunstmatigheid. Waar Louise Brown als eerste reageerbuisbaby in 1978 een toonbeeld was van een 'gemaakt' mens, worden ivf-kinderen anno 2008 als tamelijk gewoon gezien. De grens van 'onnatuurlijke voortplanting' lijkt inmiddels verschoven te zijn naar embryoselectie, waarbij niet ivf zelf maar het kiezen tussen verschillende embryo's op basis van genetische kennis als het 'maken' van een kind wordt gezien (hfst. 9). Het is goed denkbaar dat nog eens dertig jaar later embryoselectie de normaalste zaak van de wereld zal zijn, en dat genetische manipulatie van embryo's in het middelpunt van het debat over de maakbare mens zal liggen. Ook voor de nu actuele vraag of we synthetisch leven kunnen en willen maken, geldt dat dit over dertig jaar wel eens een volstrekt alledaagse en geaccepteerde praktijk zou kunnen zijn (hfst. 6).

Al deze veranderlijkheid van mensbeeld en techniek leidt ertoe dat wat we gisteren classificeerden als een 'gemaakte' mens, vandaag een doodgewone mens lijkt, en dat de maakbare mens uit toekomstscenario's van vandaag in de toekomst zelf met heel andere ogen kan worden bekeken. Dit noopt tot enige deemoedigheid in het debat. Het 'natuurlijke' dat een nieuwe vorm van 'maken' van mensen zou aantasten, is afhankelijk van tijd en techniek. Het debat legt vaak de nadruk op ingrijpende veranderingen en wezenlijke verschillen tussen de 'gewone' en de 'gemaakte' mens, terwijl diverse auteurs erop wijzen dat er geen aardschokken plaatsvinden, verschillen gradueel zijn en verandering geleidelijk plaatsvindt. Sterker nog, de maakbare mens past eigenlijk heel goed in de evolutie van de mensheid (hfst. 8). Maar een debat bestaat bij gratie van verschil en gedijt op discontinuïteit. We kunnen en mogen dan ook niet de ogen sluiten voor het feit dat veel deelnemers aan het debat oprecht bezorgd zijn over de veranderingen die de zich voortdurend ontwikkelende technologieën in het mens-zijn kunnen veroorzaken. Het spanningsveld tussen 'maken' en 'mens' krijgt steeds vorm door debatten over de grenzen van 'mens-zijn' die, in de beleving van het hier en nu, onder druk staan.

Een andere rode draad is dat veel ontwikkelingen rond de maakbare mens zich afspelen in de overgang van de medische sector naar andere toepassingsgebieden. De meeste technologieën die maakbaarheid faciliteren, zoals biomaterialen en weefselkweek, chipimplantaten en genetische technieken, worden ontwikkeld voor medische doeleinden. Ook al is de grens van de medische sfeer niet altijd makkelijk te trekken, *binnen* die sfeer is de technische ontwikkeling meestal onomstreden. Debat ontstaat echter op het moment dat de ontwikkelde technologieën andere toepassingen (dreigen te) krijgen. Op welke genetische kenmerken willen we embryoselectie toestaan? Mogen sporters ook bepaalde protheses krijgen die hun prestaties 'meer dan normaal' verbeteren? Kan een 'ADHD-pil' ook worden gebruikt om de concentratie van 'normale' mensen te verhogen? De overgang van genezen (beter maken) naar verbeteren (nóg beter maken) blijkt in het debat vaak een cruciale grens.

Een van de belangrijkste aandachtspunten die het overschrijden van die grens oproept, is (on)gerechtvaardigde ongelijkheid. De maakbare mens wordt veelal geassocieerd met sterkere, mooiere, betere mensen, en dat roept de vraag op of een kloof dreigt te ontstaan tussen gemaakte en niet-gemaakte mensen. Het discriminatieverbod stelt weliswaar grenzen aan het 'voortrekken' van gemaakte mensen, maar roept ook de vraag op wanneer onderscheid wél gerechtvaardigd is (hfst. 12). Mensen zijn immers niet gelijk, en hun (al dan niet) gelijkwaardigheid moet steeds opnieuw voor specifieke contexten worden vastgesteld. Op een andere manier zien we het thema van ongelijkheid terugkeren in vragen rond individuele keuzes die mensen maken voor hun eigen leven (zoals de kunstenares Orlan, hfst. 3) of voor dat van hun kinderen (hfst. 9), en de aansprakelijkheid die dat wel of niet meebrengt (hfst. 11). Het omgekeerde schrikbeeld dat figureert in het debat over de maakbare mens, is dat van de eenheidsworst. Dreigen we door maakbaarheidstechnieken niet te convergeren naar een uniform 'ideaaltype' van de mens die elke vorm van abnormaliteit wegmaakt? De sprong in het diepe of het accepteren van het onbekende – het bewust níet in een bepaalde richting duwen van toekomstige mensen – zou mogelijk moeten blijven (hfst. 11). Opvallend daarbij is dat het kiezen voor 'niet-maakbaar' – ook als het om medische beslissingen gaat – bijzonder wordt gerespecteerd als deze keuze is geworteld in religieuze levensovertuigingen, zoals bij niet-inenten van pasgeboren kinderen (hfst. 11).

Ongelijkheid is een van de normatieve vraagstukken die spelen in het debat rond de maakbare mens. Andere normatieve vraagstukken zijn bijvoorbeeld lichamelijke integriteit, sociale grondrechten en veroudering (hfst. 12). Een steeds terugkerende vraag die deze normatieve vraagstukken oproepen, is die naar actoren en hun verantwoordelijkheden. Wie maakt precies de keuzes bij de maakbare mens? Zijn dat individuen of hun ouders? Welke verantwoordelijkheid hebben zorgverleners daarbij? Of worden keuzes vooral gemaakt door de politiek of de wetgever? Zijn het wetenschappers die gaandeweg, al dan niet bewust, de technologische mogelijkheden verruimen? Of is het de samenleving als geheel met haar machtsmiddel van sociale druk? Keuzes blijken op allerlei niveaus door allerlei actoren te worden gemaakt (hfst. 9). Dit roept vragen op naar de (feitelijke of wenselijke) verdeling van verantwoordelijkheden: wie heeft de beste positie om rationele en geïnformeerde keuzes te maken over de maakbare mens? Het debat, zoals belicht in vele bijdragen, toont aan dat deze vragen niet simpel of eenduidig zijn te beantwoorden.

Een van de complicerende factoren daarbij is dat het debat lang niet altijd rationeel en geïnformeerd ís. Discussies rond de maakbare mens gebruiken veel voorbeelden uit fictie en verbeelding, uit verhalen en mythen. Standpunten worden niet altijd ingenomen op basis van wetenschappelijke inzichten in de huidige stand van de techniek en realistische, wetenschappelijke inschattingen van toekomstige ontwikkelingen rond nieuwe technologieën, maar op basis van percepties en verwachtingen van die technologieën zoals die zijn vertaald en verbeeld – met een term uit de communicatiewetenschap: gemedieerd – in verhalen uit populaire media of fictie. De auteurs in deze bundel maken hier zelf ook veelvuldig gebruik van door te verwijzen naar verhalen uit films of literatuur, zoals *Frankenstein*, *Brave New World*, *The Matrix* en *Gattaca*. De mythologie van de maakbare mens is dan ook een onontkoombaar gegeven. We hebben verhalen en mythen nodig om betekenis te geven aan de wereld om ons heen, zeker wanneer die met nieuwe technologieën steeds complexer en moeilijker te bevatten wordt. Fictie biedt een mogelijkheid om te anticiperen en te reflecteren op onbekende toekomsten. Tegelijkertijd moeten we ons realiseren dat het gebruik van mythen en verhalen in het debat een kloof doet ontstaan tussen burgers, beleidsmakers en mens- en maatschappijwetenschappers die nadenken over de gevolgen van technologie enerzijds, en de personen die op de werkvloer bezig zijn met het ontwikkelen van die technologie anderzijds. De 'harde' wetenschappers herkennen zich namelijk vaak helemaal niet in het beeld dat wordt geschetst van 'hun' technologie in het debat, en dat kan een van de redenen zijn waarom bètawetenschappers zich soms minder in het maatschappelijke debat lijken te mengen dan alfa- en gammawetenschappers. Daardoor worden verbeeldingen die al te zeer de werkelijkheid vertekenen, echter niet of nauwelijks gecorrigeerd in het debat, en kunnen mythen een eigen leven gaan leiden. Dat zien we bijvoorbeeld bij reproductief klonen, waar enkele niet-representatieve schrikbeelden uit literaire fictie het dominante beeld lijken te vormen in het debat en beleid (hfst. 10). De mythologie van de maakbare mens lijkt daarbij een vicieuze cirkel te zijn, die moeilijk valt te doorbreken.

Een reflectie op de maakbare mens

Na deze schets van het maatschappelijke debat wil ik de maakbare mens en het debat daarover aan een nadere analyse onderwerpen, met gebruikmaking van de kanttekeningen, nuanceringen en inzichten die de diverse bijdragen hebben geboden. Om te beginnen roept de grote diversiteit van verschijningsvormen vragen op. Het concept 'de maakbare mens' is moeilijk definieerbaar (hfst. 2), en je kunt je afvragen of er wel sprake is van één debat. Hebben we het niet eigenlijk over verschillende dingen als we nadenken over cyborgs, kunstmatige intelligentie, lichaamskunstenaars, DNA-onderzoek en embryoselectie? Het gebruik van 'maakbare mens' als koepelterm wringt, en diverse auteurs worstelen er dan ook mee hoe zij hun onderwerp en perspectief moeten plaatsen in deze bundel. Tegelijkertijd zien we ook dat de 'maakbare mens' steeds weer, hoewel soms in verschillende gedaanten, terugkeert, en dat alle verschijningsvormen, zoals Wittgenstein het noemt, familiegelijkenissen vertonen. Cyborgs, robotbreinen, geselecteerde embryo's en Marijke Helwegen zijn geen klonen van elkaar, maar wel broers en zussen en een enkele verre tante.

De vragen die in de maatschappelijke debatten rond deze verschijningsvormen worden gesteld, hebben allemaal iets te maken met het hierboven gesignaleerde spanningsveld tussen (als 'kunstmatig' ervaren) maken en (als 'natuurlijk' geziene) mens. Een bepaalde handeling grijpt in in het menszijn, op een andere of ingrijpender wijze dan wat men als 'normaal' ervaart. Het lijkt mij daarom zinvol om wel degelijk te blijven praten over 'het' debat over de maakbare mens, waarbij de grenzen van het debat meeschuiven in plaats en tijd met de technische en maatschappelijke ontwikkelingen. Een reflectie op dit debat is, naar mijn stellige overtuiging, dan ook zinvol en productief, omdat het ons iets kan leren over de vraag wat het betekent mens te zijn in het huidige tijdperk, waarin technologie op allerlei manieren wordt ingezet om de ontwikkeling van mensen (bij) te sturen.

Vervolgens vallen enkele uiteenlopende conclusies te trekken. Waar enkele decennia geleden de 'maakbare samenleving' een belangrijk onderwerp van debat was, praten we nu veel meer over de 'maakbare mens' (hfst. 4). Dat betekent echter niet dat daardoor alle nadruk op het individu moet komen te liggen. Sommige discussies spelen zich af op het microniveau van individuele keuzes en persoonlijke verantwoordelijkheden, maar andere discussies rond de maakbare mens spelen op een macroniveau van politieke keuzes en maatschappelijke druk. De maakbare mens heeft in het laatste geval nog steeds elementen van de maakbare samenleving. Hoe richten we de maatschappij zodanig in dat mensen zich daarin zo goed mogelijk kunnen ontwikkelen? Het micro- en macroniveau worden in het debat echter niet altijd scherp onderscheiden. Dat kan ook niet altijd, omdat ze elkaar beïnvloeden: juridische aansprakelijkheid voor individuele keuzes hangt bijvoorbeeld af van wat de maatschappij als norm stelt (hfst. 11), en de politieke keuze wanneer embryoselectie wel of niet is toegestaan, heeft onmiskenbaar gevolgen voor de individuele keuzes van wensouders (hfst. 9).

Toch is het wenselijk om de niveaus goed te onderscheiden, omdat de hoofdvraag 'Hoe ver willen we gaan in het "maken" van mensen?' op micro- en op macroniveau verschillend wordt geformuleerd. Op het microniveau van individuele beslissingen vertaalt deze hoofdvraag zich vooral in vragen naar de grenzen van de individuele keuzevrijheid, waarbij aspecten als autonomie en fundamentele rechten op de voorgrond staan. Op het macroniveau van beleidskeuzes staat eerder de vraag centraal wanneer en hoe publieke belangen worden geraakt door maakbaarheidsontwikkelingen, en of en hoe deze ontwikkelingen in bepaalde banen kunnen worden geleid.

Hierbij speelt het fenomeen van 'framing' een belangrijke rol: het sturen van een debat in een bepaalde richting door het kader dat bepaalde formuleringen en metaforen meebrengen. Wie een debat begint met de vraag welke grondrechten cyborgs hebben of moeten hebben (hfst. 12), positioneert het debat niet alleen op macroniveau, maar roept ook – bewust of onbewust – de associatie op dat er mogelijk een rol weggelegd is voor de wetgever om de ontwikkeling van cyborgs in banen te leiden met behulp van grondrechten. Dat kan ertoe leiden dat het impliciete uitgangspunt in de discussie is – tot het tegendeel bewezen wordt – dat we terughoudend moeten zijn met de ontwikkeling van cyborgs. Als het debat daarentegen begint met de vraag of iemand het recht heeft technologie te implanteren om zichzelf nóg beter te maken (zoals Kevin Warwick betoogt, hfst. 7), wordt het debat daarmee expliciet op microniveau gepositioneerd. Dit roept de associatie op van individuele autonomie en keuzevrijheid, en kan ertoe leiden dat het impliciete uitgangspunt in de discussie is – tot het tegendeel bewezen wordt – dat we niet moeten ingrijpen in de ontwikkeling van cyborgs. Met andere woorden, het inkaderen van het debat bij de vraagstelling, onder andere door de positionering op micro- of macroniveau, is van invloed op de impliciete uitgangsposities die worden ingenomen in het debat.

Een volgende constatering hangt daarmee samen. Deelnemers aan het debat hanteren verschillende strategieën voor het omgaan met de onzekerheden die de verschijningsvormen van de maakbare mens meebrengt. Velen ervaren deze onzekerheden als bedreigend, en zij formuleren vragen rond de maakbare mens in termen van het beheersen van risico's. Hoe kunnen we voorkomen dat de mensheid het onderspit delft tegenover een nieuwe klasse van 'post-mensen'? Hoe kunnen we veiligstellen dat we, met al die maakbaarheidstechnieken, toch mens blijven? Anderen zien de onzekerheden echter juist als kansen; zij formuleren vragen rond de maakbare mens als uitdagingen om betere mensen (of postmensen) te kunnen worden. Hebben we niet de morele plicht om het leven van mensen te verbeteren, als nieuwe technologie dat mogelijk maakt? Waarom zouden we niet de sprong in het diepe wagen en een nieuwe soort worden, de *homo factus*? Ik heb de indruk dat dit type stellingnames niet zozeer samenhangt met de discipline waarin iemand werkzaam is – zowel cyberneticus Kevin Warwick als ethicus John Harris is een voorbeeld van de tweede categorie – als wel met de persoonlijkheid van de persoon (risicomijdend of risicozoekend) en vooral met haar (al dan niet religieuze) levensovertuiging, die de visie inkleurt op wat de mens tot mens maakt.

In het verlengde daarvan valt op dat het debat langs verschillende ethische lijnen verloopt. Sommige benaderingen leunen sterk op het utilitarisme – een kosten-batenanalyse van wat het meeste nut ('utiliteit') oplevert – zoals de gezondheidseconomische benadering bij screening van embryo's (hfst. 9). Andere kiezen een mensenrechtenperspectief, dat uitgaat van de fundamentele rechten en vrijheden van de burger, zoals vastgelegd in diverse mensenrechtenverdragen (hfst. 12). En weer andere benaderingen vertrekken vanuit de menselijke waardigheid, dat bijvoorbeeld een belangrijke rol speelt bij het wereldwijde verbod op reproductief klonen (hfst. 10); hierbij is het uitgangspunt dat de waardigheid van de mens – zijn intrinsieke waarde als mens (wat dat precies is, wordt hierbij niet altijd geëxpliciteerd; het kan samenhangen met bijvoorbeeld een bepaald religieus mensbeeld of met een kantiaanse ethiekopvatting) – nooit mag worden aangetast. Zoals Roger Brownsword in zijn analyses van de regulering van biotechnologie aantoont (zie bijvoorbeeld *Rights, Regulation, and the Technological Revolution* uit 2008), is de bio-ethische driehoek van utilitarisme, mensenrechten en waardigheidsgeloof ('dignitarianism') een grote complicatie bij het maken van keuzes rond de maakbare mens, aangezien het fundamenteel verschillende uitgangspunten zijn die moeilijk met elkaar te verenigen zijn. Argumenten die voor de ene groep overtuigend zijn, slaan niet aan bij de andere groep, en daardoor dreigen deelnemers aan het debat nogal eens langs elkaar heen te praten.

Een ander aspect is dat sommige perspectieven wat onderbelicht blijven in het debat. Hierboven noemde ik al dat bètawetenschappers, die de op de toekomst gerichte, soms speculatieve discussies over de maakbare mens tot realistische proporties terug kunnen brengen, zich soms minder laten horen in het maatschappelijke debat (of misschien minder aan het woord gelaten worden door op mythen beluste media?). Verder kent het debat een dominante stroom die zich concentreert op nieuwe technologieën die de mens in een bepaald opzicht verbeteren. Door die hoofdstroom raken enkele familieleden van de maakbare mens onderbelicht, die wel degelijk iets te zeggen hebben in het debat, omdat dezelfde vraagstukken bij hen een rol spelen. Het is niet alleen nieuwe technologie die het 'maken' van mensen faciliteert, maar er zijn ook andere sturingsinstrumenten: onderwijs en voorlichting, sociale normen en sociale druk, en allerhande preventiemaatregelen beïnvloeden evenzeer de toekomst van de mens. Daarom hoort bijvoorbeeld embryoselectie – een preventieve ingreep die niet letterlijk een 'mens maakt' – evenzeer thuis in deze bundel als genetische manipulatie of klonen. Ze roepen immers vergelijkbare vragen op rond ethische toelaatbaarheid, verantwoordelijkheid en aansprakelijkheid bij keuzes die mensen maken in de voortplanting. De sociale druk die samenhangt met schoonheidsidealen is van grotere invloed op gemaakte mensen dan het feit dat technologie plastische chirurgie mogelijk maakt; het debat zou zich daarbij dan ook vooral moeten concentreren op de rol van schoonheidsidealen in de samenleving, en niet op plastische chirurgie.

Een ander onderbelicht aspect is dat het debat niet altijd over 'verbetering' moet gaan; hier is de Nederlandse term 'maakbare mens' gelukkiger gekozen om het onderwerp aan te duiden dan de Engelse term 'human enhancement'. Handelingen die – meer of anders dan normaal – ingrijpen in het mens-zijn hoeven niet altijd tot doel te hebben de mens mooier, beter of sterker te maken. Soms gaat het ook om het tegenovergestelde, zoals het lesbische paar dat een doof kind wilde hebben omdat zij beiden tot de dovengemeenschap behoren (hfst. 12), of de *nullo*, de man die zijn geslachtsdelen laat verwijderen (hfst. 3). Wanneer we discussiëren over grenzen aan 'verbetering' van mensen, moeten we ook, of misschien juist, discussiëren over grenzen aan 'verslechtering'. Bovendien, zo laat de geschiedenis zien (hfst. 3), worden maakbaarheidstechnieken niet alleen ingezet om anders – beter of slechter – te worden, maar ook om gewoon te worden en niet op te vallen. Ook hier zouden we moeten discussiëren over grenzen aan beide kanten van het spectrum, niet alleen over grenzen aan de verschillen tussen 'gemaakte' en 'niet-gemaakte' mensen (ter voorkoming van een maatschappelijke kloof), maar ook over grenzen aan de 'normaal gemaakte' mens (ter voorkoming van een maatschappelijke eenheidsworst). Hoewel dit laatste aspect wel af en toe aan de orde komt, zou het in de discussie wat mij betreft prominenter mogen worden belicht.

Een laatste conclusie die we op basis van het bovenstaande kunnen trekken, is dat het debat over de maakbare mens tamelijk gepolariseerd is. Deelnemers aan het debat bevinden zich al snel op twee uitersten. Zij zijn overtuigd voorstander van een bepaalde vorm van maakbaarheid of juist overtuigd tegenstander daarvan. Posities worden ingenomen met tal van stellingnames die voortvloeien uit uiteenlopende levensovertuigingen en ethische stromingen, en worden deels gebaseerd op percepties en verhalen die nogal ver van de wetenschappelijke realiteit af staan, waardoor de verschillende deelnemers aan het debat niet altijd effectief met elkaar communiceren. Met andere woorden, er wordt nogal eens, in meerdere opzichten, langs elkaar heen gepraat. Het zal duidelijk zijn dat dit de kwaliteit en effectiviteit van het debat niet ten goede komt. Valt daar iets aan te doen? Ik denk van wel.

Een stap verder

Hoewel we beseffen dat de maakbare mens een veelvormig en complex onderwerp is en dat het debat daarover dan ook niet anders dan complex en veelvormig kan zijn, denk ik dat dit boek op drie punten het debat een stap verder brengt. In de eerste plaats verscherping en *verduidelijking*. De 'maakbare mens' kent geen eenduidige definitie, niet als geheel en evenmin vanuit de beide elementen 'maakbaar' en 'mens', en we hoeven ook niet te proberen uniform geaccepteerde definities te ontwikkelen; daarvoor zijn de concepten te complex en omstreden. Ook zonder exacte definities kunnen we er goed over praten, zoals hopelijk uit dit boek blijkt. Maar het helpt wel om daarbij steeds duidelijk te maken waarover we het hebben. Wat is precies het 'maakbare' dat ter discussie staat, en hoe beïnvloedt dit het 'mens-zijn'? Verschilt dit wezenlijk van bestaande vormen van beïnvloeding van de mens? Met andere woorden, is er echt sprake van een discontinuïteit, of zien we eerder een glijdende schaal? En op basis van welke uitgangspunten bepalen we dat?

Een belangrijk aandachtspunt is ook, vooral bij technologische ontwikkelingen, om duidelijk te maken waar de voorbeelden en informatie vandaan komen: uit verbeeldingen en verhalen in fictie of toekomstscenario's, of uit bronnen van bètawetenschap? Hebben we het over vormen van maakbaarheid die hier en nu al plaatsvinden, al dan niet in experimentele vorm, of gaat het om verwachtingen op de middellange of lange termijn, en waarop zijn die dan gebaseerd? Gaat het om onderzoek dat nog in de kinderschoenen staat of om technologie met een redelijk reservoir aan empirische kennis? Kortom, er kan veel gewonnen worden door meer dan nu gebeurt te proberen feit van fictie te onderscheiden.

Een laatste en misschien wel het belangrijkste aandachtspunt voor verduidelijking is om impliciete vooronderstellingen zichtbaar te maken, bijvoorbeeld over mensbeeld, ethisch vertrekpunt en levensovertuiging. Deelnemers aan het debat kunnen proberen, voor zichzelf en voor anderen, helder te stellen waarom ze bepaalde standpunten innemen en waarom ze bepaalde argumenten belangrijker vinden dan andere. Dat brengt de standpunten niet per se dichter bij elkaar, maar maakt het wel makkelijker om te zien waar precies de verschillen liggen.

Een tweede aspect waar het debat winst kan behalen is door het *verbreden* van discussies. Zoals uit deze bundel blijkt, kijken wetenschappers vanuit allerlei perspectieven naar de maakbare mens; ze belichten elk een deelaspect, vanuit hun eigen achtergrond en taal. De confrontatie van al deze perspectieven, zoals we in deze bundel hebben beoogd, helpt eenieder om scherper inzicht te krijgen in de eigen aannames en het denkkader van waaruit problemen worden benaderd. Soms helpt dat om het denkkader net even op te rekken, waardoor het probleem er anders uit komt te zien en nieuwe oplossingen in beeld kunnen komen. Ik ben ervan overtuigd dat fundamentele vragen rond de maakbare mens alleen zinvol beantwoord kunnen worden vanuit de combinatie van verschillende disciplines, waarbij de geestes-, mens- en maatschappijwetenschappen en de natuur-, bio- en neurowetenschappen met elkaar in discussie gaan. Een dergelijke multidisciplinaire benadering zal niet direct antwoorden opleveren, maar zorgt er wel voor dat de juiste vragen worden gesteld – vragen die met een monodisciplinaire benadering niet in beeld komen. Wie alleen een hamer en spijkers in de gereedschapskist heeft, is immers niet snel geneigd om te vragen langs welke lijn je het best een plank kunt doorzagen. Het samenvoegen van gereedschapskisten van allerlei disciplines kan helpen om eerst het probleem goed in kaart te brengen en vervolgens mogelijke oplossingen te bestuderen.

Een andere manier om de discussie te verbreden en op die

manier het onderwerp beter te begrijpen, is het in historisch perspectief te plaatsen. Het besef dat we al sinds eeuwen bezig zijn met maakbaarheidstechnieken en -idealen (hfst. 2, 3) kan helpen om de angel uit sommige huidige discussies te halen – zó radicaal en ingrijpend zijn sommige vormen van maakbaarheid nu ook weer niet. Belangrijker nog is het besef dat de maakbare mens in feite een continu project is van de homo sapiens, en dat het benutten van nieuwe technologische en sociale mogelijkheden om zichzelf te veranderen misschien ook wel zo'n eigenschap is die de mens tot mens maakt. Door een historisch perspectief te hanteren wordt het spanningsveld tussen 'kunstmatig maken' en 'natuurlijke mens' gerelativeerd en minder problematisch. De mens is immers van nature een kunstmatig wezen.

Een derde mogelijkheid om het debat een stap verder te helpen is *verdieping*. Bij de analyse van het debat signaleerde ik enkele onderbelichte aspecten, zoals de niet-technologische vormen van maakbaarheid, de vormen die niet gericht zijn op verbetering maar op verslechtering of normalisering, en het belang dat aan de (religieuze) levensovertuiging wordt toegekend, waardoor bepaalde keuzes ten aanzien van maakbaarheid buiten normatieve beoordeling lijken te worden gehouden. Het debat kan worden verrijkt door hier meer aandacht aan te besteden, omdat het helpt de relevante vragen scherper te stellen. Dat kan ook door niet te blijven steken in schijntegenstellingen die soms het debat domineren. Het gaat bij de maakbare mens meestal niet om natuur tegenover cultuur, om evolutie tegenover maakbaarheid, of om geschapen tegenover gemaakte mensen.

De kernvragen liggen vaak ergens anders. Hoe willen we dat de mens er over vijf, twintig of honderd jaar uitziet en hoe kunnen we dat bepalen? Welke rol moet levensovertuiging spelen bij normatieve keuzes op micro- en op macroniveau? Willen en kunnen we de ontwikkelingen beïnvloeden en zo ja, wie zou dat dan op welke manier kunnen of moeten doen? Wie bepaalt in de toekomst de grenzen van de (maakbare) mens? In welke mate moet en kan de autonomie van het individu worden gewaarborgd? Bij het beantwoorden van die vragen heeft het weinig zin om uit te gaan van een onveranderlijk mensbeeld dat de 'essentie' van het mens-zijn moet waarborgen, en evenmin is het productief om nieuwe technologieën die de mens veranderen, vooringenomen tegemoet te treden als bedreigend of onweerstaanbaar.

Het gaat bij verdieping in feite om het zoeken naar de nuance. Technologieën ontwikkelen zich evenmin in een vacuüm als sociale, juridische of ethische normen, maar in wisselwerking met elkaar. In plaats van technodeterminisme (technologie stelt actief zelf nieuwe normen) of technonaïviteit (technologie volgt passief bestaande normen), kunnen we technologieontwikkeling en maatschappelijke normstelling beter benaderen als een proces dat zich ontwikkelt in onderlinge wisselwerking. Vragen rond de maakbare mens spelen midden in de 'co-evolutie' van technologie en normering, en we kunnen die vragen alleen benaderen als we voldoende gevoel hebben voor de complexe interactie tussen het 'maken' van mensen en het beoordelen van wat voor 'mens' we willen zijn. Die interactie speelt zich op alle niveaus en op allerlei plaatsen af: in de media, in de wetenschap, in het ziekenhuis, in de politiek en in de kroeg. Samen maken we de mens, niet het minst door het debat dat we voeren over de maakbare mens.

Makkelijker kunnen we het debat niet maken. Wel duidelijker, rijker en genuanceerder. En daarmee uiteindelijk doeltreffender.

Over de auteurs

 De Jonge Akademie is een dynamisch, creatief en innovatief platform van jonge topwetenschappers met visie op wetenschap en wetenschapsbeleid. De Jonge Akademie organiseert inspirerende activiteiten voor verschillende doelgroepen op het gebied van wetenschapsbeleid, interdisciplinariteit en wetenschap en maatschappij. Ze wil een breed publiek een realistisch beeld van de wetenschap bieden en uitdragen dat wetenschap interessant, zinvol en uitdagend is.

In 2005 besloot de Koninklijke Nederlandse Akademie van Wetenschappen een genootschap voor jonge wetenschappers op te richten. Dat werd De Jonge Akademie, afgekort DJA. De leden van DJA zijn tussen de 25 en 45 jaar oud en komen uit alle richtingen, van geesteswetenschappen tot natuurwetenschappen, en van medische tot sociale wetenschappen. Ze zijn te vinden op alle Nederlandse universiteiten en bij een groot aantal onderzoeksinstellingen.

Het Centre for Society and Genomics (CSG) bestudeert en verbetert de relatie tussen de samenleving en genomics – onderzoek naar erfelijkheid en de genen van mensen, dieren, planten en micro-organismen. Dit doet het CSG door middel van wetenschappelijk onderzoek, het bevorderen van de dialoog tussen betrokken maatschappelijke partijen, publiekscommunicatie en -educatie. Het CSG wordt gefinancierd door het Netherlands Genomics Initiative (NGI) en werkt in zijn onderzoek en publieksactiviteiten samen met de vijftien andere genomics-centra van het NGI.

Meer over genomics-onderzoek: www.allesoverdna.nl.
Meer over het CSG: www.society-genomics.nl.

DR. ELSKE VAN DEN AKKER (1971) is assistant-professor gezondheidseconomie aan het Leids Universitair Medisch Centrum en lid van De Jonge Akademie. Zij studeerde econometrie en theologie aan de Vrije Universiteit Amsterdam en promoveerde aan het Erasmus Medisch Centrum. Haar onderzoek richt zich op medische besluitvorming in brede zin; dit varieert van kosten-effectiviteitsanalyses voor besluitvorming op beleidsniveau tot de ontwikkeling van keuzehulpen voor besluitvorming op patiëntniveau.

PROF. DR. IR. MARJOLEIN VAN ASSELT (1969) is hoogleraar Risk Governance aan de Universiteit Maastricht en lid van De Jonge Akademie. Tevens is zij lid van de Wetenschappelijke Raad voor het Regeringsbeleid (WRR). Zij studeerde zowel informatica als wijsbegeerte van wetenschap, techniek en samenleving aan de Universiteit Twente, en promoveerde aan de Universiteit Maastricht op het raakvlak van onzekerheid, risico's en toekomstverkenning. Zij doet onderzoek naar onzekerheid en risico, toekomstverkenningen, wetenschap en techniek, en expertise en beleidsvraagstukken.

LUCAS CORNIPS is masterstudent aan de Universiteit Maastricht. Hier heeft hij de bachelor cultuurwetenschappen afgerond en volgt hij momenteel de researchmaster Cultures of Arts, Science and Technology (CAST). Hij is geïnteresseerd in en doet onderzoek naar de sociologie van de ruimte, stedelijke vernieuwingsprojecten, wetenschap en technologie in de samenleving, de maakbare mens, en toekomstverkenning en fictie.

DR. SYMONE DETMAR is hoofd van de afdeling Jeugd van TNO Kwaliteit van Leven. Zij studeerde antropologie aan de Universiteit van Amsterdam en promoveerde op onderzoek naar kwaliteit van leven bij kankerpatiënten. Zij doet onderzoek naar kwaliteit van leven bij de jeugd en maatschappelijke aspecten van genomics-onderzoek, waaronder *informed consent*-aspecten van screening.

PROF. DR. CATHOLIJN JONKER (1967) is hoogleraar mens-machine-interactie aan de Technische Universiteit Delft, lid van De Jonge Akademie en lid van het bestuur van het Landelijk Netwerk van Vrouwelijke Hoogleraren. Zij studeerde informatica in Utrecht en promoveerde daar later op het gebied van logisch programmeren. Zij doet onderzoek naar beslissingsondersteunende systemen, met name op het gebied van onderhandelen en naar teamwerk tussen mensen en *software agents*. In haar werk staat de combinatie van mens-machine-interactie en kunstmatige intelligentie centraal.

PROF. DR. BERT-JAAP KOOPS (1967) is hoogleraar regulering van technologie aan de Universiteit van Tilburg en lid van De Jonge Akademie. Hij studeerde algemene literatuurwetenschap en wiskunde in Groningen en promoveerde in rechten in Tilburg. Hij doet onderzoek naar reguleringsvraagstukken, computercriminaliteit, DNA-opsporing, digitale grondrechten, privacy, identiteit, de maakbare mens en regulering van bio- en nanotechnologie.

PROF. DR. CHRISTOPH LÜTHY (1964) is hoogleraar wetenschapsgeschiedenis aan de Radboud Universiteit Nijmegen en lid van De Jonge Akademie. Hij studeerde filosofie en moderne taalkunde in Oxford, natuurkunde in Basel en promoveerde in wetenschapsgeschiedenis in Harvard. Hij bestudeert de historische wisselwerking tussen de natuurwetenschappen en de filosofie.

PROF. DR. THEO MULDER is directeur onderzoek en instituten van de Koninklijke Nederlandse Akademie van Wetenschappen en hoogleraar bewegingswetenschappen aan de Rijksuniversiteit Groningen. Hij studeerde psychologie in Nijmegen en promoveerde daar in de neuropsychologie. Zijn onderzoek is vooral gericht op het menselijk motorisch systeem.

DR. ANNEMIEK NELIS (1970) is algemeen directeur van het Centre for Society and Genomics van de Radboud Universiteit Nijmegen. Zij studeerde gezondheidswetenschappen in Maastricht en Bath en promoveerde in wetenschap- en technieksociologie in Twente. Zij doet onderzoek naar de maatschappelijke aspecten van genetica en genomics. Haar onderzoek richt zich op vragen rond burgerschap, democratie en expertise.

DR. DANIELLE POSTHUMA (1972) is universitair hoofddocent en principal investigator aan de afdelingen Medische en Functionele Genoomanalyse van het VUMC Amsterdam en Biologische Psychologie van de VU Amsterdam, en lid van De Jonge Akademie. Zij studeerde klinische psychologie, psychonomie en medische antropologie aan de Universiteit van Amsterdam en promoveerde in de gedragsgenetica aan de VU. Zij doet onderzoek naar de oorzaken van individuele verschillen in verschillende eigenschappen en aandoeningen, waaronder intelligentie, attentie, geheugen, depressie, autisme en obsessief-compulsieve stoornis. Haar onderzoek kenmerkt zich door de inhoudelijke en methodologische integratie van psychologie, psychiatrie, statistiek, *neuroscience*, systeembiologie en functionele genoomanalyse.

PROF. MR. DRS. CARLA SIEBURGH (1969) is hoogleraar burgerlijk recht aan de Radboud Universiteit Nijmegen en lid van De Jonge Akademie. Zij studeerde geneeskunde en rechten in Groningen, liep haar coschappen in Amsterdam en op Curaçao en promoveerde in de rechten in Groningen. Zij doet onderzoek naar beginselen van burgerlijk recht, naar de raakvlakken daarvan met het Europese recht, de grondrechten, het strafrecht en het bestuursrecht, naar methoden van rechtsvinding en naar de confrontatie van juridische benaderingswijzen met bijvoorbeeld wiskundige uitgangspunten.

PROF. DR. SIMON VERHULST (1963) is adjunct-hoogleraar gedragsbiologie aan de Rijksuniversiteit Groningen, lid van De Jonge Akademie en columnist van *Bionieuws*. Hij studeerde biologie in Groningen en deed promotieonderzoek bij het Nederlands Instituut voor Ecologie van de KNAW. Hij onderzoekt de oorzaken van individuele variatie in veroudering en levensduur bij vrij levende en gedomesticeerde vogels.

PROF. DR. HUB ZWART (1960) is hoogleraar filosofie van de natuurwetenschappen aan de Radboud Universiteit Nijmegen en wetenschappelijk directeur van het Centre for Society and Genomics. Hij studeerde filosofie en psychologie te Nijmegen. In zijn onderzoek wil hij een anamnese, actualiteitsdiagnose en toekomstprognose van de hedendaagse levenswetenschappen ontwikkelen, met genomics als kerngebied.